Didáctica de la historia en la Educación Infantil y Primaria

Por

Hilary COOPER

Traducción de
Pablo Manzano

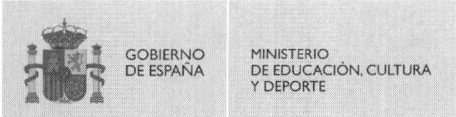

Obras en coedición con el Ministerio de Educación

1. **Zimmermann, D.**: *Observación y comunicación no verbal en la escuela infantil* (3ª ed.).
2. **Oléron, P.**: *El niño: su saber y su saber hacer* (2ª ed.).
3. **Loughlin, C. y Suina, J.**: *El ambiente de aprendizaje: diseño y organización* (5ª ed.).
4. **Browne, N. y France, P.**: *Hacia una educación infantil no sexista* (2ª ed.).
5. **Selmi, L. y Turrini, A.**: *La escuela infantil a los tres años* (4ª ed.).
6. **Selmi, L. y Turrini, A.**: *La escuela infantil a los cuatro años* (3ª ed.).
7. **Saunders, R. y Bingham-Newman, A. M.**: *Perspectivas piagetianas en la educación infantil* (2ª ed.).
8. **Driver, R., Guesne, E. y Tiberghien, A.**: *Ideas científicas en la infancia y la adolescencia* (4ª ed.).
9. **Harlen, W.**: *Enseñanza y aprendizaje de las ciencias* (6ª ed.).
10. **Selmi, L. y Turrini, A.**: *La escuela infantil a los cinco años* (3ª ed.).
11. **Bale, J.**: *Didáctica de la geografía en la escuela primaria* (3ª ed.).
12. **Tann, C. S.**: *Diseño y desarrollo de unidades didácticas en la escuela primaria* (3ª ed.).
13. **Willis, A. y Ricciuti, H.**: *Orientaciones para la escuela infantil de 0 a 2 años* (3ª ed.).
14. **Orton, A.**: *Didáctica de las matemáticas* (4ª ed.).s
15. **Pimm, D.**: *El lenguaje matemático en el aula* (3ª ed.).
16. **Moyles, J. R.**: *El juego en la educación infantil y primaria* (2ª ed.).
17. **Arnold, P. J.**: *Educación física, movimiento y curriculum* (3ª ed.).
18. **Graves, D. H.**: *Didáctica de la escritura* (3ª ed.).
19. **Egan, K.**: *La comprensión de la realidad en la educación infantil y primaria*.
20. **Hargreaves, D. J.**: *Infancia y educación artística* (3ª ed.).
21. **Lancaster, J.**: *Las artes en la educación primaria* (3ª ed.).
22. **Bazalgette, C.**: *Los medios audiovisuales en la educación primaria*.
23. **Newman, D., Griffin, P. y Cole, M.**: *La zona de construcción del conocimiento* (3ª ed.).
24. **Swanwick, K.**: *Música, pensamiento y educación* (3ª ed.).
25. **Wass, S.**: *Salidas escolares y trabajo de campo en la educación primaria*.
26. **Cairney, T. H.**: *Enseñanza de la comprensión lectora* (5ª ed.).
27. **Nobile, A.**: *Literatura infantil y juvenil* (3ª ed.).
28. **Pluckrose, H.**: *Enseñanza y aprendizaje de la historia* (4ª ed.).
29. **Hicks, D.**: *Educación para la paz* (2ª ed.).
30. **Egan, K.**: *Fantasía e imaginación: su poder en la enseñanza* (3ª ed.).
31. **Escuelas infantiles de Reggio Emilia**: *La inteligencia se construye usándola* (4ª ed.).
32. **Secada, W. G., Fennema, E. y Adajian, L. B.**: *Equidad y enseñanza de las matemáticas: nuevas tendencias*.
33. **Crook, Ch.**: *Ordenadores y aprendizaje colaborativo*.
34. **Gardner, H., Feldman, D. H. y Krechevsky, M. (Comps.)**: *El Proyecto Spectrum. Tomo I: Construir sobre las capacidades infantiles*.
35. **Gardner, H., Feldman, D. H. y Krechevsky, M. (Comps.)**: *El Proyecto Spectrum. Tomo II: Actividades de aprendizaje en la educación infantil*.
36. **Gardner, H., Feldman, D. H. y Krechevsky, M. (Comps.)**: *El Proyecto Spectrum. Tomo III: Manual de evaluación para la educación infantil* (2ª ed.).
37. **Cooper, H.**: *Didáctica de la historia en la educación infantil y primaria*.
38. **Cummins, J.**: *Lenguaje, poder y pedagogía*.
39. **Haydon, G.**: *Enseñar valores. Un nuevo enfoque*.
40. **Gross, J.**: *Necesidades educativas especiales en educación primaria*.
41. **Beane, J. A.**: *La integración del currículum* (2ª ed.).
42. **Defrance, B.**: *Disciplina en la escuela*.
43. **Siraj-Blatchford, J. (Comp.)**: *Nuevas tecnologías para la educación infantil y primaria*.
44. **Peacock, A.**: *Alfabetización ecológica en educación primaria*.
45. **Abdelilah-Bauer, B.**: *El desafío del bilingüismo* (2ª ed.).
46. **Hargreaves, A. y Fink, D.**: *El liderazgo sostenible*.
47. **Lankshear, C. y Knobel, M.**: *Nuevos alfabetismos. Su práctica cotidiana y el aprendizaje en el aula* (3ª ed.).
48. **Arnot, M.**: *Coeducando para una ciudadanía en igualdad*.
49. **Jarman, R. y McClune, B.**: *El desarrollo del alfabetismo científico* (2ª ed.).
50. **Stobart, G.**: *Tiempos de pruebas. Los usos y abusos de la evaluación*.
51. **Sanuy, M.**: *La aventura de cantar*.
52. **Lockwood, M.**: *Promover el placer de leer en la Educación Primaria*.
53. **Cagliari, P., Castagnetti, M., Giudici, C., Rinaldi, C., Vecchi, V. y Moss, P.**: *Loris Malaguzzi y las escuelas de Reggio Emilia*.

— Colección *Proyectos curriculares*

Aitken, J. y Mills, G.: *Tecnología creativa* (6ª ed.).
Dadzie, S.: *Herramientas contra el racismo en las aulas*.
Suckling, A. y Temple, C.: *Herramientas contra el acoso escolar. Un enfoque integral*.
Barkley, E. F. y cols.: *Técnicas de aprendizaje colaborativo*.

Tema: Didáctica de las Ciencias Sociales

Hilary COOPER

Didáctica de la historia en la Educación Infantil y Primaria

Ediciones **Morata** S.L.
Fundada en 1920
Nuestra Señora del Rosario, 14, bajo
28701 San Sebastián de los Reyes
Madrid - ESPAÑA
morata@edmorata.es – www.edmorata.es

Título original de la obra:
HISTORY IN THE EARLY YEARS (2d. edition)

© 2002 Hilary Cooper. All Rights Reserved.
Authorised translation from English language edition published by Falmer, a member of the Taylor & Francis Group.

Primera edición: 2002
Segunda edición: 2019 (reimpresión)

Cualquier forma de reproducción, distribución, comunicación pública o transformación de esta obra solo puede ser realizada con la autorización de sus titulares, salvo excepción prevista por la ley. Diríjase a CEDRO (Centro Español de Derechos Reprográficos, www.cedro.org) si necesita fotocopiar, escanear o hacer copias digitales de algún fragmento de esta obra.

Todas las direcciones de Internet que se dan en este libro son válidas en el momento en que fueron consultadas. Sin embargo, debido a la naturaleza dinámica de la red, algunas direcciones o páginas pueden haber cambiado o no existir. El autor y la editorial sienten los inconvenientes que esto pueda acarrear a los lectores, pero no asumen ninguna responsabilidad por tales cambios.

© EDICIONES MORATA, S. L. (2019)
Nuestra Señora del Rosario, 14
28701 San Sebastián de los Reyes - Madrid - España
www.edmorata.es - morata@edmorata.es
y
MINISTERIO DE EDUCACIÓN, CULTURA Y DEPORTE
Secretaría General Técnica

Coeditan:
— Secretaría General Técnica del MECD
— Ediciones Morata, S. L.

Derechos reservados
Depósito Legal: M-49.900-2002
ISBNpapel: 978-84-7112-476-0
ISBNebook: 978-84-7112-879-9

NIPO: 176-02-144-6
Compuesto por: Ángel Gallardo
Printed in Spain - Impreso en España
Imprime: ELECE Industrias Gráficas, S. L. Algete (Madrid)
Ilustración de la cubierta: "Escena de la Pascua" (detalle), *Hagadá Rylands*

Contenido

	Págs.
AGRADECIMIENTOS	9
INTRODUCCIÓN	11
PRÓLOGO	17
PRIMERA PARTE: Una introducción a la historia: La educación infantil	19
CAPÍTULO PRIMERO: **Comprender el cambio en el tiempo**	21

La medida del paso del tiempo, 21.—Secuencias cronológicas, 23.—Duración, 25.—Causas y efectos de los cambios en el tiempo, 26.—Semejanza y diferencia entre el pasado y el presente, 27.—El lenguaje del tiempo, 28.—El concepto de tiempo, 31.—Los estudiantes de magisterio investigan los conceptos del tiempo de los niños de educación infantil, 33.

CAPÍTULO II: **Interpretaciones del pasado**	35

La comprensión de las interpretaciones, 36.—Creación de interpretaciones, 37.—El juego, el pasado y los ambientes de educación infantil, 40.—Las interpretaciones del pasado a través del juego de los niños de educación infantil, 41.

CAPÍTULO III: **Deducciones e inferencias de las fuentes**	47

Pensamiento inferencial, 47.—Comentario, 49.—El uso de las fuentes: La educación infantil, 50.—Visitas a diversos lugares con niños de educación infantil, 50.—Los padres como colaboradores en la educación infantil, 52.

SEGUNDA PARTE: La historia durante los tres primeros cursos escolares	53
CAPÍTULO IV: **Enseñar a los niños a comprender los conceptos de tiempo y de cambio**	55

Secuencias cronológicas: Causas y efectos, 57.—Semejanzas y diferencias, 69.—Conceptos relacionados con la comprensión de los cambios que se

© Ediciones Morata, S. L.

producen con el tiempo: Conceptos organizadores, 73.—*Conceptos relacionados con períodos concretos*, 76.—*Conceptos asociados con la deducción y la inferencia acerca de las fuentes*, 77.

CAPÍTULO V: **Interpretaciones** 79
Comparación de interpretaciones, 81.—*La construcción de interpretaciones del pasado*, 96.—*La elaboración de interpretaciones mediante la narración y la redacción de relatos:* The National Literacy Framework, 113.

CAPÍTULO VI: **Deducciones de las fuentes** 115
El desarrollo de los procesos de la investigación histórica, 115.—*Enseñar a los niños a hacer deducciones e inferencias sobre las fuentes*, 118.

TERCERA PARTE: Organización, planificación y evaluación 149
Continuidad y coherencia, 3-8, 149.

CAPÍTULO VII: **Planificación a largo plazo** 151
Temas centrados en la historia, 154.—*La historia dentro de los temas integrados*, 155.—*Temas centrados en las humanidades*, 157.—*Un enfoque mixto*, 158.—*Selección de contenidos de historia, desde la educación infantil hasta el primer ciclo de la educación primaria*, 163.—*Planificación para el progreso*, 165.

CAPÍTULO VIII: **Planificación de una unidad de estudio** 169
Perspectiva general sobre los recursos, 170.—*Enfoques transcurriculares*, 174.—*Selección de centros de atención*, 175.—*Selección de conceptos*, 177.—*Actividades posibles*, 177.—*Evaluación*, 184.—*Posibles destinatarios*, 186.—*Exposición*, 186.—*De los planes a largo plazo a la planificación semanal y diaria*, 188.—*Historia y educación holística*, 189.

CUARTA PARTE: Tres estudios de casos 201

CAPÍTULO IX: **Estudio de casos n.º 1: Una clase del último curso de educación infantil y de guardería: "Juguetes y juegos, ahora y entonces"** 203

CAPÍTULO X: **Estudio de casos n.º 2: Primer curso de educación primaria: "Castillos"** 208

CAPÍTULO XI: **Estudio de casos n.º 3: Segundo curso de educación primaria: "Un museo de clase"** 217
Objetos, 218.—*Historia oral*, 223.—*Evaluación*, 225.

QUINTA PARTE: Seminarios de formación permanente 227

CAPÍTULO XII: **Seminarios de formación permanente: Algunos ejemplos** 229
En conclusión, 244.

RECURSOS CITADOS EN ESTA OBRA 246

BIBLIOGRAFÍA 249

ÍNDICE DE MATERIAS 260

© Ediciones Morata, S. L.

Agradecimientos

Durante los últimos cinco años se ha venido insistiendo cada vez más en el establecimiento de convenios de colaboración entre las instituciones de formación de maestros y las escuelas, en la reflexión sobre la práctica y en la investigación a cargo de los profesionales. También se otorga cada vez más importancia al control centralizado del currículum y a los enfoques mecanicistas y poco sistemáticos de la enseñanza y el aprendizaje. En consecuencia, estoy muy agradecida a los estudiantes y a los maestros que han trabajado con los niños para investigar cuestiones, ilustrar aspectos y ejemplificar ideas sugeridas en la primera edición de este libro. Sigo muy agradecida a los estudiantes del PGCE*, en cuyos estudios para sus tesis han examinado las respuestas de los niños a cuentos, objetos e ilustraciones, y, en particular, a Lyn CLARKE, Hilary CROFT, Joanne EDWARDS, Virginia HUNT y Shelley MOORE. Doy las gracias a los maestros que emprendieron estudios de casos para ilustrar diversos enfoques de la planificación y la evaluación (Angela KINSETT, Julie GILES y Rosie ALSTON); a Theresa CLARK, Inspectora de Humanidades de Lewisham, y a Joan BLYTH, que tanto ha hecho para iniciar y apoyar la enseñanza de la historia a los niños pequeños. Deseo manifestar mi agradecimiento a los maestros que han compartido sus ideas mediante proyectos, en especial, a Ann DINGDALE, coordinadora del *Women in History Key Stage 1 Biography Project*, y a Jonathan BARNES, por su contagioso entusiasmo y su experiencia en la enseñanza de la historia medieval a niños de 5 y 6 años, que compartió con todos en los seminarios de la *Historical Association*.

Muchos maestros y estudiantes de magisterio respondieron a la primera edición del libro estudiando algunas de las cuestiones no resueltas que suscitaba. Janet LIDDLE investigó los conceptos del tiempo de los niños cuando

---

* *Postgraduate Certificate of Education*. Es el título británico de posgrado que habilita como profesional de la enseñanza. *(N. del T.)*

entró por vez primera en su clase de educación infantil* (pág. 33); Debra VICKERS descubrió algunas perspectivas asombrosas cuando oyó hablar a los niños de su grupo de actividades lúdico-educativas de las "cosas viejas" (página 34); Catherine GARSIDE describe cómo promovió y evaluó el aprendizaje de los niños mediante un juego de rol en un castillo (pág. 42); Julie WOODWARD muestra cómo intervino para ayudar a los niños a participar en el desarrollo del juego de "una vieja tienda" y "una cocina antigua" (pág. 45). Cuando Joanne REEVES llevó de paseo a su clase de primer año del primer ciclo de educación infantil, los niños descubrieron rastros de un antiguo molino de agua (página 50), mientras Alison COLEMAN ayudaba a su clase infantil a diferenciar entre el juego de rol y la realidad en un lugar histórico (pág. 50). Tengo que manifestar mi agradecimiento renovado a Pat ETCHES, que ha trabajado con maestros en prácticas y su clase de 1.º y 2.º de la *Stramongate School*, de Kendal, investigando las relaciones entre la historia y la clase de lectura y escritura (*Literacy Hour*) (pág. 111) y las dimensiones espiritual, cultural y moral de un tema de historia (pág. 134). Doy las gracias también a Elizabeth HART y a Sarah SPINK, que me permitieron visitar su "Museo de Peluches", realizado por los niños del primer ciclo de educación infantil (pág. 203). También estoy muy agradecida a Liz ELLIOTT, por sus consejos sobre los programas actuales de ordenador.

Debo manifestar también mi gratitud a muchos colegas de escuelas y otros centros para niños pequeños y de instituciones de formación de maestros, cuyos estudios de casos publicados desde 1995 he entretejido e incluido en esta segunda edición.

Por último, estoy muy agradecida a Donald JOHNSON y Thora CARTWRIGHT por su paciencia y buen humor en la meticulosa preparación del manuscrito para esta segunda edición.

---

* En el sistema educativo británico, la educación infantil está constituida por la *Foundation Stage*, que se extiende hasta el final del *Reception year* (de 5 a 6 años) e incluye la *Nursery School* (de duración variable y no obligatoria). Sin que constituya un currículum estricto, cuenta con unas orientaciones, publicadas en el año 2000, cuyo título es: *Curriculum Guidance for the Foundation Stage*. A continuación, comienza la *Key Stage 1*, que comprende desde los 5 a los 7 años, con dos cursos: *Year 1* y *Year 2*, y ya en el marco del *National Curriculum*. Con objeto de no repetir las denominaciones inglesas, de aquí en adelante traducimos *Foundation Stage* como "educación infantil"; *Reception*, como "último curso de educación infantil"; *Nursery*, como "guardería"; *Playgroups* (grupos de juegos lúdico-educativos para niños en edad preescolar), como "grupos de juego"; *Key Stage 1*, como "primer ciclo de primaria" o "primer ciclo"; *Year 1*, como "primer curso", y *Year 2*, como "segundo curso". *(N. del T.)*

© Ediciones Morata, S. L.

Introducción

La primera edición inglesa de este libro en 1995 celebraba la inclusión obligatoria de la historia, en 1991, como elemento componente de un currículum amplio y equilibrado para todos los niños de 5 a 8 años. Se inspiraba en los recursos que se habían ido desarrollando en apoyo de la educación histórica de los niños pequeños, que iban desde libros y reproducciones de objetos hasta los servicios de educación de los museos, galerías de arte y reconstrucciones en vivo de la historia y merced a organizaciones como el *National Trust* y la *English Heritage**. Honraba la profesionalidad, la energía y el entusiasmo con los que muchos maestros, que no habían considerado antes la historia como una materia adecuada para los niños muy pequeños, exploraron sus posibilidades, utilizando fuentes locales y orales, la música y el arte, las narraciones y los poemas para desarrollar la curiosidad de los niños por el pasado y para reconstruir sus propias descripciones sobre estas épocas mediante la narración de relatos y en el juego imaginativo. Esta primera edición pretendía mostrar a los maestros que, al utilizar estos recursos y actividades, están desarrollando, de manera embrionaria, las líneas de pensamiento histórico que están en el centro de los procesos de investigación histórica: seguimiento de causas y efectos del cambio en el tiempo; planteamiento de preguntas acerca de las fuentes históricas: huellas incompletas del pasado que permanecen, y comprensión de las razones por las que, a menudo, hay más de una interpretación válida del pasado. Daba una visión general de la investigación sobre el desarrollo del pensamiento histórico de los

---

* El *National Trust for Historic Preservation* fue fundado en 1949 con objeto de conservar y proteger edificios y lugares de importancia histórica. El *English Heritage* es el organismo asesor del gobierno británico en relación con el entorno histórico. Su denominación oficial es: *Historic Buildings and Monuments Commission for England* ("Comisión de edificios y monumentos históricos para Inglaterra"), y sus cometidos están fijados por la *National Heritage Act*, de 1983. *(N. del T.)*

© Ediciones Morata, S. L.

niños en cada una de estas tres líneas y mostraba cómo, mediante el análisis de su propia práctica, los maestros pueden modificar, extender y hacer sus aportaciones a esta investigación.

Desde 1995, se han producido cuatro cambios importantes del orden de prioridades de la educación durante los primeros años, impulsados por la administración central. La edición actual estudia las consecuencias de los cambios y de qué manera pueden influir positivamente en el desarrollo de las dimensiones históricas de la educación infantil.

En primer lugar, la *Curriculum Guidance for the Foundation Stage* (DfEE/QCA*, 2000a) ofrece, a todos los profesionales de la educación infantil que trabajan en grupos de juego, guarderías infantiles y clases de guardería y último curso de infantil de las escuelas, unas ideas comunes acerca de cómo planear, impartir y evaluar la comprensión que los niños alcancen del pasado, mediante una experiencia significativa, en seis grandes áreas de aprendizaje: educación personal, social y emocional; comunicación, lenguaje y lectoescritura; desarrollo de las matemáticas; desarrollo físico; desarrollo creativo, y conocimiento y comprensión del mundo. En el área de "Conocimiento y comprensión del mundo", se prevé que los niños "se informen de acontecimientos pasados y presentes de su propia vida y de la de su familia y de otras personas que conocen".

No obstante, este objetivo de aprendizaje tiene, en potencia, vínculos ricos con los objetivos de cada una de las otras áreas. La segunda edición inglesa de este libro considera que, sobre la base de la *Foundation Stage Guidance* (DfEE/QCA, 2000a), pueden desarrollarse de forma holística diversos centros de atención para la historia. La Primera Parte, "Una introducción en la historia: La educación infantil", se ha ampliado para mostrar que cada una de las tres líneas del pensamiento histórico a las que nos referimos antes (comprender los cambios en el tiempo, interpretaciones del pasado y deducciones e inferencias de las fuentes) puede desarrollarse en los ambientes preescolares. Se hace hincapié en la evaluación a través del juego. La Segunda Parte, que considera cómo pueden construir los maestros sobre esta capacidad embrionaria de pensamiento histórico durante los tres primeros años escolares, está enriquecida con muchos estudios de casos emprendidos desde la primera edición. La Tercera Parte contempla los enfoques de la planificación; en particular, analiza las formas de planificar en aras de la continuidad y de la coherencia a través de la educación infantil y el primer ciclo de primaria, a pesar de las tensiones potenciales creadas por los distintos enfoques de la estructura curricular. En ambas etapas, se hace hincapié en un enfoque holístico. En la Cuarta Parte, un nuevo estudio de casos describe una secuencia de trabajo de cuatro semanas con los juguetes y los juegos, ahora y entonces, como centro de atención histórico en un currículum

---

* *DfEE*: *Department for Education and Employment* ("Departamento para la Educación y el Empleo"), cuya denominación ha cambiado recientemente: *Department for Education and Skills* ("Departamento para la Educación y las Aptitudes"). *QCA*: *Qualifications and Curriculum Authority* ("Administración de Títulos Profesionales y del *Curriculum*"). *(N. del T.)*

© Ediciones Morata, S. L.

integrado, desarrollada en una guardería infantil y en una clase de último curso de infantil de una Unidad de primeros años, utilizando la *Foundation Stage Guidance*.

El perfil mejorado otorgado recientemente a la educación en el medio preescolar ha incrementado nuestra conciencia de lo que los niños pequeños saben acerca del pasado antes de comenzar su educación formal. Estos conocimientos configuran de un modo muy potente su sentido de identidad y, por tanto, hemos de tenerlo en cuenta en las experiencias que les proporcionemos. En un estudio reciente, (COOPER, 2000a), cuando se preguntó a niños de educación infantil de cinco países europeos lo que conocían acerca del "pasado", demostraron que sabían mucho sobre los dinosaurios, "Los Picapiedra" y los relatos de la creación. Sin embargo, en Inglaterra, Grecia y Holanda, también mencionaron las guerras mundiales. En Rumanía, hablaban de "la revolución" ("mi papá no participó, pero hay agujeros de balas en las paredes") y en Grecia se referían a "la guerra griega de la independencia". Decían que sus familias eran una importante fuente de información. Entre el pasado lejano y el reciente, describían imágenes muy gráficas, pero comprendidas sólo en parte: "elefantes de piedra, antiguos y rotos", "una iglesia derruida". Incluso los niños más pequeños necesitan tener la oportunidad de comentar sus "imágenes oficiosas del pasado" y de darles sentido (PHILLIPS, 1998), porque la época y las circunstancias en las que hemos nacido y las cosas que han ocurrido nos comunican todo tipo de mensajes que debemos comentar y descodificar en una sociedad abierta e inclusiva (GALLAGHER, 1998).

También se ha redescubierto oficialmente que el "juego" es un complemento necesario del aprendizaje, y otra vez vuelven a estar de moda los pioneros de la educación de los primeros años, cuyos trabajos vieron la luz muchos años antes de la educación prescriptiva orientada a objetivos.

En segundo lugar, el *National Curriculum for England and Wales* revisado (DfEE/QCA, 1999a, págs. 3-24) destacaba considerablemente los valores y las destrezas que se prevé que sirvan de fundamento a todo el currículum. Los valores y los principios son: la importancia de trabajar en colaboración con los padres y la comunidad local; dar oportunidades para que todos los niños desarrollen sus posibilidades en contextos ricos y variados; promover la educación espiritual, moral, social y cultural de los alumnos; la educación para la ciudadanía. Las destrezas clave que deben desarrollarse a través del currículum son: lectoescritura, aritmética y destrezas de tecnología de la información; destrezas personales y sociales; destrezas de pensamiento: procesamiento de información, razonamiento, investigación, creatividad y destrezas de evaluación. En los Capítulos VII y VIII, de la Tercera Parte, se comentan específicamente las formas de planificar en historia tanto los valores como las destrezas, que están integradas a lo largo del libro. No obstante, la tentativa de enfocar el currículum desde una perspectiva "centrada en los valores" hace un renovado hincapié en la necesidad de establecer relaciones entre las áreas de aprendizaje y entre las materias, y en que los maestros definan en colaboración sus propios principios de la enseñanza y el

© Ediciones Morata, S. L.

aprendizaje, en vez de buscar de un modo asistemático oportunidades de desarrollar unos valores o destrezas discretos. En el Capítulo VIII, se estudia con mayor detenimiento este enfoque.

Otro intento de desarrollar un enfoque holístico ha sido la renovada importancia que se concede a la creatividad (DfEE/QCA, 1999b), basándose en las recientes investigaciones sobre las inteligencias múltiples. En el Capítulo VIII, se aborda esta cuestión. En ese mismo capítulo, se consideran también las consecuencias de las investigaciones en los distintos estilos de aprendizaje para planificar actividades y para facilitar la igualdad de oportunidades.

En tercer lugar, desde 1995, se han elaborado unos *Schemes of Work** para la enseñanza de la historia desde el último curso de educación infantil hasta el 2.º curso de primaria (DfEE/QCA, 1998a), a modo de orientación para escuelas en donde la planificación careciera de objetivos claros. Se pretendía que las escuelas "utilizaran lo poco o mucho de los planes que les resultara útil, incluyendo que los usaran para desarrollar o perfeccionar sus propios planes de trabajo" (HARRISON, 2000). No obstante, parece que algunas escuelas los adaptan muy poco para satisfacer las necesidades de sus alumnos y explotar sus recursos locales; da la sensación de que muchas escuelas han abandonado la iniciativa de desarrollar sus propios planes. "Los planes nos dan la confianza de que estamos haciendo lo correcto. Ahora, no nos importa que nos critiquen", decía una directora de escuela primaria que había sido una destacada innovadora como maestra de historia. Esto me parece muy triste. Espero que la nueva edición de este libro dé nuevos vuelos a una enseñanza confiada en sí misma y creativa.

En cuarto lugar, la historia en el currículum del primer ciclo de primaria estaba, hasta cierto punto, marginada por la introducción de *The National Literacy Strategy* (DfEE/QCA, 1998b) y *The National Numeracy Framework* (DfEE, 1999). Sin embargo, cuando los maestros se familiarizaron con las estrategias y cuando se aclararon más los vínculos potenciales con la historia, se reconoció que era adecuado desarrollar la lectoescritura y el dominio de la aritmética. A veces, es posible alcanzar simultáneamente los objetivos de la historia y los de la lectoescritura o la aritmética; en otras ocasiones, las sesiones centradas en la lectoescritura y la aritmética pueden relacionarse mediante el contenido con actividades de historia que tenga lugar en otros momentos. En el Capítulo V, estudiaremos las relaciones y referencias adecuadas con respecto a los estudios de casos relevantes.

Por último, desde 1995, a medida que un número cada vez mayor de maestros ha ido explorando la rica variedad de posibles formas de enseñar historia a los niños pequeños, ha surgido gran cantidad de estudios de casos a pequeña escala, en el entorno del aula, que se incluyen en esta edición.

En realidad, hemos recorrido un largo camino desde que, en 1869, cuando tenía 5 años, mi abuela recibiera como premio de la Cosgraves School un libro titulado: *A Day at the Seaside by Mrs Barnard*. Comienza con Emma

---

* "Planes o programas de trabajo". *(N. del T.)*

Somerton remendando su media. Esto inspira a su madre a pasar las siguientes 140 páginas enseñándole toda la historia europea y asiática, admirablemente relacionada con la historia de las medias. "Los antiguos britanos se pintaban de rojo y azul antes de que se inventaran las medias... Sin embargo, en el reinado de Eduardo VI, el tejido de punto era una actividad corriente. Todavía no había llegado el algodón a Inglaterra y las cosas se hacían de lana". En la página 10, Emma aprende que la seda fue llevada a España por los árabes, "durante el reinado de Abderramán III, que gobernó en Córdoba desde el 912 d.C. hasta el 961 d.C." En la página 11, le recuerda que "el emperador Tácito ilegalizó que los hombres llevaran seda sin mezclar con sustancias ordinarias" y que la seda proviene de la oruga *Phaloena Mori*, que se domesticó en China..." Por fortuna para los niños de 5 años de nuestros días, ahora se potencia el *hacer* cosas para investigar sus propias preguntas: hablar con las personas mayores, descubrir cómo funcionan las cosas, hacer dibujos o maquetas de los lugares que hayan visitado, escuchar cuentos y explorarlos mediante el juego imaginativo.

La conciencia del pasado es tan importante para el individuo como para la sociedad. A través de la historia, podemos descubrir el registro de la raza humana, compartirlo y formar parte de él. Es una conciencia que, alimentada en la infancia, crece a lo largo de la vida.

> En la infancia, puede tener el mismo atractivo que un cuento o un relato de aventuras; más tarde, puede llegar a tener un significado filosófico... un tema que es capaz de interesarte de niño y no deja de gratificarte, tiene un interés cada vez más profundo para el hombre que se desarrolla.
> (ROWSE, 1946, pág. 49.)

La Primera Parte revisa las investigaciones que ponen de manifiesto el pensamiento histórico, embrionario pero auténtico, del que son capaces los niños de 3 a 5 años, y muestra cómo puede desarrollarse en contextos interesantes, holísticos y significativos durante la educación infantil. La Segunda Parte considera cómo pueden extenderse los procesos de investigación histórica durante el primer ciclo de primaria. En la Tercera Parte, se consideran las cuestiones relativas a la planificación durante la educación infantil y el primer ciclo de primaria. Los estudios de casos de la Cuarta Parte describen cómo se planificaron e impartieron los temas centrados en la historia en las clases de guardería y del último curso de educación infantil, así como en el primer ciclo de primaria. La Quinta Parte aporta ideas para seminarios de maestros que les ayuden a planear e implementar un documento de normativa escolar que satisfaga las necesidades de sus escuelas. Se pretende que los seminarios sean divertidos, porque la enseñanza apasionante es el producto de una reflexión sobre la práctica confiada e informada, realizada por unos maestros que estén desarrollando constantemente sus propios intereses y su maestría, y, por encima de todo, divirtiéndose.

© Ediciones Morata, S. L.

Prólogo

Vamos en coche desde Balaq Dakhrur a Heliópolis. Yo estoy en la parte de atrás. La piel del asiento se me pega a las piernas desnudas. Viajamos por una carretera flanqueada por adelfas y jacarandas, manchas alternas blancas y azules. Recito en voz baja: "Jacaranda, adelfa... jacaranda, adelfa..." Y, mientras lo hago, me llega la revelación de que, al cabo de pocas horas, volveremos por la misma ruta y que pasaré por los mismos árboles en orden inverso y que, por la misma razón, ahora puedo mirarme a mí misma hacia el pasado...

Vemos aquí a una niña pensando en el tiempo, experimentando una súbita iluminación sobre la cronología y la capacidad de recordar de una persona...

"Jacaranda, adelfa"... Éste es un episodio marcado tanto por la conciencia del lenguaje como por la percepción de la naturaleza del tiempo, la posesión y el control de las palabras ornamentales, la satisfacción de ser capaz de decirlas, manifestarlas...

(Penelope LIVELY, 1994, págs. 1-2[1].)

Así comienza Penelope LIVELY su *Oleander, Jacaranda*, obra en la que recuerda y examina sus primeras percepciones del tiempo, cuando era niña, en Egipto, hace cincuenta años. Recoge lo que los psicólogos de la educación podrían describir clínicamente como momentos significativos de la evolución de la niña, pero que, cuando los describe Penelope LIVELY, son ráfagas brillantes de "la experiencia multicolor que todos hemos perdido". Como maestros, corremos a veces el riesgo de una excesiva "observación científica". El hecho de comenzar con esta cita de la obra de una autora a la que admiro mucho es un ruego a los lectores de que no pierdan de vista sus propios yoes infantiles o las "experiencias multicolores" de los niños.

---

[1] La autora y el editor agradecen a Penelope LIVELY y a Penguin Books su autorización para reproducir un extracto de *Oleander, Jacaranda: A Childhood Perceived*.

© Ediciones Morata, S. L.

PRIMERA PARTE

Una introducción a la historia: La educación infantil

Hay tres líneas independientes de pensamiento histórico. *En primer lugar,* los historiadores pretenden seguir los cambios que se han producido en el tiempo; éstos pueden ser rápidos o graduales. Analizan las diversas causas del cambio y sus efectos en la vida de las personas. Los cambios pueden ser políticos, económicos, sociales, tecnológicos o culturales; los que se producen en un área afectan a otros aspectos de la vida. Unos cambios son más significativos que otros.

En segundo lugar, los historiadores construyen explicaciones de tiempos pasados. Éstas dependen de las preocupaciones vigentes en las épocas en las que viven o de sus propios intereses y perspectivas y de las fuentes que tengan a su disposición. Dichas fuentes pueden consistir en objetos, edificios, cuadros, yacimientos arqueológicos o diversas fuentes escritas, que van desde las estadísticas y leyes hasta los diarios y la literatura contemporánea.

En tercer lugar, con el fin de construir explicaciones del pasado, los historiadores hacen deducciones e inferencias sobre las fuentes, las huellas del pasado que permanecen. Porque a menudo las fuentes son incompletas o porque se desconoce su categoría, frecuentemente es posible hacer más de una suposición válida acerca de una fuente. La validez depende de la probabilidad de la suposición, a la luz de todo lo que se conozca del período, y de la presencia de otras pruebas que la apoyen.

En la Segunda parte, examinaremos con mayor detalle estos tres aspectos interrelacionados del pensamiento histórico. En la Primera parte, consideraremos cómo pueden los niños tomar conciencia del pasado cuando empiezan a ir a la escuela, y las investigaciones de la psicología cognitiva relacionadas con cada uno de esos tres aspectos del pensamiento histórico que indican hasta qué punto pueden ser capaces de pensar en el pasado de un modo genuinamente histórico.

© Ediciones Morata, S. L.

CAPÍTULO PRIMERO

Comprender el cambio en el tiempo

La medida del paso del tiempo

La medida del tiempo supone la adquisición de unos conceptos complejos en interacción que aparecen poco a poco: los conceptos de "velocidad", "espacio" y "número". Nuestras vidas se miden en horas y días, que dependen de la rotación de la Tierra sobre su eje; en meses, marcados por la órbita de la Luna en torno a la Tierra, y en estaciones y años, regidos por la órbita de la Tierra alrededor del Sol.

Para los antiguos filósofos griegos, la naturaleza del espacio, el tiempo, la materia y el movimiento era profundamente problemática. Nuestra concepción cotidiana del tiempo es producto de la visión científica del mundo creada en el siglo XVII por NEWTON, que descubrió una teoría que relaciona estos conceptos. La hipótesis de que los cuerpos materiales se mueven por el espacio, siguiendo rutas previsibles, sometidos a fuerzas que los aceleran de acuerdo con leyes matemáticas estrictas, ocupa un lugar central en la teoría de NEWTON. En consecuencia, NEWTON escribió que el tiempo verdadero, absoluto y matemático, de por sí y por su propia naturaleza, fluye de manera constante, sin relación con ningún objeto externo. Éste era el tiempo marcado por la maquinaria cósmica, el tiempo por el que se medía el movimiento y se determinaban los acontecimientos. Éste es el fundamento de nuestra preocupación por la puntualidad. Después de NEWTON, el tiempo se convirtió en algo más que nuestra simple corriente de conciencia; comenzó a desempeñar un papel fundamental en nuestra descripción del mundo físico. NEWTON hizo con el tiempo lo que los griegos hicieron con el espacio: lo abstrajo a una dimensión mensurable. Los viajes de exploración del siglo XVII requerían unos relojes precisos, con el fin de determinar la longitud, por lo que comenzó la tiranía del reloj. Tres siglos después, tenemos relojes atómicos, con una precisión de una billonésima de segundo, y una navegación por satélite que puede localizar una embarcación con una precisión de metros. En conse-

© Ediciones Morata, S. L.

cuencia, vemos ahora que la imagen del tiempo de Newton, aunque adecuada para la mayor parte de los fines humanos y constituyendo aún la base de la realidad de sentido común, es errónea. Newton demostró que el tiempo es matemático y mensurable, pero el tiempo es también relativo al marco de referencia del observador. Mi tiempo y su tiempo pueden ser similares, pero no son idénticos. Si yo vivo en el último piso de un edificio alto, mi tiempo corre ligeramente más que el suyo.

Piaget (1956) investigó el desarrollo de la comprensión de los niños sobre la medida del tiempo. Demostró cómo interactúan los conceptos de velocidad, espacio y tiempo en evolución. En un experimento, se pidió a los niños que hicieran una sucesión de dibujos que mostraran la caída del agua de un recipiente a otro, situado debajo. Descubrió que la primera competencia que aparecía era la capacidad de situar de forma correcta los dibujos del agua en los recipientes superior e inferior y de situarlos en un orden que demuestra la comprensión de los acontecimientos que se producen en una sucesión ordenada. A continuación, los niños comprendían que la disminución en un recipiente y el aumento en el otro se producían en la misma cantidad de tiempo; podían comprender una escala que midiera el paso del tiempo. En la tercera etapa, Piaget descubrió que los niños eran capaces de comprender que los hechos podían suceder a la vez, así como que las unidades de tiempo pueden sumarse. Sólo después llegaron a comprender la medida del tiempo en intervalos iguales. En otros experimentos, demostró que los niños tenían que alcanzar determinado nivel evolutivo antes de poder comprender que, si dos trenes entran en túneles de distinta longitud y salen al mismo tiempo, el tren que viaje por el túnel más largo debe ir más rápido, o que, si dos caracoles tardan el mismo tiempo en recorrer unas trayectorias que comienzan y acaban en puntos paralelos, el caracol que siga un camino sinuoso debe moverse más deprisa que el que vaya por un camino rectilíneo.

Los niños sólo aprenden poco a poco que el tiempo puede medirse utilizando escalas estándar de intervalos iguales: minutos y horas, días, años y siglos. Con frecuencia, se ha dado por supuesto que a los niños pequeños no les interesa el pasado porque no pueden medir el tiempo. Sin embargo, su capacidad de comprender que el tiempo puede medirse se desarrolla, poco a poco, cuando relacionan su experiencia subjetiva del paso del tiempo con escalas normalizadas de horas, días y años. En realidad, los niños están inmersos en conceptos de tiempo. Forman parte de su identidad en desarrollo y deben fomentarse. Los días tienen pautas, el paso de los años está marcado por los cumpleaños, las estaciones se recuerdan en relación con los festivales, las vacaciones y el tiempo meteorológico.

Sin embargo, los conceptos de tiempo son subjetivos y culturales. Dependen de las experiencias de los niños, de la lengua y de las oportunidades de escuchar y contar cuentos y poemas relativos al paso del tiempo y a otros tiempos, y de relacionar los hechos de sus propias vidas con el paso del tiempo: "Cuando tenga 5 años, iré al cole", "cuando yo tenía 2 años, nació nuestro bebé", "mi cumpleaños fue en junio, el verano pasado", "el autobús llegará dentro de media hora". La conciencia de los tiempos pasados depende también de la unidad familiar, de dónde residan los niños y del tiempo que lleven allí. Pocos niños actuales viven con adultos de varias generaciones o en medio de muebles y adornos de generaciones anteriores. A menudo, se han trasladado recientemente de otras viviendas o de otra parte del mundo. BERNOT y BLANCARD (1953) demostraron que las personas que habían permanecido toda su vida en una comunidad en donde la gente y la forma de vivir hayan experimentado pocos cambios tienen una conciencia del tiempo que trasciende su experiencia personal; recuerdan los relatos de los ancianos acerca de acontecimientos, edificios, ocupaciones y gentes anteriores a su propia época. Las personas que se han trasladado a una comunidad procedentes de distintos lugares tienen un menor sentido del pasado porque no han compartido recuerdos que se relacionen con su medio ambiente actual.

No todos los niños están rodeados por restos físicos del pasado que también formen parte de su presente del mismo modo que describe poéticamente George MACKAY BROWN en Orkney:

> Aquí, las historias están en el aire... Estas islas son un microcosmos del mundo. Han estado continuamente habitadas desde hace unos 6.000 años y, dondequiera que vayas, es ineludible e inevitable encontrar los estratos de culturas y razas... En Orkney, la historia no ha quedado empaquetada en el legado cultural. El pasado es el presente.
>
> (*The Times*, 25 de julio de 1992.)

La comprensión de la relación entre el tiempo subjetivo y el medido se desarrolla gracias a la comprensión de otras dimensiones del concepto del tiempo —sucesiones cronológicas, duración, cambios en el tiempo, semejanzas y diferencias entre el presente y el pasado— y del vocabulario del tiempo.

Secuencias cronológicas

PIAGET (1952) estudió la capacidad de los niños para colocar objetos en sucesión numérica y para reconocer los números ordinales. Si se aplica esta competencia a un contexto histórico, antes de que comiencen a ir a la escuela, los niños son capaces de secuenciar los acontecimientos de su propia vida y, quizá, los objetos y fotografías relacionados con su propia experiencia, y de contar cuentos en sucesión cronológica, reconociendo ciertas convenciones como: "érase una vez" y "vivieron felices para siempre".

En la *Curriculum Guidance for the Foundation Stage* (DfEE/QCA, 2000a, pág. 58), la sección de orientación del lenguaje dice que debe estimularse a los niños para que utilicen el habla para ensayar, reordenar y reflexionar sobre la experiencia pasada, relacionando los acontecimientos significativos de su propia experiencia y de relatos, prestando atención a la sucesión y a la forma de seguir unos acontecimientos a otros. Deben disfrutar escuchando cuentos, responder con preguntas y comentarios relevantes (pág. 50), aprender a contar narraciones siguiendo la sucesión correcta de acontecimientos y demostrar la comprensión del personaje (pág. 62). En el último curso de educación infantil, los niños deben "contar los principales acontecimientos de los cuentos en secuencia" y ser conscientes de las "acciones y reacciones, consecuencias y pautas previsibles" (DfEE/QCA, 1998a, págs. 18-19). Cuando Susan Mead leyó a su clase de infantil un cuento en el que el osito decía: "Si tienes una familia, tienes que venir de algún sitio"; Adam, de 4 años, dijo de forma espontánea: "Todo el mundo tiene una historia. Es decir, empieza cuando eres un bebé". Ella aprovechó esto y propuso que los niños hicieran sus propias "serpientes familiares". Ella escribió el nombre de cada miembro de la familia en una banderita y pidió a los niños que las pegaran ordenadamente en serpientes de plastelina, del mayor al más joven. Aunque las banderitas no tenían un orden claro, Adam, por ejemplo, agrupó las banderitas "niñera" e insistió en poner una banderita en el otro extremo de su serpiente para el bebé no nacido aún.

HOLDAWAY (1979, págs. 62-63) demostró que los niños y niñas de educación infantil, merced a la lectura en común a la hora de acostarse, tratan de repetir y volver a contar las sucesiones de acontecimientos de un cuento con una convicción cada vez mayor. Desarrollan la capacidad de seguir un argumento, describiendo los sucesos en el tiempo, y aprenden a crear imágenes que no han experimentado sensorialmente, quizá porque pertenezcan a otras épocas: las puertas de la ciudad, cenizas, horcas agrícolas, bombas de agua. WATERLAND (1985) describe una progresión en la capacidad infantil de contar historias que precede a la descodificación del texto. Al principio, el niño escucha la historia y observa las ilustraciones, después oye la historia y observa el texto. A continuación, el niño cuenta la historia con el adulto. Cuando los niños conocen bien un relato, lo elaboran por su cuenta, al principio sin recordarla por completo, después con una narración más precisa y, por último, con completa exactitud. Gracias a las canciones infantiles, los niños también pueden relacionar, en sentido poético, el paso del tiempo con las unidades estándar de tiempo.

A sunshiney shower
Will last half an hour.

Rain before seven
Fine before eleven.

March winds, April showers
Bring forth May flowers.

Monday's child is fair of face...

Solomon Grundy, born on Monday... *

---

* Son refranes ingleses. En español, podríamos señalar: *Marzo ventoso y abril lluvioso hacen a mayo florido y hermoso* (coincide casi exactamente con: "March winds, April showers..."). *Arco iris al amanecer, agua antes del anochecer. Arco iris al mediodía, llueve todo el día. Arco por la tarde, buen tiempo aguardes. Días se fueron y días vendrán; lo que unos trajeron, los otros se llevarán. Eres más largo que un día sin pan. El empezar es el comienzo del acabar.* (N. del T.)

© Ediciones Morata, S. L.

Las antiguas canciones infantiles forman parte de nuestro patrimonio cultural —una fuente primaria— y, en un mundo que cambia muy deprisa, es gratificante transmitirlas. "Nos sentimos parte de la evolución humana cuando vemos a nuestros hijos arrastrados a la danza como lo fuimos nosotros antes que ellos" (BUTLER, 1988, pág. 70).

Beryl KINGSBURY (1998) señala la cantidad de libros ilustrados que pueden ayudar a los niños a comprender que las personas, las cosas y los lugares cambian con el tiempo. *Rachel's Roses* (CHRISTENSON, 1995), *This Quiet Lady* (ZOLOTOW, 1992) y *The Old, Old Man and the Very Little Boy* (FRANKLIN, 1992) están relacionados de distintas maneras con el crecimiento y el cambio. *Remember Me* (WILD, 1995), *Wilfred Gordon McDonald Partridge* (FOX, 1987) y *My Great Grandpa* (WADDELL, 1991) versan sobre recuerdos de familiares cercanos, y *The Hidden House* (WADDELL, 1992) y *The Little House* (BURTON, 1978) se refieren a casas y a lo que puede ocurrirles con el tiempo.

Karen SALTER (1996) examinó la utilización de los cuentos con niños de 4 años durante su primera semana en su clase de último curso de educación infantil. Decidió interpretar el papel de la protagonista para contarles la historia de Grace Darling, la hija del valiente farero victoriano, que rescató a los marineros de un barco que había naufragado; ¡un comienzo ambicioso!

Karen les contó que era una visitante de la escuela que venía de un tiempo muy lejano; descubrió que los niños lo aceptaban y que incluso los que, generalmente, era difícil que prestaran atención, seguían perfectamente sentados. Al final, no fueron capaces de formular preguntas (era, por tanto, una destreza que desarrollar), pero hicieron dibujos para sus "noticias de periódico". Cuando, dos semanas más tarde, una ayudante no docente les pidió que le comentaran sus dibujos, de manera que ella pudiera escribir sus informes para la evaluación, todos recordaban los principales acontecimientos de la historia, unos con más detalles que otros, aunque el dibujo de un alumno reveló que no sabía lo que era un faro. Sólo el relato de un niño estaba dominado por su propia visita a una playa.

Duración

Las orientaciones para la educación infantil respecto a las matemáticas, incluidas en *Curriculum Guidance for the Foundation Stage* (DfEE/QCA, 2000a), dicen que los niños deben aprender a contar hasta 5; después, hasta 10, y reconocer los números en contextos habituales (pág. 74). Pueden reconocer los números en las tarjetas y objetos de su cumpleaños, contar sus velas y colocar en sucesión las fotografías relacionadas con su edad (pág. 95).

Pat HOODLESS (1998) leyó a niños de clases de educación infantil unos cuentos en los que, en una página, se narraban las experiencias de un niño en un "tiempo imaginario", mientras que, en la página siguiente, se contaban las experiencias paralelas de los padres, medidas en "tiempo real", preguntándoles después qué creían que había ocurrido (BURNINGHAM, 1992; SENDAK, 1970). Descubrió que parecía que estos niños de 3 y 4 años comprendían lo

© Ediciones Morata, S. L.

que estaba ocurriendo. Algunos se refirieron espontáneamente al tiempo del reloj. Trataban de concretar el momento real del día en el que se situaban las ilustraciones. Se referían a la luz y la oscuridad y a la noche y el día tratando de estimar las duraciones, y parecía que se daban cuenta de la necesidad de medir el tiempo.

SMITH y TOMLINSON (1977) descubrieron que unos niños de 8 años no podían comparar los intervalos de tiempo del pasado porque no reconocían la necesidad de una escala de calendario independiente. No comprendían bien el significado de "tiempo largo" y "tiempo corto", y equiparaban el intervalo de tiempo con el número de acontecimientos, guerras o reyes y reinas relacionados con aquél. No obstante, hace falta realizar más investigaciones. Parece probable que muchos niños pequeños puedan comparar intervalos de tiempo si se les facilita una línea cronológica marcada con intervalos iguales de tiempo, sobre todo si su primera experiencia con las líneas cronológicas está relacionada con acontecimientos de su propia vida.

Causas y efectos de los cambios en el tiempo

La *Curriculum Guidance for the Foundation Stage* (DfEE/QCA, 2000a) dice que los niños deben aprender a crear modelos de sus propias experiencias, a relacionar causa y efecto, a secuenciar, ordenar y agrupar, a aclarar su pensamiento sobre las ideas, los sentimientos y los acontecimientos (pág. 74). Desde los 3 años, los niños deben manifestar su interés sobre por qué ocurren las cosas y proponer explicaciones (pág. 50).

CROWTHER (1982), investigando los conceptos del cambio de niños de edades comprendidas entre los 7 y los 11 años, descubrió que consideraban que el cambio sólo era el resultado de la acción directa o de la sustitución de una cosa por otra, sin tener en cuenta el factor tiempo. Sin embargo, de nuevo el centro de atención de la investigación eran los niños mayores y era muy improbable que el material que se les presentaba para que respondieran provocara un análisis de la comprensión de los cambios en el tiempo de los niños muy pequeños: de causa y efecto, de motivos o de diferentes tipos de cambios. Es preciso realizar más investigaciones. No obstante, la comprensión que los niños pequeños tienen de los cuentos muestra que son capaces de comentar de qué modo influye la conducta de las personas en los acontecimientos. Hacen preguntas y hacen previsiones; aprenden estructuras gramaticales (si... entonces). Los niños de edades comprendidas entre 2 y 3 años aprenden cosas sobre la causa y el efecto, los motivos y las reglas por medio de relatos con personajes coherentes y dignos de confianza, que avanzan constantemente hacia un resultado previsible. Al Conejito Peter le dicen en un preciso lenguaje victoriano de salón que no vaya al jardín del Sr. McGregor e ignora el consejo, con resultados previsibles. El zorro va casi siempre por delante de Rosie la Gallina (HUTCHINS, 1973) en el paseo de ésta por el corral, pero, en su caso, la conducta que ignora las reglas evita, al final, el efecto previsto. A los 3 años, muchos niños disfrutan con cuentos más complejos y les encantan los matices. Usan la palabra "quizá" y preguntan por qué hicieron ciertas cosas las personas. Pueden comenzar con relatos en los que se aplican reglas rígidas y, al final, quienes están en peligro acaban sanos y salvos ("Ricitos de Oro y los tres ositos" o "Los tres cabritos traviesos"*). En estos cuentos, el motivo es importante; Ricitos de Oro es curiosa y los machos cabríos suben a la colina "para engordar". Entre los 4 y los 5 años, los niños comienzan a ver las cosas desde otros puntos de vista distintos del suyo y comparten las esperanzas, las alegrías y los temores de los otros. Poco a poco, se hacen más perspicaces con respecto a la gente. Aunque los cuentos de hadas no se refieren en absoluto a personajes históricos, contribuyen al desarrollo de la capacidad de los niños para tener en cuenta los motivos, las causas y los efectos, que más tarde pueden transferir a los mitos y leyendas, a los héroes y heroínas y a las historias de personas que vivieron en realidad y a acontecimientos ocurridos.

HARPIN (1976) mostró que la madurez creciente de la sintaxis de los niños refleja su capacidad cada vez mayor de utilizar conjunciones relacionadas con el tiempo y con causas y efectos, en vez de la copulativa "y". "Llegó el otoño y las hojas caen" se convierte en: "como llegó el otoño, las hojas caen". En vez de: "terminó el trabajo y se fue a la cama", pueden decir: "después de terminar el trabajo, se fue a la cama".

Sin embargo, DONALDSON (1978) demostró que, con frecuencia, los niños pequeños están preparados para aceptar, sin discutirlas, situaciones ilógicas; hay que estimularlos para que cuestionen la secuencia y las causas y efectos de los acontecimientos en una historia.

Semejanza y diferencia entre el pasado y el presente

PIAGET (1952) demostró que los niños aprenden a formar conjuntos de objetos con características comunes. En la sección sobre el lenguaje temporal (pág. 28), nos ocuparemos de este proceso. En el contexto de la historia, esto significa que los niños pueden empezar a ordenar "lo antiguo" y "lo nuevo" y a dialogar sobre las razones por las que poner un objeto en uno u otro conjunto.

La *Curriculum Guidance for the Foundation Stage* (DfEE/QCA, 2000a) dice que, desde los 3 años, hay que estimular a los niños para que hagan colecciones y observen, hablen y tengan en cuenta las semejanzas y diferencias entre ellas (pág. 89). Deben comenzar a distinguir entre el pasado y el presente en sus propias vidas y en las de sus familias y las de otras personas que conozcan, hablando de los cambios de su entorno o de los objetos, fotografías y relatos de distintas épocas, o entrevistando a los visitantes (págs. 94-95).

Cuando Susan MEAD leyó a su clase de educación infantil la historia sobre el viejo osito de peluche, la lectura llevó a un diálogo sobre cuál de los dos

---

* Los cuentos mencionados en inglés son: *The Three Bears* y *The Billy Goats Gruff*. *(N. del T.)*

muñecos era más viejo. Los niños concluyeron que el muñeco más viejo tenía que ser el "de la cabeza de porcelana y el cuerpo lleno de borra", porque el otro muñeco tenía "una cabeza de plástico. Hace mucho tiempo, no tenían plástico".

Los niños de 2 años o más pequeños pueden llegar a sentir curiosidad por los aspectos en los que el pasado era diferente, tal como revelan los libros de canciones infantiles. Las ilustraciones de GREENAWAY (1991) presentan a los niños unos mundos en donde las personas llevaban ropas diferentes de las suyas: vestidos largos, pantalones bombachos, sombreros de plumas y cofias. Sus juguetes son diferentes: caballitos de juguete, cuerdas para saltar a la comba, sedales para pescar y balancines. Poco a poco, se les presentan las ocupaciones de una sociedad rural preindustrial:

> *Down to the meadow to milk the cow**.
>
> *Elsie Marley has grown so fine*
> *She won't get up to feed the swine...***
>
> *Little Bo Peep has lost her sheep..."* ***

Aprenden cosas sobre los panaderos, los gaiteros y los deshollinadores. Y se les muestra el vocabulario de otras épocas: *looking-glass, sabbath, scholar, parlour*****.

Las canciones infantiles forman parte de los "peldaños" hacia los objetivos del aprendizaje inicial de la sección de "Comunicación, lengua y lectoescritura" de la *Curriculum Guidance for the Foundation Stage* (DfEE/QCA 2000a, págs. 50, 53) y de *The National Literacy Strategy* para las clases del último curso de educación infantil (DfEE/QCA 1998b, págs. 18-19). *A Nursery Rhymes Resource Pack* (*Hampshire Inspection and Advisory Service*, 1999) presenta muchas sugerencias sobre las canciones infantiles para enseñar historia.

El lenguaje del tiempo

La *Curriculum Guidance for the Foundation Stage* (DfEE/QCA, 2000a) hace hincapié en la importancia de ampliar el vocabulario de los niños y de explorar los significados y sonidos de las palabras nuevas (pág. 52). También hay que estimularles para que utilicen el lenguaje del tiempo, por ejemplo:

---

* "Baja al prado a ordeñar la vaca". *(N. del T.)*
** "Elsie Marley se ha criado tan elegante / Que no quiere levantarse para dar de comer al cerdo..." (De: *Elsie Marley*, canción popular del norte de Inglaterra). *(N. del T.)*
*** "Little Bo Peep ha perdido su oveja..." (Del episodio 4027 de *Sesame Street* -"Barrio Sésamo"). *(N. del T.)*
**** Literalmente: "espejo, sábado (judío), escolar, salón"; todas ellas, en las acepciones que interesan a la autora, son anticuadas. A modo de ejemplo, en castellano podríamos citar: "albarda", "ronzal", "pupilo", "carreta", "levita", "condiscípulo", "botica". *(N. del T.)*

© Ediciones Morata, S. L.

"ayer", "antiguo", "pasado", "ahora", "después" (pág. 95). En los comentarios sobre acontecimientos de la vida y de secuencias de fotografías o relatos, deberían hablar con términos como "último", "primero", "siguiente", "antes", "después" (pág. 53).

Aprender sobre el pasado supone adquirir el vocabulario que, hasta cierto punto, es específico de la historia. BLYTH (1990) indica que no hay un acuerdo claro acerca de lo que se entiende por "conceptos históricos". Algunos tienen que ver con el registro del paso del tiempo (año, década, generación, siglo) o con los cambios que se producen en el tiempo (antiguo, nuevo, igual, diferente, causa, efecto). Otros conceptos describen las características comunes de determinados períodos (romano, victoriano). Hay conceptos que describen ideas organizadoras que están presentes en todas las sociedades y que no son exclusivamente históricos (agricultura, comercio, comunicación, creencias). Otros definen edificios, tecnología o grupos de personas que corresponden a épocas pasadas (castillo, villa romana, galeón, rueca, Roundhead*, caballero**). También hay conceptos relacionados con los procedimientos de interpretación de fuentes.

Un concepto puede ser un sustantivo o un adjetivo, un verbo o un adverbio. Es una palabra, un símbolo, que representa grupos de objetos o ideas que tienen uno o más atributos comunes. Unos conceptos son concretos; aluden a objetos que pueden tenerse en mente, como imágenes o ejemplos específicos (rey, castillo). Otros conceptos son abstractos (gobernante, defensa) y dependen de la comprensión de los conceptos concretos subordinados.

Los niños no aprenden los conceptos por medio de definiciones prefabricadas, sino mediante el aprendizaje, en forma de resolución activa de problemas, a través de prueba y error y mediante el diálogo, para abstraer sus características comunes. De este modo, perfeccionan poco a poco sus conceptos. VYGOTSKY (1962) puso de manifiesto la secuencia de desarrollo de los conceptos. Al principio, los objetos y las ideas se relacionan por casualidad (todos los edificios de piedra son castillos). En la segunda fase, se relacionan por una característica que puede cambiar cuando se añade información nueva (todos los castillos están construidos sobre un montículo, hasta que vemos uno sobre un acantilado; todos los castillos tienen una torre del homenaje rectangular, hasta que vemos uno con las torres redondas). Poco a poco, se desarrollan los pseudoconceptos que se deducen del contexto, pero siguen siendo inestables (un castillo es un fuerte; un castillo es la casa de un señor; un castillo tiene un foso). Las palabras de los niños y las de los adultos pueden coincidir, pero el niño puede estar pensando en el concepto de un modo

---

* Literalmente: "cabeza redonda". Se denominaba así a los *puritanos*, partidarios del Parlamento, que dieron el poder a Oliver Cromwell durante la guerra civil inglesa (s. XVII), quienes llevaban el cabello muy corto, frente a los *caballeros*, realistas, que lo llevaban al modo "tradicional". *(N. del T.)*

** *Knight*, en el original; en castellano, "caballero" alude tanto al miembro de una "orden de caballería", como al "caballero andante" o a la persona de sexo masculino de cierto porte y distinción (*gentleman*, en inglés) y, por extensión, a los hombres en general. *(N. del T.)*

© Ediciones Morata, S. L.

muy diferente al del adulto (un castillo se construyó para que los malos se quedaran fuera; un castillo representa la estructura social feudal). En la fase final, es posible formular una regla que establezca una relación entre conceptos, creando así una idea abstracta (un castillo es la casa fortificada de un señor feudal).

Si los niños clasifican objetos como "antiguos" o "nuevos", en la primera etapa, es posible que no sean capaces de dar ninguna explicación de sus agrupaciones, que son aleatorias. En la etapa siguiente, pueden hacer conjuntos de objetos desgastados y de objetos en buen uso, pero el atributo definitorio tendrá que cambiar cuando se introduzca un objeto impecable cuya antigüedad se conozca. Es posible que redefinan los conjuntos como "cosas preciosas" y "cosas que no son preciosas", hasta que la maestra explique por qué, para ella, su gastado osito de peluche es tan precioso. Por último, los niños pueden aceptar un atributo común para el conjunto "antiguo" y otro para el conjunto "nuevo", como: "las cosas antiguas son más antiguas que nosotros" y "las cosas nuevas están hechas durante nuestro tiempo de vida". Los conceptos de tiempo resultan particularmente difíciles de comprender porque son relativos y subjetivos. Las personas de edades diferentes tienen conceptos diferentes de "persona anciana", "tiempo largo" o "hace mucho tiempo". "Ayer" y "mañana" sólo pueden definirse mediante una regla abstracta.

KLAUSMEIER y cols. (1979) demostraron que los conceptos concretos y tangibles se aprenden mediante la denominación verbal y a través del almacenamiento de imágenes; los niños son cada vez más capaces de reconocer las semejanzas y las diferencias.

Por ejemplo, pueden ampliar y perfeccionar cada vez más su concepto de castillo visitando primero un castillo, coleccionando después fotos de castillos construidos en diferentes lugares y en distintos períodos y comentando las semejanzas y las diferencias entre ellos. Pueden examinar el concepto de "príncipe" escuchando relatos, verdaderos y ficticios, sobre príncipes buenos y malos, fuertes y débiles, muy poderosos y poco poderosos, que vivieran en distintas épocas y lugares diferentes.

Puede introducirse a los niños en lo abstracto, organizando conceptos que estén presentes en todas las sociedades y los conceptos subordinados, relacionados con ellos, a través de mitos, leyendas y cuentos populares, porque estos relatos giran en torno a unas ideas centrales: poder y organización social, creencias, comercio, viajes, comunicación, agricultura.

La investigación ha mostrado que la mejor manera de que los niños aprendan conceptos nuevos es cuando se seleccionan, utilizan y comentan (VYGOTSKY, 1962). El lenguaje es la herramienta para abrir el pasado. Los niños tienen que dialogar, explicar y justificar entre ellos y con los adultos las razones de las secuencias cronológicas que forman, indicar las causas y los efectos de los cambios que representan las secuencias, explicar y perfeccionar las categorías que forman y las semejanzas y las diferencias entre ejemplos: entre un molino de viento que hayan visitado y otros ejemplos vistos en fotografías. Tienen que comentar el vocabulario utilizado en los relatos. DONALDSON (1978) descubrió que los niños pequeños no suelen cuestionar el vocabulario nuevo; ¿qué quiere decir "justo" o "valiente"? También en sus juegos, necesitan examinar y utilizar los nuevos conceptos presentados en los cuentos.

Virginia Hunt, una estudiante, describió cómo disfrutaba su hijo de 2;8 años* con *Bill and Pete Go Down the Nile* (DE PAOLO, 1988). Pedía una y otra vez que se lo leyeran y cuestionaba el significado alternativo de *"mummy"***. En cada lectura, recordaba e identificaba el sarcófago y la esfinge. Al darle una selección de libros sobre el pasado, escogió uno sobre el antiguo Egipto y buscó un sarcófago, ¡después, señaló sarcófagos y esfinges en otros libros! Es un ejemplo excelente de cómo utilizar la experiencia de los cuentos que tienen los niños como fundamento conocido para examinar conceptos nuevos relacionados con otras épocas.

Cuando los niños crecen, el lenguaje se hace cada vez más importante para perfeccionar los conceptos. ¿Qué tipo de soldado es? ¿De qué tipo de madera, metal, tela está hecho? ¿Para qué se utilizaba? Si se usaba para hacer más fácil un trabajo, es una herramienta. Si se empleaba para luchar, es un arma.

El concepto de tiempo

Al ayudar a los niños a que sean curiosos respecto al pasado y a descubrirlo, ¿hasta qué punto es importante el concepto de tiempo? Desde luego, la comprensión de los niños de la relación entre el tiempo subjetivo y el tiempo medido se desarrolla despacio. Su conocimiento del pasado y su experiencia del tiempo son limitados. La medida del tiempo supone el dominio de unos conceptos complejos. Los conceptos del tiempo cambian con la edad y las circunstancias.

Sin embargo, LELLO (1980) decía que la comprensión de la cronología y la fijación de los acontecimientos en el contexto y en el tiempo no son sinónimas del desarrollo de la comprensión de los tiempos pasados. Desde luego, no parece que la gran cantidad de juegos que se han inventado para enseñar a los niños las secuencias cronológicas haya desarrollado en absoluto su comprensión del pasado.

> Este juego no pretende contribuir en gran medida a que los jugadores se familiaricen con la genealogía de sus propios reyes. Esperamos que el joven jugador no piense mucho en ejercitar su memoria para adquirir un perfecto conocimiento de la misma.
> ("The Royal Genealogical Pastime of the Souvereigns of England", publicado por Edward WALLIS, Londres, 1791.)

---

* Transcripción de la edad cronológica en años;meses. En este caso 2 años y 8 meses. *(N. del E.)*

** En inglés *mummy* es el diminutivo de "mamá", según los lugares: "mami", "mamita", etc. Sin embargo, tiene otra acepción: "momia". A esta divergencia de significados se refiere el texto. *(N. del T.)*

MARBEAU (1988) decía que un niño de 6 años tiene una comprensión muy estrecha y discontinua de su propia duración: "Al principio, la historia es la historización de la propia existencia del niño". Los niños construyen la continuidad de su existencia recitándosela a otros (y a sí mismos). Sin embargo, la dificultad de la medida del tiempo no empaña el interés de los niños por la historia. MARBEAU consideraba esto como un reflejo de su propio interés por "el problema de los orígenes". Lisa, una niña de 6 años, pedía constantemente a su madre, estudiante de magisterio de historia, que le repitiera el orden en el que se habían ido incorporando al hogar sus habitantes (mamá, el gato, papá, el perro, Lisa), pero seguía confundiéndola el hecho de que papá fuese, sin discusión, más viejo que el gato. Una línea cronológica ayudó, pero Lisa siguió creyendo que, más tarde, tendría la misma edad que su madre. Todavía hablaba de cosas que había hecho poco antes diciendo: "Cuando yo era un bebé...", pero contaba historias sobre cosas que habían ocurrido hacía tiempo como si fuesen sucesos recientes. Una grabación de vídeo de todos sus cumpleaños le ayudó a secuenciar los acontecimientos de su propia vida.

Penelope LIVELY, que es licenciada en historia además de novelista, escribió, en clave poética, sobre la diferencia entre el sentido del tiempo del niño y el del adulto:

> Él [el padre] percibió en un instante el flujo perpetuo de la niñez, el interminable presente del que, más tarde, escapamos y que nunca podemos recuperar. Cohabitamos con estos misteriosos seres que ocupan una zona temporal diferente, que comparten nuestros días y los atraviesan con nosotros, pero cuya visión es la de unos extraños.
>
> (LIVELY, 1991, pág. 183.)

Sin embargo, incluso para los adultos, el tiempo no siempre se entiende mejor según una escala cronológica, de intervalos iguales y, a veces, es posible sentirse más cerca de las personas cuando ya hace mucho tiempo que fallecieron que cuando estaban vivas.

> *Time present and time past*
> *Are both perhaps present in time future*
> *And time future contained in time past**.
>
> (De "Burnt Norton", en ELIOT, 1986.)

La fascinación por el tiempo atraviesa toda la obra de SHAKESPEARE. De distintas maneras, el tiempo impregna todas las culturas. El poeta jamaicano Dennis SCOTT (1986) escribe:

---

* "Tiempo presente y tiempo pasado / Quizá ambos están presentes en el tiempo futuro / Y el tiempo futuro contenido en el tiempo pasado." *(N. del T.)*

Uncle Time is a spider-man, cunnin' an' cool,
him tell you: watch de hill an' yu se mi.
Huh! Fe yu yi no quick enough fe si
how 'im move like mongoose; man, yu tink 'im fool?

...

Watch how 'im spin web roun' yu house, an' creep
inside, an' when 'im touch you, weep... *

O, en palabras de una canción popular bengalí:

This bank erodes
Another bank emerges:
Such are the whims of the river.
You are a wealthy Amir *in the morning*
A penniless Fakir *in the evening*
*Such are the whims of the river**.*

No puede sorprendernos la confusión de los niños. Por supuesto, la cronología, las fechas y el tiempo medido son fundamentales para la historia como disciplina, pero, para los niños pequeños, cuya comprensión del tiempo es embrionaria, la curiosidad y el entusiasmo con respecto a otras gentes, otras vidas y otros tiempos son más importantes que las fechas.

Los estudiantes de magisterio investigan los conceptos del tiempo de los niños de educación infantil

Una clase de educación infantil (guardería)

Janet Liddle, estudiante de 4.º curso del BA (QTS) de historia***, quería descubrir qué idea tenían los niños de 4 años acerca de los cambios que se producen con el tiempo, cuando llegaban a su clase de guardería. En grupos de cuatro, les leía un libro de canciones infantiles, con ilustraciones del siglo xix,

---

* "El tío Tiempo es un hombre-araña, astuto y frío, / te dice: mira la colina y me ves. / ¡Uh! Si no eres bastante rápido, mira / cómo se mueve como una mangosta; hombre, ¿tú crees que está loco? / ... / Mira cómo teje una red alrededor de tu casa, y trepa / adentro, y cuando te toca, lloras..." *(N. del T.)*

** "Esta orilla se erosiona / Otra orilla emerge: / Ésos son los caprichos del río. / Tú eres un rico *Emir* por la mañana / Un paupérrimo *Faquir* por la noche / Ésos son los caprichos del río." *(N. del T.)*

*** *BA (QTS)* es el *Bachelor of Arts (Qualified Teacher Status).* El título es el de primer nivel en historia (más o menos equivalente a nuestros títulos universitarios de grado medio), más el de habilitación para la enseñanza (*QTS*). *(N. del T.)*

y ellos hablaban sobre "el pasado", estimulados, en principio, por las ilustraciones. Grabó sus conversaciones. Descubrió que el 85% de los niños utilizaba espontáneamente el vocabulario básico del tiempo: "hace mucho tiempo", "antiguo", "nuevo", "antaño", "pasado de moda". Estaban desarrollando cierto sentido de la cronología: Laureen: "Mi papá es viejo pero Óscar, mi conejito, es nuevo". Rebecca decidió dibujar a su mamá y a su papá casándose: "Eso fue hace mucho tiempo". Sally tenía una abuelita "que es vieja y es la mamá de mi papá", mientras que la abuela de Vicky "vivía en la India cuando era pequeña". Sam habló sobre "inventos", Hannah tenía conciencia de que Jesús vivió "hace mucho tiempo" y Thomas, de que los pterodáctilos vivían hace mucho, mucho tiempo, pero Ben sabía que esto fue "después de que el Sol fuese hecho".

Estos niños también utilizaban conceptos relacionados con la historia, que habían oído en relatos: "castillo", "rey", "iglesia", "príncipe", "reina". Los niños comentaban que la mayor parte de las cosas que sabían del pasado se las debían a sus padres, visitas a castillos e iglesias, pero también a la televisión y los vídeos.

Durante la conversación, hablaron de los cambios: la invención de la electricidad y la televisión, los cambios en las tiendas, la ropa, las casas. Sam hizo algunos comentarios muy complejos sobre sí mismo, en relación con el pasado y el presente: "Yo no llevo ropa como esa porque no estoy en la época antigua", pero "he visto un coche antiguo que subía una colina y no lo he visto en una época antigua".

Un grupo de juego

Debra Vickers, otra alumna de magisterio, dijo que en el grupo de juego en donde trabajaba, los niños no la veían como una maestra que esperara "respuestas correctas". Ella escuchaba cuando hablaban libremente sobre una colección de "cosas viejas" que había llevado: una plancha plana, una máquina de escribir antigua y un juguete de madera. James dijo que le gustaría "volver atrás en el tiempo" y ver cómo se habrían usado. Cuando su amigo dijo que sentía pena por las personas que las utilizaran, James explicó que esas personas "se habrían sentido contentas porque no conocían otra cosa". Con una perspectiva asombrosa, siguió explicando que sus hijos tendrán juguetes nuevos para jugar y "verán mis juguetes como cosas del pasado".

CAPÍTULO II

Interpretaciones del pasado

Las descripciones del pasado que escriben los historiadores son diferentes. Varían a causa de las preocupaciones de la época en la que viven, por sus intereses y perspectivas y porque, con frecuencia, las pruebas históricas son incompletas. No existe una única visión correcta del pasado. Todos reconstruimos nuestras propias visiones del pasado, según nuestros conocimientos, postura política, clase social, raza, género e intereses. Esto nos permite reflexionar sobre nuestra propia postura en relación con el presente y el pasado.

La selección de las pruebas, la reconstrucción de los hechos y su interpretación, con objeto de construir una descripción del pasado, requieren imaginación. TREVELYAN (1919) decía que, en el fondo, el atractivo de la historia es su carácter imaginativo; la verdad es el criterio del estudio histórico, pero su motivo impulsor es poético. ELTON (1970) consideraba la imaginación histórica como una herramienta para rellenar las lagunas cuando faltan datos. LEE (1984) la definía de un modo más preciso como la disposición para hacer un conjunto de suposiciones válidas basadas en pruebas. Los historiadores no pretenden identificarse con las personas del pasado ni proyectarse sobre el pasado, porque no es posible, pero tratan de comprender y explicar los pensamientos y sentimientos en los que se fundaban las acciones y la conducta de las personas del pasado, según su probabilidad. Esto es difícil, porque las personas del pasado tenían actitudes y valores distintos de los nuestros, los fundamentos de sus conocimientos eran diversos y también eran diferentes las limitaciones políticas, sociales y económicas en las que vivían.

Los niños pequeños pueden empezar a comprender por qué puede haber más de una versión de una historia del pasado. Para ello, necesitan tener oportunidades de crear sus propias interpretaciones, basadas en lo que saben, y ver cómo y por qué pueden diferir.

© Ediciones Morata, S. L.

La comprensión de las interpretaciones

PIAGET (1956) señaló que los niños pequeños son incapaces de adoptar más de una perspectiva al mismo tiempo. Esto supone que no pueden comparar dos versiones diferentes de un relato. Sin embargo, otros autores han dicho que su capacidad de ver una situación desde más de un punto de vista depende de lo involucrados que estén y de su comprensión de la situación.

DONALDSON (1978), BORKE (1978) y FLAVELL (1985) descubrieron que los niños son capaces de adoptar más de un punto de vista, aunque, a menudo, no sienten la necesidad de hacerlo. Las investigaciones recientes distinguen entre la adopción de una perspectiva visual, la adopción de un rol conversacional y la representación pictórica y, en todos los casos, parece que se ha subestimado a los niños. COX (1986) manifestó que, en sus interacciones verbales, los niños pequeños hacen inferencias acerca de los puntos de vista de otros, aunque sean necesarias más investigaciones. En consecuencia, será interesante analizar hasta qué punto son capaces los niños de reconocer diferentes versiones de una historia, distintas ilustraciones de la misma historia o un relato contado desde perspectivas diversas, y si pueden explicar qué es igual y qué es diferente. Los niños de 2 años pueden descubrir que hay distintas versiones de relatos y de canciones infantiles. Un *Mother Goose Treasury** tradicional, con ilustraciones de estilo victoriano (HAGUE, 1984), contrasta mucho con los púrpuras y escarlatas del *Mother Goose* de Brian WILDSMITH (1987), y con la dignidad meticulosa y el color suave del *Lavender's Blue*, de Katherine LINE (1989). Pueden compararse las canciones infantiles traducidas a distintas lenguas (las canciones infantiles chinas, traducidas a ocho idiomas, del *Haringey Multicultural Resource Centre*, véase la pág. 246) o diferentes versiones de libros bilingües (por ej.: WASU, 1986). *Mother Goose Comes to Cable Street* (STONES y MANN, 1987) presenta canciones infantiles inglesas muy bien ilustradas, en el contexto de escenas callejeras del *East London*; las ilustraciones tradicionales de "I do not like thee, Dr. Fell" pueden compararse con modernas ilustraciones divertidas de una sala de espera de un médico. En *The Baby's Catalogue* (AHLBERG, 1984), los bebés muestran las semejanzas y las diferencias de las vidas de cinco familias distintas. Los niños pequeños pueden hacer comparaciones entre la experiencia de un bebé en su propia familia y en las familias de sus amigos.

THOMAS (1993) demostró que los alumnos de la escuela infantil pueden detectar en los libros significados contradictorios. Trabajando con niños que tenían experiencia previa de hojear y hablar sobre las ilustraciones, les presentó unos libros que invitaban explícitamente al lector a encontrar en las ilustraciones significados diferentes de los del texto, por ejemplo, *If at First You Do not See* (BROWN, 1982), *Lights On, Lights Off* (TAYLOR, 1988). Después, pasaron a libros en los que el texto y las ilustraciones no concordaban: *Time*

---

* Trad. cast.: *Mamá gansa: una colección de rimas infantiles clásicas,* León, Everest, 1998 (2.ª ed.). *(N. del E.)*

to Get Out of the Bath, Shirley (Burhingham, 1985), *Not Now Bernard* (McKee, 1980), *Rosie's Walk* (Hutchins, 1973), *Never Satisfied* (Testa, 1982). En el texto de *Never Satisfied*, unos niños manifiestan reiteradamente lo aburrido que es todo mientras que las ilustraciones muestran toda clase de sucesos: una funambulista sobre una cuerda para tender ropa y unos monstruos que aparecen sobre las paredes. Los siete niños que escuchan la narración insisten en que *había* cosas que ocurrían, pero no parece que los personajes se dieran cuenta. Cameron decía que gran parte del relato quedaba oculto. Los niños sólo se detenían cuando las ilustraciones eran ambiguas, mostrando los ojos de los personajes dirigidos aparentemente hacia acontecimientos ocultos. Esto provocó que Thomas reexaminara sus propios preconceptos: ¿el relato se refiere a personas que no miran, que miran pero no ven o que ven pero no les impresiona? Thomas descubrió que los niños podían reconocer y comentar significados contradictorios con independencia de su capacidad para descodificar el texto, que la aptitud de leer entre líneas incluye el reconocimiento de las diferentes interpretaciones posibles del significado y que los adultos deben abstenerse de imponer sus propias presuposiciones a los niños. Concluye la autora que los niños necesitan escuchar versiones alternativas del mismo relato de ficción y, más tarde, tomar conciencia de que distintos periódicos pueden presentar descripciones contradictorias de "la verdad", igual que distintos historiadores y diferentes científicos.

> Los niños de guardería no son demasiado pequeños para que se les ofrezcan experiencias de juego y literarias que los ayuden a desarrollar la capacidad de buscar más adelante visiones y puntos de vista alternativos, y a empezar a pensar en el carácter y en el motivo.
>
> (Thomas, 1993.)

Las orientaciones de la *Curriculum Guidance for the Foundation Stage* (DfEE/QCA, 2000a) expresan que debe estimularse a los niños para que hablen entre ellos sobre semejanzas y diferencias, para que comprendan y respeten el hecho de que las personas tengan distintas visiones (págs. 42-43) y para que posean una conciencia evolutiva de sus propias formas de ver las cosas (págs. 34-35).

Creación de interpretaciones

A través del juego imaginativo de "hacer de", los niños, por separado o juntos, pueden crear sus propias interpretaciones de épocas pasadas, basándose en relatos, visitas e imágenes. No hay una explicación única y general de lo que aprenden los niños en el juego ni de cómo lo aprenden, pero cada teoría indica distintas maneras posibles de que el juego les ayude a interpretar el pasado.

A principios del siglo XX, se consideraba que el juego era una forma de reproducir el niño las primeras experiencias de la humanidad: tribus nómadas, caza, guerra, construcción de refugios y lucha. Desde luego, los refugios, las cabañas en árboles, las tiendas de campaña, las cuevas, la defensa de la "guarida" y la preparación de comida aparecen con frecuencia en el juego espontáneo.

BRUNER consideraba el juego como un medio de explorar los usos de la tecnología básica. A menudo, el juego libre supone, por ejemplo, hacer castillos (construyendo fosos, diques y puentes, trasladando cargas con carros y poleas), hacer navegar barcos, examinar materiales fundamentales para las sociedades humanas (madera, piedra, metal, lana, piel, materiales sintéticos) y desmontar cosas para ver cómo funcionan y para qué se utilizan.

Otros han insistido en la naturaleza psicodinámica del juego. Esto puede conllevar el examen de las relaciones, cambiantes en el tiempo, dentro de la unidad familiar, por ejemplo, cuando nace un bebé o cuando hay que afrontar la pérdida de un abuelo. Puede suponer, por ejemplo, el examen de los motivos de una decisión familiar de cambiar de residencia. Este tipo de juego puede explorar historias que hablen de cómo era la vida cuando los abuelos eran jóvenes o reproducir en la acción relatos de otras culturas. Todos estos juegos pueden servir para relacionar los aspectos de la vida de los niños que para ellos son significativos con los cambios en el tiempo y con la vida en otros tiempos y lugares.

ERIKSON (1965) descubrió que, si se pedía a los niños que reconstruyeran escenas interesantes de cuentos populares mediante juegos de "simulacros", los cuentos que representaban parecían metáforas de sus propias vidas, preocupaciones e intereses. Dice el autor que ese juego ayuda a los niños a introducirse en la corriente principal de emociones humanas en el contexto de tiempos y lugares diferentes de los suyos.

WINNICOTT (BRUCE, 1991, pág. 77) señalaba que los adultos son capaces de relacionarse con acontecimientos poderosos, figuras, música y pinturas heroicas como elementos de su mundo externo, si se han relacionado con ellos y combinado con lo que es importante para ellos, a través del juego. SINGER y SINGER (1990) trazaron un continuo entre esos juegos infantiles, la fantasía de la adolescencia y la creatividad de la vida adulta.

En consecuencia, en el juego imaginativo de los "simulacros" infantiles, los niños reconstruyen sus propias versiones de los cuentos (WARLOW, 1977, página 93). El juego sobre historias del pasado supone un diálogo experimental acerca de los materiales, lugares y personas de otras épocas (GARVEY, 1977, pág. 32). Permite a los niños examinar las emociones, las actitudes, las relaciones y las situaciones ajenas a su propia experiencia directa. Pueden hacer "suposiciones" sobre mundos alternativos que son imaginativos, creativos e innovadores. Ese juego reúne lo que los niños ya saben, sienten y comprenden, y les permite examinar situaciones que no encontrarán en su vida real hasta tiempos posteriores.

MOYLES (1989) señaló que el juego, en el contexto de lugares imaginarios, como un castillo, una antigua cocina, una clase victoriana de muñecas, un palacio o un lugar de trabajo, ayuda a los niños a comprenderse a sí mismos y su propia valía, así como a explorar cómo serían si fuesen otras personas.

© Ediciones Morata, S. L.

La capacidad de simular ayuda a los niños a aprender acerca de algo sin experimentarlo en sí mismos. Mediante la representación de roles *(role-play)*, los niños pueden desarrollar diferentes papeles en distintas situaciones, imitar gestos, movimientos y expresiones, y examinar qué ocurriría si llevaran una falda con miriñaque o un pantalón bombacho, ordeñaran una vaca o montaran a caballo. Pueden investigar cómo se sentirían utilizando una plancha calentada en el fogón, fregaran el suelo, vieran una nueva tierra desde la cofa de un barco o vigilaran desde las almenas. Un niño se mira en el espejo y ajusta, en modos y gestos, el cuadro al espejo. GARVEY (1977) descubrió que las reconstrucciones se crean partiendo de conceptos de las conductas apropiadas y lo más probable es que no sean imitaciones directas de personas.

Los niños que han escuchado historias del pasado las reconstruyen espontáneamente en el juego. Un estudiante refirió el caso de un niño de 3 años que había visto en la televisión una película sobre Robin Hood y, durante mucho tiempo, siguió reconstruyendo escenas completas en el juego solitario, con citas literales, y utilizando con gran entusiasmo frases como: "¡Agarra al gordo!" En grupo, los niños más pequeños se encuentran, a menudo, jugando sin saber demasiado del asunto, pero los niños mayores suelen ponerse de acuerdo de antemano en un guión o enunciado general; después de esto "cuénteles Vd. la historia". BRUCE (1991) describía a un grupo de niños de 5 años que habían oído relatos sobre el Príncipe Negro y sobre el Rey Arturo que los llevaron a gran cantidad de juegos sobre príncipes y princesas. En otra ocasión, Hannah, de 5 años, y Tom, de 3, utilizaron un guión poco elaborado, basado en la historia de San Jorge y el Dragón como plan general de juego. Los juguetes de los niños pueden estimular las historias sobre el pasado que amplíen su juego. BRUCE (1991) se refiere a una maestra que puso unas alas al "Pequeño póney" de Sukvinder, de 4 años, y lo utilizó como motivo para contar a los niños la historia de Pegaso. Aunque no presionó a los niños para que aceptaran el mito, los cautivó y reapareció en el juego libre y en sus dibujos. Desde los 2 años, los niños, en su juego, pueden asumir un rol, crear un contexto, usar símbolos y ponerse de acuerdo en una narración al respecto. Son capaces de existir al mismo tiempo en dos mundos, el real y el imaginario, creando símbolos que constituyen el eje entre los dos mundos: una mesa puede convertirse en una cueva o en un caballo.

El juego activa el desarrollo del lenguaje, clarificando las palabras y conceptos nuevos, motivando el uso de la lengua y estimulando el pensamiento verbal, porque el lenguaje no se produce en el vacío. Interviene en la reconstrucción del significado. En el juego, los niños pueden hacer inferencias sobre la conducta, considerar alternativas y probabilidades y utilizar tiempos verbales diferentes y oraciones complejas relacionadas con causas y efectos. Ese lenguaje es esencial en el desarrollo del pensamiento histórico. Las fuentes no pueden decirnos nada acerca del pasado hasta que no sabemos cómo interpretarlas y cómo comunicar nuestras interpretaciones.

Por supuesto, el juego imaginativo de los niños, estimulado por los relatos sobre el pasado o por la visita a un barco de vela o a un castillo, tiene muy poco en común con los procedimientos mediante los que los historiadores

© Ediciones Morata, S. L.

construyen las descripciones de épocas anteriores. La auténtica imaginación histórica depende de la consideración minuciosa de lo que parece probable a la luz de las pruebas conocidas. Esto requiere la madurez necesaria para considerar cómo pudieran sentir, pensar y comportarse los adultos en el pasado y el conocimiento exhaustivo de las épocas en las que vivieron. Los historiadores no se proyectan en una época anterior ni se identifican con las personas del pasado. Sólo pueden tratar de explicar otras épocas con circunspección y humildad (COOPER, 1992, págs. 136-137). Los niños pequeños no tienen ni la madurez ni los conocimientos ni la circunspección para hacer esto de un modo históricamente válido. Los vínculos con las pruebas, con lo que se conoce, son ligeros y el juego está más dominado por la fantasía que por la auténtica imaginación histórica. No obstante, en el juego, los niños tratan de identificarse con personas del pasado y de proyectarse en tiempos anteriores. En el juego situado en un contexto histórico, los niños emprenden, en forma embrionaria, el proceso de descubrir y tratar de comprender y reconstruir épocas pretéritas. Esto puede ser el principio de un continuo en el que, con la madurez, la fantasía vaya disminuyendo poco a poco y cobre cada vez mayor importancia la indagación de lo que se conoce.

El juego, el pasado y los ambientes de educación infantil

La *Curriculum Guidance for the Foundation Stage* (DfEE/QCA, 2000a) resalta la importancia de ampliar y apoyar el aprendizaje de los niños a través del juego, y el papel de los adultos en la creación y el enriquecimiento de unos contextos estimulantes para el juego. Los relatos, los cuadros, los CD-ROM, los vídeos sobre el pasado, las visitas a edificios antiguos, los disfraces o las colecciones de "cosas antiguas" ayudan a los niños a explorar y desarrollar sus propias interpretaciones imaginativas y creativas de épocas que están fuera del marco de sus experiencias. Ese juego puede tener un carácter bullicioso, realizarse al aire libre, con un uso imaginativo de equipos grandes y en espacios abiertos: hacer refugios, escalar castillos, defender fuertes, construir puentes, ser cazadores y exploradores. A través de ese juego, los niños aprenden también a distribuirse el espacio, moverse con confianza, coordinación, control y seguridad (DfEE/QCA, 2000a, págs. 104-108). Un área de suelo sin urbanizar en una zona de juego puede permitir a los niños de hoy que creen su "lugar especial", como el de su infancia rural en Galloway, que describe Donald MACINTOSH (1999), cuando él era siempre el *Bonnie Prince Charlie* y su hermana pequeña era *Flora MacDonald** —cuando ella estaba de

---

* *Bonnie Prince Charlie*, el "Hermoso Príncipe Charlie", como era conocido popularmente el príncipe Charles Edward Stuart, pretendiente al trono de Escocia en el siglo XVIII. *Flora MacDonald* fue una heroína escocesa que, disfrazando al príncipe Charles de su dama de compañía, le facilitó su huida a Francia, tras la derrota de la batalla de Culloden, que supuso el fracaso definitivo de quienes aspiraban a mantener el trono escocés. *(N. del T.)*

humor—, aunque "hay pocas cosas más inquietantes para un príncipe fugitivo que descubrir que la dama que ha optado por seguirle en momentos de necesidad se ha vuelto una cascarrabias porque su cabello está lleno de mosquitos y sus bragas infestadas de garrapatas".

En interiores, por medio de la realización de maquetas de molinos de viento, castillos y ovejas, los niños aprenden a manejar correctamente herramientas y materiales (DfEE/QCA, 2000a, págs. 102-114). Al ayudar a preparar una zona de juegos de rol (una antigua cocina, un castillo o una tienda), los niños pueden aprender a establecer conexiones entre una zona de aprendizaje y otra. Si reciben apoyo, pueden incluir arte, música y danza en el juego imaginativo (DfEE/QCA, 2000a, págs. 116-127). Desarrollan destrezas de lenguaje y de comunicación. Los disfraces los ayudarán incluso a vestirse y desnudarse por su cuenta (pág. 40).

Muchos profesionales de la educación infantil asumen que el juego es implícitamente valioso para estimular la lengua y las destrezas sociales. Sin embargo, se ha descubierto que, aunque, a los niños pequeños, el juego libre no siempre les resulta tan fácil y natural como sugieren las teorías, el desarrollo cognitivo, los conocimientos de las materias y la evaluación no suelen considerarse aspectos importantes del juego (BENNETT y cols., 1996). Este estudio señalaba que, para mejorar la calidad del juego, es importante dejar tiempo para que las interacciones de calidad refuercen el aprendizaje a través del juego, dejar mucho tiempo a los niños para que jueguen con la participación de la maestra o maestro y la colaboración de otras personas, reconocer las oportunidades de enseñanza a través del juego, integrando éste en el currículum, con metas e intervenciones claramente especificadas y liberando a la maestra o maestro para que observe, interactúe y evalúe. Los ejemplos siguientes dan una idea de cómo pueda hacerse.

Las interpretaciones del pasado a través del juego de los niños de educación infantil

Un refugio

Gordon GUEST (1997) indica que los cuentos de *Littlenose*, de John GRANT (por ej., 1990), por ejemplo, pueden servir de punto de partida para coleccionar piedras y ramas grandes y pequeñas, para construir un "refugio de la edad de piedra", que podría ayudar a los niños a examinar la vida en un pasado distante y a desarrollar sus destrezas tecnológicas. ¿Pueden hacer utensilios para comer con ramitas, recipientes con hojas o piedras, una cama blanda o un tejado impermeable? Y no olvidemos explicar que hay pruebas arqueológicas de que las cuatro quintas partes de la dieta media de la familia o de la cueva eran extraídas de la tierra por las mujeres, con palos afilados, ¡y no por los hombres cazadores de bisontes! (MILES, 1989).

© Ediciones Morata, S. L.

Un castillo

Catherine Garside, una estudiante de 4.º curso de la especialidad de historia del BA (QTS), describía cómo ayudó a un grupo de niños de una clase de guardería infantil a crear una zona de juego de un castillo en una escuela urbana y multicultural, cómo apoyó su juego y evaluó los nuevos aprendizajes.

En primer lugar, les preguntó qué sabían sobre los castillos ("antiguos, grandes"); quiénes podían haber vivido en ellos ("reyes, reinas, príncipes, princesas, arañas, brujas, ranas, ancianos"); qué podría haber ocurrido en ellos ("el rey dice a la gente lo que tiene que hacer, los soldados luchan"). Después, les leyó dos cuentos sobre castillos: *Meg's Castle* (HISSEY, 1990) y *The Story of a Castle* (GOODALL, 1986). Ellos comentaron los personajes, los acontecimientos y el vocabulario nuevo e, inmediatamente, quisieron hacer dibujos. Más tarde, en ese mismo día, Catherine les leyó *King None the Wiser* (MCNAUGHTON, 1991) y volvieron a mirar *The Story of a Castle*. Cuando Catherine volvió a hacer las tres preguntas que había formulado al principio, las respuestas de los niños eran más amplias: los castillos tenían almenas, un puente levadizo, torreones, banderas, fosos. En ellos podían haber vivido cocineros, caballeros, caballos, herreros. Cuando les preguntó si les habría gustado vivir en un castillo y por qué, un niño quería ser un caballero "para hacer cosas para el rey"; otro deseaba ser rey: "sería el dueño del castillo y daría órdenes", y otro quería ser herrero, "para cuidar los caballos". Todas las niñas deseaban ser reinas, pero no porque se sintieran subordinadas. Ellas querían "dar órdenes y ser ricas".

Al día siguiente, los niños llegaron pronto, ansiosos por "construir un castillo". Miraron fotografías e ilustraciones. Catherine los ayudó a hacer almenas y chimeneas de cartulina, a suspender rastrillos de una viga, a hacer una corona y escudos. Esto sirvió para mantener un extenso período de juego libre. Catherine observó que todos los niños adoptaban la identidad de algún personaje de los relatos; con frecuencia, cambiaban sus roles, asumían otros nuevos y anunciaban quiénes eran. No solían jugar todos juntos en el castillo, sino que lo hacían de forma individual o por parejas. Algunos acontecimientos de su juego se parecían a los de los relatos; de ese modo, no se perdería seguridad al matar un dragón, por ejemplo. Mientras jugaban, hablaban constantemente de lo que estaban haciendo. No obstante, los acontecimientos de los relatos que habíamos leído no aparecían en sucesión: el juego de simulación de los niños parecía una combinación creativa de acontecimientos de distintas historias: sus propias interpretaciones.

El jueves, Catherine estuvo jugando un rato con los niños. En el papel de rey, convocó a todos los niños y les habló de un ataque previsto, basado en los acontecimientos de la historia de un castillo. Después, ella se retiró y observó a los alumnos mientras discutían sus roles y lo que harían. Descubrió que ahora jugaban mucho más como grupo; un niño adoptó el papel de líder, que otros aceptaron. Representaron la historia (que era una historia auténtica de un acontecimiento en un castillo), secuenciando los hechos de forma correcta, aunque también añadieron otros nuevos.

© Ediciones Morata, S. L.

El viernes, los niños continuaron su juego libre. Catherine se mantuvo observando sin intervenir y anotó lo que habían aprendido. Hablaban de las razones por las que el pasado había sido diferente:

>Estoy cocinando la comida al fuego porque hace mucho tiempo, cuando la gente vivía en los castillos, no había electricidad; no tenían hornos...

>Pásame la vela. Esto está demasiado oscuro. Alumbraré para que podamos ver lo que hacemos. Ponla en la mesa para que podamos ver la comida.

A veces, en el juego de simulación, los niños se corregían entre sí:

Sarah   Caballeros, atacad a vuestros enemigos. Alcanzadlos y disparadles.
Usman   No tenemos armas de fuego. En la batalla, los caballeros utilizan espadas, lanzas, arcos y flechas.
Sarah   Bueno, atacadles con la espada entonces.

Catherine se dio cuenta de que, cuanto más tiempo pasaban los niños en su castillo simulado, más utilizaban el "vocabulario especial" aprendido al comentar los relatos.

>Necesitamos *armaduras* para protegernos...
>Tenemos que *defender* el castillo.
>Rápido, subid el puente levadizo y bajad el *rastrillo*.
>Observemos lo que está haciendo el enemigo desde las *almenas*.
>Mira por dónde vas. Vas a caer al *foso*.
>Tienes que pasar el *puente levadizo*. Voy a bajarlo...
>El *puente levadizo* está levantado para que los enemigos no puedan entrar.

Una tienda antigua

Julie Woodward presentó "una tienda antigua" en su clase de guardería. Los niños miraban las fotografías de las tiendas de comestibles de la década de 1930, y a un anciano que visitó la clase le hicieron preguntas sobre las compras en aquella época. Compararon anuncios de ahora y de entonces y hablaron sobre los utensilios antiguos: paletas para la mantequilla, dinero antiguo, una caja registradora antigua y balanzas. Después, hablaron de cómo podían hacer "una tienda antigua". Se habían dado cuenta de que la mayoría de las cosas eran a granel, sin empaquetar, por lo que llenaron tarros de dulces hechos de plastilina al estilo antiguo. Hicieron un bloque de mantequilla de plastilina para moldear con las paletas y cortaron papel parafinado para envolverla. Llenaron latas antiguas de galletas con galletas a granel, recogieron un saco de patatas y una lata de té (arena). Como mostrador, utilizaron una mesa vieja de madera, en la que colocaron la antigua caja registradora y las balanzas, y, detrás, en las paredes, pusieron los carteles antiguos que anunciaban cacao y Bovril, y una silla y una cesta de mimbre para el cliente.

Al principio, los niños jugaron libremente en la tienda, pero no daban muestras de que imaginaran que estaban en un establecimiento antiguo: "Quiero una lata de cola y una pizza, por favor".

Julie mostró cómo fue ayudándolos poco a poco para que se imaginaran que estaban en una tienda del pasado y a ampliar y desarrollar su juego, participando ella misma durante varias sesiones. Por ejemplo:

Primera participación de la maestra

J.W. Querría 2 onzas de mantequilla, por favor.
[R. le da un bloque de plastilina].
J.W. ¡Oh! Es demasiado. Yo sólo quiero un poco.
H. Sí, utilice esas cosas.
J.W. Se refiere a las paletas para la mantequilla.
H. Sí. Eso es lo que utilizaban para la mantequilla.
J.W. Eso es. Utiliza las paletas para dar forma a mi trozo de mantequilla, después lo pesas y lo envuelves en el papel parafinado.
[R. lo pasa muy bien haciendo esto].

Segunda participación de la maestra

R. Querríamos unos dulces.
[J.W. pesa los dulces en la balanza antigua y los mete en una bolsa de papel.]
A. ¿Puede darme un helado?
J.W. Perdone. No sé a lo que se refiere.
R. Sí, tonto. Nos olvidamos de que no tenían comida congelada; se derretiría. ¡Uf!...
A. Podríamos comprar algunas bolsitas de té y tomar una taza de té con nuestras galletas.
J.W. Sólo tengo té a granel. ¿Cuánto quieren?
R. No mucho.
[J.W. pesa el té, lo pone en una bolsa y lo coloca en la cesta de R.]
A. Uy, mi abuela hace el té así. Te encuentras posos dentro.
J. ¿Puede darnos mantequilla, por favor?
J.W. ¿Cuánta?
J. Sólo un poco.
[J.W. toma la plastilina, la pesa, le da forma con la paleta y la envuelve en papel parafinado.]

Siguiente día de juego libre

R. ¿Puedo ir a comprar contigo hoy?
A. Sí, pero tienes que llevar esto porque es lo que solían llevar.

J. Yo seré el tendero...
R. Me da 4 onzas de mantequilla, por favor.
[J. toma la mantequilla, la pesa y la envuelve.]
R. Y seis onzas de té, por favor.
[J. vierte arena en la balanza, la pesa y envuelve el té.]
J. Es una libra, por favor.
[J. da el cambio y pone el té y la mantequilla en la cesta.]
R. Gracias. Buenos días.

Julie concluyó el trimestre llevando a todos los niños que habían jugado en la tienda antigua al supermercado, de manera que pudieran hablar más sobre las diferencias entre "ahora" y "antes".

La cocina antigua

En el trimestre siguiente, Julie volvió a la misma clase de guardería y montó una zona de juego de representación de roles de "una cocina antigua", con una cocina económica hecha con cajas de cartón, con su agarrador por delante, dos planchas para calentar en el fogón, una antigua botella de agua caliente, un cepillo de fregar y un sacudidor de alfombras. En el rincón, había una tina para lavar ropa y las paletas para la mantequilla estaban encima de la mesa. De nuevo, quiso investigar el efecto de participar ocasionalmente en el juego libre de los niños. En esta ocasión, introdujo otra variable. Un grupo de niños habló sobre los utensilios antes de jugar en la cocina: cómo se llamaban, cómo se utilizaban y por qué. Otro grupo no lo hizo. A intervalos, participaba en el juego de ambos grupos, pero descubrió que su contribución era mucho más eficaz para ampliar el juego de los niños que primero habían estado comentando con ella los utensilios. He aquí algunos ejemplos del desarrollo de la comprensión del pasado de los niños mediante su intervención en el juego:

J.W. ... me puedes pasar la campana de lavar la ropa*... no, eso es un agitador**; eso es la campana...
B. Aquí está, vamos a agitar la ropa para dejarla limpia...
H. Yo plancharé.
J.W. Pon las planchas en el fogón para que se vayan calentando.
H. Ya están calientes.
R. Asegúrate de quitar todas las arrugas...

---

* El término utilizado en el original es *posser*, que no aparece en la mayoría de los diccionarios. Se trata de un artefacto con mango, terminado en una campana metálica (de cobre, generalmente), que se movía hacia arriba y hacia abajo en la tina de lavado, con lo que se producía, alternativamente, una presión y una succión sobre la ropa, favoreciendo el paso del agua y el jabón entre las fibras. *(N. del T.)*

** En el original: *dolly-peg*. Se trata de un instrumento con un mango largo de madera, con una especie de manillar en su parte superior, clavado sobre una pieza redonda de la que salían varios manguitos también de madera. Introduciéndolo en la tina de lavado, la lavandera lo hacía girar a derecha e izquierda, moviendo la ropa. *(N. del T.)*

A. Voy a hacer algo de pan y podemos tomar pan con mantequilla con el té.
J.W. Es una buena idea, pero, ¿está caliente la plancha? ¿Quieres cambiarla por la que está en el fogón?
B. Creo que sería mejor cogerla.
H. Yo la agarro, pesa.

Una comisaría de policía victoriana

Gill Bicknell (1988) creía que la visita de su clase de guardería al monumento local en honor de Robert Peel (pág. 36) había sido tan provechosa que la re-pitió con su clase del último curso de educación infantil, en el contexto de un proyecto de historia y geografía sobre "Las personas que nos ayudan en la comunidad". Tras una visita del agente local de policía, seguida por las ilustraciones de policías victorianos y relatos de carteristas de un anciano que visitó la escuela, preparó una zona de juego de representación de roles para que simulara una comisaría de policía victoriana, con sus cascos, porras, esposas y barrotes en las ventanas. Un objetivo clave era desarrollar el lenguaje de los niños.

Más tarde, descubrió que los niños usaban la zona de juego de la "comisaría de policía" para escenificar una versión de "Los tres cabritos traviesos" en la que el ogro es un carterista (¡tras hacer un descriptivo cartel de "Se busca" del feo ogro!). Ella aprovechó esto para animarlos a escribir descripciones minuciosas de objetos victorianos perdidos o robados, y a utilizar fotografías victorianas para crear una colección de fichas policiales de carteristas. Llevó a los padres a que vieran la comisaría de policía victoriana. Gill opina que los considerables conocimientos de la época victoriana que demostraban los niños había que atribuirlos en gran parte a la enorme cantidad de trabajo oral desarrollado, tanto dentro del juego de representación de roles como fuera de él.

Piratas

Algunas ideas aparecidas en la primera edición de este libro dieron lugar a dos ejemplos muy gráficos del tema de los "piratas" desarrollados por alumnos de clases de guardería infantil. En una de ellas, me dieron un sombrero pirata y un parche para taparme un ojo y me invitaron a mirar a través del ojo de buey de la zona de juegos mientras los niños describían el telón de fondo de isla desierta que habían pintado, y a dar alas a la imaginación mientras seguíamos a un galeón que se acercaba. En otra clase, toda el aula se había convertido en un barco pirata, con banderas suspendidas de la viga, mapas sobre las paredes, bailes de los marineros y baldeo de las cubiertas. Este proyecto se extendió durante varias semanas. Era muy interesante y estimulante comprobar que las ideas dadas en la primera edición de este libro y examinadas en seminarios universitarios con los estudiantes se hayan desarrollado en las aulas de modos muy diferentes pero igualmente valiosos.

© Ediciones Morata, S. L.

CAPÍTULO III

Deducciones e inferencias de las fuentes

Los historiadores descubren el pasado formulando preguntas y haciendo inferencias sobre las fuentes que siguen en pie: edificios, lugares, cuadros, objetos y fuentes escritas: ¿cómo se hizo?, ¿por qué?, ¿cómo se usaba?, ¿qué significaba para las personas que lo hicieron y utilizaron? A menudo, las fuentes son incompletas y es posible que se desconozca su categoría (por ejemplo, ¿el colgante de hueso hallado en una sepultura de la edad del bronce era un adorno o un objeto simbólico?). En consecuencia, es posible hacer una serie de inferencias distintas e igualmente válidas acerca de una fuente. Las inferencias son válidas si concuerdan con lo que se sabe del período y si se asume que las personas del pasado actuaban de forma racional. Es necesario apoyarlas con argumentos, así como escuchar los argumentos de los otros. Por tanto, ¿hasta qué punto son capaces los niños pequeños de hacer inferencias válidas sobre las fuentes históricas, de apoyar sus inferencias con argumentos y de escuchar las opiniones de los demás?

Pensamiento inferencial

Según la secuencia de desarrollo cognitivo planteada por PIAGET, el pensamiento de los niños pequeños está dominado por la prueba y el error y por sus propias experiencias y sensaciones. Poco a poco, adquieren más información sobre el mundo tangible y visible, viéndose obligados, a veces, a adaptar sus propias pautas mentales para acomodar la información nueva. PIAGET (1951) siguió el desarrollo de la creciente conciencia del niño acerca de lo que puede conocerse y de lo que razonablemente puede suponerse. Mediante sus trabajos sobre el lenguaje (1926) y la lógica (1928), puede seguirse la pauta del desarrollo argumental. Al principio, al niño no le preocupa interesar ni convencer a los otros, y salta de golpe de una premisa a una conclusión poco razonable. Después, el niño intenta comunicar procesos intelectuales, que son concretos y descriptivos, y muestra una lógica incipiente, pero no se expresa con claridad. Esto lleva a afirmaciones de hecho o descripciones válidas. De aquí surgen los "argumentos primitivos", en los que la afirmación u opinión va seguida por una deducción que trasciende la información dada, pero la explicación de la deducción sólo es implícita. En la siguiente etapa, el niño trata de justificar y demostrar el aserto utilizando una conjunción ("en consecuencia" o "porque"), pero no consigue expresar una verdadera relación lógica. Más adelante, mediante frecuentes intentos de justificar su propia opinión y de evitar la contradicción y también como resultado del debate interno, el niño llega a utilizar correctamente "en consecuencia" o "porque" y a relacionar un argumento con su premisa. Otros han descubierto que la capacidad de pensamiento deductivo e inferencial del niño está influida por su interés y su participación, así como por su comprensión del tipo de pensamiento necesario.

DONALDSON (1978) examinó la dicotomía que ella admitía entre la capacidad de razonamiento deductivo de los niños en situaciones informales y cotidianas y la conclusión de PIAGET de que los niños menores de 7 años tienen poca capacidad de razonamiento. Esta autora descubrió que los niños pequeños son capaces de razonamiento deductivo, que su resolución de problemas depende del grado en el que puedan concentrarse en el lenguaje, y que el desarrollo del lenguaje está relacionado con otras claves no verbales que también intervienen en la resolución de problemas. Descubrió que a los niños les resulta difícil el razonamiento porque sólo en raras ocasiones comentan los significados de las palabras, se distraen con facilidad y no siempre seleccionan los términos relevantes para la solución de problemas. Concluye la autora que su nivel de pensamiento deductivo e inferencial depende de si el razonamiento surge de las preocupaciones inmediatas de los niños o si viene impuesto desde el exterior. También depende de la idea que tenga el niño de lo que desea el interrogador.

WRIGHT (1984) descubrió que los niños de 7 años pueden obtener sus propias conclusiones de los hallazgos que han experimentado en cerámica, y hay pruebas de que los de 8 años pueden aprender a hacer inferencias complejas sobre objetos, cuadros, planos arqueológicos, mapas y fuentes escritas (COOPER, 1991).

No obstante, hasta ahora, no se ha realizado un estudio sistemático de la capacidad de los niños para hacer inferencias sobre fuentes históricas. Sin embargo, hay una conciencia cada vez mayor de que los niños pequeños pueden hacer preguntas sobre objetos de la vida cotidiana del pasado que suponen mirar, escuchar, tocar y oler. *Under Fives and Museums* (*Ironbridge Gorge Museum Trust*) hace algunas sugerencias útiles sobre la forma de utilizar el *Ironbridge Gorge Museum* para ayudar a niños y niñas de educación infantil a hacer deducciones e inferencias sobre el pasado. DONALDSON (1978) afirma que hay que ayudarlos a hacer inferencias y a comprender la naturaleza de las distintas disciplinas lo antes posible con el fin de que reconozcan la abstracción del lenguaje.

Comentario

El diálogo que permite a los niños hacer deducciones e inferencias, especular, considerar posibilidades y aceptar que pueda no haber una única respuesta correcta, comentar causas y efectos y volver a contar historias es esencial para el desarrollo de la comprensión histórica. LEE (1984) indicó que la capacidad de generar diversas ideas hace posible la imaginación histórica madura.

Unos niños de educación infantil tienen más oportunidades de diálogo interactivo que otros. Mucho se ha escrito sobre la importancia del lenguaje hablado y de la interacción social desde el nacimiento (por ej.: BRUNER, 1983). DOISE (1975, 1978) consideraba que el crecimiento cognitivo era el resultado del conflicto de puntos de vista o de la interacción en diferentes niveles cognitivos, aunque no se han logrado unas medidas sensibles para evaluar el efecto de la interacción social sobre la cognición. LIGHT (1983) concluía que se producirá un rápido desarrollo de nuestra comprensión de estas cuestiones.

La mayoría de los niños tiene más oportunidades en casa que en la escuela para hablar con un adulto de manera individualizada, de hacer preguntas abiertas y de iniciar un diálogo porque, en la escuela, hay una proporción diferente entre niños y adultos y unas relaciones sociales distintas. MACLURE y FRENCH (1986) descubrieron que es más probable que los niños corrijan a sus padres que a sus maestros. No obstante, hay mayor continuidad entre las pautas de interacción lingüística en casa y en la escuela de lo que a veces se supone. Tanto los padres como los maestros hacen, en ocasiones, preguntas cerradas, cuyas respuestas conocen, con el fin de supervisar la comprensión de los niños: "¿Después de la primavera viene...?" "¿Después del verano viene...?" "Así que, ¿cuántas son las estaciones del año?" (WELLS, 1986). Sin embargo, en la escuela, también se anima a los alumnos a que aporten sus ideas. MACLURE y FRENCH (1986) descubrieron que es más probable que sean los maestros y no los padres quienes deseen que los niños ofrezcan interpretaciones alternativas, en vez de corregirlos. Para ello, a menudo, comienzan con una afirmación general, haciendo después a niños concretos una serie de preguntas relacionadas con aquélla. Esto requiere prestar una atención permanente para participar y poner en común ideas. Pueden comenzar con una pregunta sobre el entorno físico que produzca una respuesta positiva, extendiendo después el diálogo. También pueden partir de una experiencia compartida: "¿Habéis mirado en el interior?" "¿Qué habéis visto?"

Los niños tienen que aprender los tipos de preguntas que deben hacer y las formas apropiadas de responder a ellas y de respetar el turno. Hay pruebas de que, si lo hacen, su conversación entre ellos puede ser más densa, discursiva y reflexiva que cuando está presente un adulto (PRISK, 1987).

Por tanto, el diálogo abierto en la escuela puede aprovechar y extender las pautas del lenguaje interactivo en casa, de manera que los niños aprendan, poco a poco, a hablar entre ellos con una finalidad y de forma pertinen-

© Ediciones Morata, S. L.

te, sin el apoyo constante del adulto. Aprenden a poner en común ideas sobre cómo pueden haberse hecho y utilizado los objetos y los edificios, cómo habrán afectado a la vida de las personas, y crear y comparar historias que expliquen los cuadros, las fotografías, los objetos y las estatuas.

El uso de las fuentes: La educación infantil

Hablar sobre los objetos, las fotografías y los cuadros apropiados, visitar lugares históricos o hablar con invitados mayores puede estimular a los niños para que observen, pregunten, piensen con sentido crítico y comenten sus ideas con otros con el fin de empezar a comprender el pasado (DfEE/QCA, 2000a, págs. 82-83). Adquirirán la confianza suficiente para dar sus opiniones sobre cómo estaban hechos los objetos, de qué están hechos, por qué ocurren las cosas y cómo funcionan (págs. 86-88). Se informarán sobre el lugar en el que viven (pág. 96), cómo y por qué se utilizaban las cosas antiguas (pág. 32), aprenden a respetar los turnos de diálogo (pág. 36) y a comprender que las personas pueden tener puntos de vista diferentes (pág. 42). Aprenden a desarrollar el lenguaje utilizando tanto el tiempo pasado como el presente y a ampliar su vocabulario, examinando el significado y los sonidos de las palabras nuevas. Pueden ayudar a crear su propia exhibición de "cosas antiguas" y empezar a escribir etiquetas y leyendas.

Visitas a diversos lugares con niños de educación infantil

Un monumento de la localidad

Gill BICKNELL llevó a su clase de guardería de Bury (Gran Manchester) a merendar al lado de la Peel Tower, un conocido monumento de la localidad, construido hace 150 años en memoria de Robert Peel, el primer ministro de entonces. Encontraron su nombre grabado en la piedra (BICKNELL, 1988). Durante los días siguientes, mientras reforzaban su experiencia haciendo dibujos y maquetas de la torre, Gill se dedicó a escuchar sus conversaciones. Utilizaban expresiones de tiempo: "hace mucho tiempo"; y de carácter causal: "se llama 'Peel Tower' porque un hombre empezó la policía y se llamaba así".

Un molino

Cuando Joanne Reeves (con otros muchos adultos) llevó a su clase de último curso de infantil a dar un paseo a la orilla del río, cerca de su escuela, "descubrieron" un antiguo molino. Determinaron que se trataba de un molino hidráulico porque, desde el puente, se distinguía la posición de la antigua noria y había unos escalones que bajaban desde el molino al río. Partiendo de estos dos hechos, dedujeron por qué el molino estaba al lado del río, para qué era la noria, por qué ya no era necesaria y cómo la lana se introducía en el molino y se sacaban de él las telas* gracias a la grúa que seguía estando sobre el gran arco de entrada. Hicieron fotografías y siguieron hablando sobre el molino, del que no sabían nada hasta entonces, durante todo el camino de vuelta a la escuela. Encontraron en un mapa la situación del molino; buscaron en libros ilustraciones y diagramas de los molinos hidráulicos, montaron las fotografías con sus pies e hicieron una maqueta funcional de una grúa para exponerla.

Un museo de "historia viva"

Alison Coleman llevó a su clase de último curso de educación infantil al *Beamish Open Air Museum* y, mientras paseaban por él, vieron la consulta del dentista, la feria, la calle del pueblo. Los niños tenían muchas preguntas que hacerle tanto a ella como al personal del museo. Ella tenía la sensación de que, aunque se trataba de un "mundo pasado de moda", seguía siendo para los niños una situación real y creían que el personal vivía allí y en aquellas condiciones. Tuvo que hacerles algunos comentarios para ayudarles a separar el "mundo real de ahora mismo", la "simulación de un mundo más antiguo" y la idea de que ¡el "mundo simulado fue "real" en otra época!

Cuadros

Penelope HARNETT ha demostrado que las preguntas planteadas con habilidad ayudan a los alumnos de último curso de infantil a trascender la situación concreta haciendo inferencias a partir de cuadros de la reina Isabel II y basándose en su limitada experiencia, para explicar su forma de ver las cosas, adaptarla y considerar alternativas (HARNETT, 1998). Al principio, aunque todos los cuadros mostraban a la reina en situaciones ceremoniales, los niños describían su trabajo como limpiar la casa y hacer las camas. La maestra escuchaba y valoraba esas inferencias, pero también animó a los niños a que justificaran sus puntos de vista y les hizo sugerencias que les ayudaran a pensar en alternativas: "¿Hace algo más?" "¿Habéis visto a la reina por televisión...?"

---

* Se trata de un molino de lana o *woollen mill*, muy frecuentes en Gran Bretaña, en especial en Gales y Escocia. *(N. del T.)*

Los padres como colaboradores en la educación infantil

Hay muchas oportunidades de trabajar con los padres como colaboradores que apoyen el aprendizaje de los niños en el contexto de la historia: narración de cuentos tradicionales y comentarios de los mismos en casa, en la escuela infantil y en los grupos de juegos lúdico-educativas y, siempre que se pueda, basándose en la experiencia de familias de culturas diversas y aprovechándola para desarrollar el juego imaginativo; facilitar a los niños, para quienes la lengua de la escuela sea una segunda lengua, a que desarrollen tanto su lengua materna como su segunda lengua en ese juego; estimulando a los padres para que comenten a los niños los cambios que se hayan producido en el transcurso de su vida y a los ancianos para que les hablen de su propia infancia; crear oportunidades para que los niños hablen y examinen con mayor detenimiento sus experiencias en casa, en cumpleaños, celebraciones, visitas familiares. Los padres pueden llevar a la escuela "antiguos y preciosos objetos" de su casa o de su infancia y hablarles a los niños sobre ellos, los abuelos pueden llevar música o ropa de su juventud —zapatos de plataforma o pantalones acampanados— o demostrar actividades tradicionales: para algunos niños, ¡incluso coser, hacer punto, cocinar o arreglar el jardín constituyen una novedad! Comprometer a los padres en la creación de recursos para jugar: ¡una cota de malla de punto y pintada con pintura de aerosol de color plata suele tener mucho éxito!

Así, a los 5 años, muchos niños habrán tenido la experiencia de hablar con sus familias de los acontecimientos pasados y presentes de sus vidas, la conciencia de las culturas diferentes de la suya propia, la experiencia de escuchar relatos, canciones y poemas del pasado y responder a ellos, de tomar parte en juegos de representación de roles, de examinar objetos y observar con detenimiento las semejanzas, las diferencias, las pautas y los cambios, comparando, clasificando, emparejando y secuenciando objetos cotidianos, hablando de sus observaciones y haciendo preguntas para obtener información acerca de por qué ocurren las cosas y cómo funcionan (DfEE/QCA, 1998b, pág. 6).

SEGUNDA PARTE

La historia durante los tres primeros cursos escolares

La Primera parte consideraba hasta qué punto son ya capaces de un pensamiento histórico embrionario los niños de edades comprendidas entre 3 y 5 años. Tienen cierta conciencia del paso del tiempo, de las causas y los efectos en sucesiones de acontecimientos y de las diferencias entre los tiempos presente y pasado. Son capaces de reconocer y construir distintas interpretaciones de los relatos, y pueden desarrollar el pensamiento deductivo en situaciones informales. Vimos que estos aspectos del pensamiento histórico pueden desarrollarse en los grupos de juegos y en las clases de educación infantil, tomando como base la *Curriculum Guidance for the Foundation Stage* (DfEE/QCA, 2000a) y correlacionando aspectos de las cinco áreas de aprendizaje de forma coherente. Los ejemplos de los estudios de casos han ilustrado cómo puede hacerse esto.

En la Segunda parte, estudiaremos cómo pueden aprovechar los docentes esta capacidad embrionaria de pensamiento histórico de un modo estructurado. Examinaremos, uno a uno, cada aspecto del pensamiento histórico que hemos visto en la Primera parte, aunque conviene recordar que interactúan; no son aspectos discretos y hay que aprenderlos a través de actividades coherentes relacionadas con temas concretos (los comentarios sobre la forma de realizar esto aparecen en la Tercera parte). En primer lugar, consideraremos cómo podemos hacer que los niños desarrollen la comprensión de los conceptos del cambio; después, cómo podemos ayudarles a aprender cómo y por qué pueden diferir las explicaciones del pasado y, por último, veremos cómo pueden aprender a descubrir cosas sobre el pasado en las fuentes: las huellas del pasado que permanecen.

© Ediciones Morata, S. L.

CAPÍTULO IV

Enseñar a los niños a comprender los conceptos de tiempo y de cambio

En Historia, el *National Curriculum* (DfEE/QCA, 1999a, pág. 104) exige que, en el primer ciclo de primaria, los niños aprendan a secuenciar los acontecimientos y los objetos en sentido cronológico y a utilizar el lenguaje relacionado con el paso del tiempo; a identificar las diferencias entre las formas de vida en distintos momentos y las causas y los efectos de los acontecimientos, y a considerar las razones que inducían a las personas a hacer las cosas. Deben hacer esto en el contexto de los cambios que se producen en sus propias vidas y en las de sus familias y las de otros que estén a su alrededor y de personas que vivieron en un pasado lejano, en su propia población, en Gran Bretaña y en el mundo.

Sin embargo, en la Primera Parte, dijimos que la comprensión de las medidas estándar de tiempo y el establecimiento de la relación entre éstas y la comprensión subjetiva constituyen un fenómeno complejo y gradual. Se trata más de un proceso de ampliación de horizontes que jerárquico. Los descriptores de nivel del *National Curriculum* sólo pueden ser jerárquicos. Los niños construyen poco a poco un mapa del pasado que cambia constantemente a medida que se añaden informaciones nuevas y procesos recientes. Es un mapa que los niños llevan en su cabeza, del mismo modo que construyen en ella un mapa de su población. Esto va en contra de la visión fácil de un mapa cronológico en cuanto marco de referencia de datos. Cuanto más se convierte un mapa cronológico en un simple marco de "datos básicos", menos se utiliza y recuerda. Para que los niños estén verdaderamente equipados con un mapa cronológico, también necesitan un conjunto de temas y conceptos para manejar el pasado.

Un programa de televisión, realizado para apoyar la introducción del *National Curriculum* de historia en el primer ciclo de primaria, ilustraba cómo pueden aprender los niños de 6 y 7 años los conceptos procedimentales de la historia, la causa y el efecto, la continuidad y el cambio, la semejanza y la diferencia en el contexto de un tema que pudieran integrar en sus propios

© Ediciones Morata, S. L.

mapas cronológicos ("Watch, Forty Years On", BBC TV, 1990). La película mostraba pruebas de cambios típicos de muchas poblaciones desde la década de 1950: bloque de pisos nuevos, en vez de lugares bombardeados; edificios modernos, en lugar de escuelas victorianas; el supermercado, sustituyendo a la tienda de la esquina. Los habitantes de las Indias Occidentales estaban dejando sus islas caribeñas para ir a buscar trabajo en Gran Bretaña. Se explicaban las *causas* de estos cambios: los recientes materiales e inventos daban paso a modernos estilos de edificación y de decoración del hogar y a nuevos aparatos domésticos. La explosión demográfica de posguerra condujo a la construcción de más escuelas. Los habitantes de las Indias Occidentales venían a Gran Bretaña porque eran necesarios para trabajar en los trenes, los autobuses y los hospitales. Los niños tenían la oportunidad de considerar los distintos *efectos* de estos cambios. La abuela explicaba por qué no creía que el supermercado fuera una mejora, mientras que mamá apreciaba las ventajas de la lavadora. Dos mujeres de las Indias Occidentales hablaban de sus sensaciones contradictorias cuando llegaron a Gran Bretaña. También los niños reaccionaban ante el cambio de forma diferente; cuando una niña descubrió un libro titulado: *Electricity for Boys*, dijo con cierta incredulidad: "¿Y querrán compartirla?" El programa acababa con una pregunta que estimulaba a los niños a seguir comentando *la continuidad y el cambio, las semejanzas y las diferencias*: "Las vacaciones son siempre iguales, ¿o no?"

Las investigaciones indican que la comprensión del tiempo histórico depende de la comprensión del tiempo personal, de reloj y de calendario. Jahoda (1963) y Friedman (1978) señalaron que los niños de 4 años toman conciencia del tiempo a través de acontecimientos específicos para ellos mismos y para las personas de su entorno inmediato; el pasado y el presente se diferencian mediante palabras como: "antes", "después", "ahora" y "entonces". Hacia los 5 años, los acontecimientos se ordenan según sean anteriores o posteriores, y se destaca su sucesión. Harner (1982) demostró que la comprensión de estas palabras dependía del entendimiento de las variadas estructuras lingüísticas del tiempo verbal pasado, así como de adverbios como: "ayer", "antes", "ya" y "la semana pasada". Thornton y Vukelich (1988) descubrieron que, entre los 4 y los 6 años, los niños empiezan a ordenar cronológicamente las rutinas cotidianas, desde la primera hora de la mañana hasta la hora de acostarse. Bradley (1947) identificó una tercera "distinción de tiempo", que comenzaba a los 6 ó 7 años, cuando parecen desarrollarse las destrezas correspondientes al manejo del tiempo "de reloj", desde las unidades mayores a las menores (de las horas, a los minutos y a los segundos), mientras que el tiempo "de calendario" parece evolucionar en sentido inverso (desde los días, a las semanas y a los meses).

De todos modos, las investigaciones más recientes han demostrado que, a veces, los niños pequeños manifiestan una comprensión muy sofisticada de los conceptos de causa y consecuencia, si el contexto y las preguntas les resultan significativas.

© Ediciones Morata, S. L.

Por ejemplo, Tom, de 7 años, explicó que "el hecho de que los romanos quisieran estaño y perlas de Gran Bretaña" no explicaba por qué tomaron Gran Bretaña, "porque el hecho de que lo quisieran no significa que pudieran quedarse con ello" (LEE y cols., 1998). Para los cursos 1.º y 2.º, *The National Literacy Strategy* (DfEE/CA, 1998b) facilita unos buenos contextos para secuenciar relatos, comentar causas y efectos de incidentes y comprender por qué pueden haberse comportado las personas como lo hicieron.

Las actividades del Cuadro 4.1 contribuyen al desarrollo en los niños de la comprensión de la medida del tiempo, y relacionan esto con secuencias cronológicas, con las causas y los efectos de los cambios que representan y con las semejanzas y diferencias entre la actualidad y tiempos pasados. Se comentan algunos conceptos fundamentales para investigar los cambios. No obstante, como hay pocas investigaciones que estudien la comprensión que tienen los niños del tiempo histórico, comentaremos las numerosas cuestiones que surgen en la planificación de actividades, con la esperanza de que los maestros las aborden con un espíritu de auténtica investigación, en vez de reproducirlas tal cual, por considerarlas actividades diseñadas como tareas de evaluación; esto restringiría las oportunidades de los niños para realizar una indagación histórica real y las de comprensión profesional de los maestros de las capacidades de los alumnos.

Secuencias cronológicas: Causas y efectos

Los niños empiezan a secuenciar acontecimientos describiendo el patrón que siguen sus propias vidas. LOADER (1993) cita a un niño de guardería que trabaja en el tema "Nosotros":

> Yo sólo podía andar a gatas cuando era pequeñito Y yo puedo andar cuando era un poco mayor. Y cuando tenía 3 años estaba bastante contento. Y ya no bebo de un bibe y ya no juego con sonajeros y ya no abrazo a los juguetes (a veces sí).

Salma, de 2.º de primaria, no sólo era capaz de tener en cuenta sus propios recuerdos, sino cómo su vida estaba vinculada, por medio de su familia, con otros tiempos anteriores a su nacimiento y a otros lugares:

> La mamá de mi mamá es la persona más vieja que conozco. Yo nunca llegué a conocer al papá de mi mamá. Él vivía en Bangladesh. Cuando llegué aquí todo el mundo me llevaba porque yo era demasiado pequeña. Mi mamá estaba llorando porque su papá había muerto. Yo tenía 3 años... Los abuelos y las tías hablan de cosas de antes de que yo naciera. Tienen fotografías...

Carl, de 6 años, también era consciente de épocas pasadas a través de la muerte de un abuelo.

> Puedes mirar en el cementerio de la iglesia; mira las lápidas. Mi abuela va siempre al cementerio porque construyeron un banco para mi abuelo y su losa es por sus cenizas. Ella le habla siempre. Ella cree que vive.

© Ediciones Morata, S. L.

Cuadro 4.1. *La medida del tiempo*

Unidades de tiempo	Qué harán los niños	Posibles preguntas
1. Noche / día	• Coleccionar y dibujar o hacer juegos de dibujos diurnos y nocturnos (utilizar cuadros importantes, revistas, libros infantiles). • Leer y escribir (imaginar) relatos sobre levantarse e ir a la cama. Leed "Wintertime" y "Bed in Summer" (R. L. STEVENSON, en: OPIE Y OPIE, 1973).	• Describir cada dibujo: colores, sensaciones, actividad. ¿En qué se parecen / se diferencian? ¿Por qué? ¿Qué haces cuando te levantas / te vas a la cama? ¿En qué orden? ¿Por qué aparece la luz de la vela en el poema? ¿En qué se parece / se diferencia el poema y lo que haces tú? ¿Por qué hay oscuridad a la hora de ir a la cama en invierno?
2. Día: mañana, tarde, noche	• Costumbres: cosas que hacemos por la mañana, por la tarde, por la noche. • Libro en zigzag: "My Day"*. • Hacer tarjetas: levantarse, desayunar, ir al cole, etc. ¿Podéis poner las tarjetas en el orden correcto?	• ¿Qué hace todo el mundo y qué hacen sólo algunas personas? • Lee tu libro en zigzag a una persona mayor. Pregúntale por su día. • ¿Importa el orden en el que estén los dibujos? ¿Es eso cierto para todos los dibujos? ¿Por qué no?
3. Días de la semana	• Hablar del / mirar el horario de clase. Hacer dibujos secuenciando actividades durante un día que muestren: "Nosotros en educación física, en asamblea", etc. • Rimas (p. ej.: Solomon Grundy**).	• ¿Todos los días son iguales? ¿En qué se diferencian? (Aprender los días de la semana). ¿Qué ocurre hoy / mañana / ayer / la próxima semana / la semana pasada? • Haz tu propia rima para los días de la semana.
4. Meses del año	• Hacer un diagrama de barras o una línea cronológica con los cumpleaños de cada mes. • Aprender la rima victoriana: *January brings the snow,* *makes your feet and fingers glow.* *February brings the rain,* *thaws the frozen lake again***.* (Sara COLERIDGE, en: OPIE Y OPIE, 1973). • Mirar calendarios de distintas culturas (por ej., musulmán, chino) y de diferentes épocas (por ej., calendario agrícola medieval). • Hacer instrumentos para medir el sol, la lluvia, el viento. Conservar los registros.	• ¿Cuántos cumpleaños hay, por ejemplo, en junio o en verano? • Haz una canción para este mes, para cada mes. • ¿En qué se parecen / se diferencian los calendarios de otras culturas? ¿Por qué era importante el calendario "agrícola"?

© Ediciones Morata, S. L.

5. Las cuatro estaciones	Coleccionar pinturas de distintos períodos que muestren las estaciones del verano, el otoño, el invierno, la primavera (por ej., las escenas nevadas de Breughel y Monet). Coleccionar poemas sobre las estaciones. Hacer una ruleta. Hacer un dibujo que muestre las estaciones (¿cuatro grupos?), por ej., hacer un dibujo de un árbol conocido en cada estación. Hacer una colección de ropas para cada estación. Dibujar vestidos de muñecas para cada estación.	¿Todas las pinturas del invierno son iguales? ¿En qué se parecen / se diferencian? ¿Qué viene antes / va después / va a continuación de la última? ¿Cómo sabes a qué estación se refiere? Cuando cae en verano, di una palabra que tenga que ver con el verano antes de acabar de contar hasta 10. Colecciona palabras para el banco de palabras. Prepara una música que vaya con el dibujo. ¿Pueden los demás casar el dibujo y la música? ¿Hay cosas que sirven para todas las estaciones? ¿Cuáles? ¿Por qué? ¿Cómo nos conservamos calientes / frescos?
6. Medir el tiempo	Hacer instrumentos para medir el tiempo (relojes de sol, relojes de arena, relojes de agua, relojes de vela, relojes de canicas y abalorios) utilizando unidades no estándar. Coleccionar instrumentos para medir el tiempo (relojes digitales y analógicos, cronómetros, relojes de sol, temporizadores).	Utilizarlos para medir el tiempo que se tarda en hacer algo, por ej., en lavarse las manos antes de comer. Compararlos con un temporizador o un despertador. ¿Son fiables? ¿Por qué no? ¿Cómo funcionan?
7. Unidades normalizadas: segundos, minutos, horas	Inventar juegos: ¿cuántas veces podéis atravesar el patio de recreo, saltar sin impulso, decir una palabra, en 30 segundos? ¿Podéis estar callados durante un minuto? Anotar los resultados.	¿Puedes adivinar cuántas veces? ¿Quién ha sido el más rápido, el más lento? ¿Durante cuántos segundos?
8. Decir la hora	Hacer horarios y relojes que muestren las horas de juegos de simulación: la tienda de la esquina; el viaje en autobús; horarios de simulación de la comisaría de policía, del parque de bomberos o de cualquier centro de trabajo.	¿Cuándo abre? ¿Cuándo cierra? ¿Cuánto tiempo tarda? ¿Cuándo abrirá otra vez?

* Los libros "en zigzag" o "en acordeón" son de papel continuo, doblado como el papel utilizado en impresoras matriciales, y con tapas que lo cierran. *(N. del T.)*
** Se trata de la rima: Solomon Grundy, / Born on Monday, / Christened on Tuesday, / Married on Wednesday, / Sick on Thursday, / Worse on Friday, / Died on Saturday, / Buried on Sunday. / And that was the end / Of Solomon Grundy. Su traducción es: "Solomon Grundy / nació el lunes, /fue bautizado el martes, / se casó el miércoles, / enfermó el jueves, / empeoró el viernes, / murió el sábado, / fue enterrado el domingo. / Y ése fue el fin / de Solomon Grundy". *(N. del T.)*
*** La traducción es: "Enero trae la nieve, / hace que tus pies y tus dedos brillen. / Febrero trae la lluvia, / derrite el lago helado otra vez." *(N. del T.)*

El hecho de describir acontecimientos de su propia vida puede ayudar a los niños a plasmar la secuencia de acontecimientos en relatos, como se sugiere en *The National Literacy Strategy* (DfEE/QCA, 1998b). Esto tampoco es sencillo. Depende de la complejidad del relato, del número de acontecimientos, de si son claramente sucesivos, de la complejidad de causas y motivos y de la capacidad del niño de reconocerlos y describirlos. El texto de estos libros de cuatro páginas, en los que dos niños del último curso de educación infantil vuelven a contar el cuento de "Blancanieves", registra imágenes de los acontecimientos clave, pero, si ven la conexión causal entre ellos, no ven la necesidad de ponerlo de manifiesto.

Blancanieves, por S. J.
Blancanieves está en una urna de cristal.
La bruja está en el castillo.
Blancanieves y el Príncipe se casaron.

Blancanieves se casó, por S. G.
Blancanieves se comió una manzana y cayó al suelo.
Blancanieves está en una urna de cristal.
Blancanieves y un príncipe se casaron.

Se ayudó a los niños de una clase de 1.º a que observaran la estructura del cuento de Cenicienta, comentando las causas y los efectos de los cambios que se obran en ella en el cuento: ¿cómo cambia?, ¿a qué cambia?, ¿por qué?, ¿fue más feliz? Como grupo de clase, los niños escribieron un guión del cuento. Después, trabajaron por grupos sobre cada fase del relato y escribieron un "libro gordo". A partir de esto, los niños volvieron a contar y comentar con frecuencia el cuento. Esto condujo al diálogo acerca de cómo les gustaría cambiar y si creían que el cambio los haría más felices y por qué, lo que, a su vez, llevó a introducirse en otras áreas curriculares: comentar el número de los zapatos de Cenicienta y después, a clasificar por orden de tamaño sus zapatos; a bailar con una pareja al son de la música, al juego de representación de roles de feliz y triste; a hacer dibujos de Cenicienta y el Príncipe vestidos con ropas modernas y a comparar los dibujos con ilustraciones tradicionales; a dibujar ropas para distintas ocasiones, y ¡a poner a prueba los tejidos en relación con una durabilidad adecuada!

Lynn Clarke, una estudiante del PGCE, investigó la capacidad de un grupo de niños de 2.º de primaria, que estaban empezando a hablar inglés, para examinar el paso del tiempo en relación con la historia familiar y con sus propias vidas a través de un cuento. Primero, miraron las láminas de *Once There Were Giants** (WADELL y DALE, 1989). Estas ilustraciones muestran en sucesión la historia de la vida de "mí", que aparece como un bebé al principio del libro y, al final del mismo, se ve mirando a su propio bebé, en la misma

---

* No está traducido al castellano. Su título sería: "Una vez hubo gigantes". Está escrito desde el punto de vista de un niño que va creciendo. *(N. del T.)*

habitación, rodeada por los mismos miembros de su familia, modificados todos por el paso de dos o tres decenios. Al final del cuento, los niños, tras cierta confusión acerca de si "mí" era la maestra, dado que presentó la sesión con una foto de sí misma cuando era pequeña, se percataron de que "mí" era tanto el bebé del principio como la madre del final. El extracto del diálogo que los lleva a esa conclusión muestra que los niños fueron centrándose poco a poco en los pequeños detalles de las dos ilustraciones de "mí" como bebé y como madre, comentando las semejanzas y las diferencias entre ellas.

Maestra: ¿Estas dos ilustraciones son iguales?
Aminur: Sí.
Maestra: ¿Estas segura?
Aminur: No, hay personas diferentes en ellas.
Maestra: ¿Quién es diferente?
Sehrish: La mamá. Tenía un suéter rojo y su pelo está recogido atrás.
Maestra: ¿Es la misma mamá?
Todos: Sí.
Serish: No, no lo es. ¡Es "MÍ"! "Mí" es la mamá del bebé.
Grupo: ¡Oh!, sí; se ha hecho mayor, ¿no? [etc.].
Koiesur: Ése es el tío Tom. Todavía lleva barba.
Maestra: Eso es. ¿Hay algo más que podáis reconocer en la ilustración?
Aminur: La alfombra.
Ayesha: Ahora es un poco rosa [descolorida].
Koiesur: Hay un espejo en la pared, pero es un espejo más grande.

Siguieron hablando de las diferencias de ropas, estilos de peinado y colores de cabello; la sustitución de los pañales de tela por los desechables, de las braguitas con puntillas por los peleles, y los distintos estilos de iluminación. No obstante, Sehrish se dio cuenta de que los juguetes del bebé, el osito de peluche y el conejito, seguían siendo los mismos.

En una segunda sesión, los niños leyeron *Jill's history* (SHUTTER y REYNOLDSON, 1991). Cada página que pasaban presentaba a una Jill cada vez más pequeña, hasta que, en la ilustración final, veían a su madre cuando estaba embarazada de Jill. Esto llevó a los niños a identificarse con Jill en cada página y a comentar sus propias experiencias similares, yendo sucesivamente hacia atrás en el tiempo. Hablaron de sus fiestas de cumpleaños, de la sucesión de maestras que habían tenido desde que iban al colegio, de su experiencia de la escuela infantil, de ir a la compra cuando aún no andaban y del juego en casa cuando eran bebés. Su sentido de la duración variaba; Aminur secuenciaba correctamente a todas sus maestras, las aulas en las que había estado y el tipo de trabajo que había hecho, desde la guardería hasta 2.º:

En la guardería, hacíamos garabatos y jugábamos con agua. Ahora, hacemos escritura y leemos libros y hacemos rompecabezas y jugamos bien. Entonces hacíamos pinturas y seguimos pintando, pero ahora dibujamos con cuidado.

© Ediciones Morata, S. L.

¡Ayesha condensaba dos años de escolaridad en un día!

La *Ofsted** (1999)descubrió que los maestros del primer ciclo de primaria tienden a descuidar el pasado y los lugares lejanos. Los relatos pueden facilitar un enfoque excelente. BAGE (1999) explica diversas formas en las que los niños pequeños pueden analizar las causas y los efectos de los cambios a través de relatos históricos situados en épocas lejanas. Kath Cox y Pat HUGHES (1998) muestran cómo utilizaban *Seeing Red* (GARLAND, 1996), un juego narrativo mediante ilustraciones situado en las guerras napoleónicas y dominado por un personaje femenino fuerte, con una clase de 2.º curso para aclarar las diferencias entre la actualidad y aquella época (ropas, barcos de guerra, armas) y desarrollar la cronología. En su turno, cada niño contaba una parte de la historia, qué ocurría y por qué. Por ejemplo: ¿por qué quería Napoleón traer a sus soldados a Inglaterra? Entre las respuestas, estaban las siguientes: "No le gustaban los ingleses; quería poder; quería conquistar tierra; para hacer que los soldados ingleses lucharan para él; para hacerse con su dinero".

SILVERA y CAWOOD (2000) muestran cómo se utilizó el relato de Mary Seacole, empleado como texto de lectura compartida, para desarrollar elementos clave tanto del Currículum de Historia como del Marco de Lectoescritura con niños de 1 año.

VASS (1999) ha emprendido una investigación más exhaustiva sobre el modo en que los maestros utilizan relatos para enseñar historia en el primer ciclo de primaria. Cree el autor que las destrezas históricas integradas mediante el relato hacen que el pasado sea comprensible para los niños. Su estudio identifica 38 enfoques diferentes de la narración de relatos sobre personas y acontecimientos del pasado, incluyendo la lectura, la narración de historias en primera o tercera persona y la interpretación de roles. Un sorprendente 80% de los maestros del primer ciclo de primaria manifestó que cuenta con regularidad relatos extraídos de su propia vida.

Los niños también pueden aprender sobre la sucesión cronológica ordenando fotografías u objetos, o escuchando relatos orales. La selección de las fuentes que se facilitan a los niños suscita una serie de preguntas que será conveniente que investiguen los maestros. También será interesante considerar las mejores preguntas que hacen los niños con el fin de examinar el razonamiento mediante el cual llegan a su secuencia.

¿Algunos aspectos del cambio son más fáciles de ilustrar o de entender que otros (tecnológicos, sociales, estéticos)? ¿Cuál es la mejor forma de representación de la secuencia del cambio (objetos, fotografías, relatos, descripciones orales)? ¿Cómo habría que estructurar las actividades de secuenciación de manera que abarcaran períodos de tiempo diferentes (desde el propio tiempo de vida del niño hasta el recuerdo vivo y, más allá, al pasado distante; desde la familia a los asuntos impersonales)?

---

* La *Office for Standards in Education* u "Oficina para los niveles en educación" es el organismo superior de inspección educativa de Inglaterra. Se trata de un organismo autónomo, independiente del *Department for Education and Skills*, denominación actual del ministerio británico de educación. *(N. del T.)*

¿Cómo deberían extenderse las secuencias desde lo simple y obvio, con ejemplos limitados, a mayores números de objetos, fotografías o sucesiones que sean ambiguas? ¿Cómo pueden extenderse unos relatos sencillos hasta historias con más acontecimientos, con causas más complejas, que supongan una mayor comprensión de la conducta humana? ¿Qué conocimientos aportan los niños a su razonamiento en estos contextos? ¿Cómo interpretan los niños las ilustraciones, con el fin de comparar las semejanzas y las diferencias? ¿Qué clases de dibujos y cuántos detalles les gustan a los niños de distintas edades? ¿Qué razones dan los niños de los cambios y cómo indican que éstos afectan a las vidas de las personas? Los maestros tienen que considerar estas cuestiones al planear actividades y, mediante la observación y el diálogo, descubrir el tipo de pensamiento que los alumnos utilizan en estas tareas.

LOADER (1993) descubrió que los niños del último curso de educación infantil, cuando se les pide que ordenen en sucesión lógica fotografías de ellos mismos, tenían un modo idiosincrásico de hacerlo. Clare puso primero su fotografía de "ahora" (con su uniforme escolar), después su fotografía de cuando tenía un día y después el resto, en orden cronológico. Sean ordenó las suyas en orden cronológico, disponiéndolas en forma circular.

A los niños de un grupo de 3.º, de la clase de Joanne Edwards, se les dieron cinco fotografías de sus respectivas familias, fechadas en 1880, 1912, 1946, 1960 y 1970, para que las ordenaran en sucesión; fueron capaces de ponerlas en orden cronológico, pero utilizaron un razonamiento diferente para hacerlo. Un niño las ordenó correctamente basándose en la calidad y la tecnología de las fotos. Otro reconoció a la misma persona a diferentes edades en cuatro fotografías. Tres niños utilizaron otras claves de las fotos, especialmente la ropa.

Es obvio que ayudar a los niños a secuenciar fotografías u objetos no debe ser una actividad aislada, sino formar parte de un tema más general. Los Cuadros 4.2 y 4.3 contienen sugerencias para actividades de secuenciación y cuestiones relacionadas con los temas típicos del primer ciclo de primaria.

SCOTT (1994) describe cómo dispusieron unos niños de 2.º año, en orden cronológico, una rejilla para tostar pan al fuego, un tostador eléctrico antiguo, un tostador nuevo y una *sandwichera*, aunque, como era previsible, no tuvieran muy claro el orden de los dos últimos aparatos. Una niña, Jane, optó por dibujar y numerar la secuencia en orden circular, siguiendo las agujas del reloj (esto condujo a un diálogo posterior entre los estudiantes que trabajaban con los niños acerca de la posibilidad de reflexionar con ellos sobre la necesidad de disponer algunas secuencias en forma lineal, pues no volvemos a utilizar la parrilla para tostar pan al fuego a intervalos regulares, mientras que puede ser adecuado ordenar en forma circular los meses, las estaciones del año y los años). Jane manifestó convencida que el objeto que había marcado como "uno" era "el más antiguo" y que el "cuatro" era "el más pequeño". Tras animarla y estimularla mucho, dijo que "dos es un poco más pequeño que tres" y "tres es más pequeño que dos y uno". Explicó los cambios en términos de eficiencia.

© Ediciones Morata, S. L.

Cuadro 4.2. Secuencias cronológicas (1)

Tema	Qué harán los niños	Posibles preguntas
1. Historia personal	(a) • Los niños traen fotografías de ellos mismos cuando eran bebés y una foto reciente. • Hacer un libro de "Cosas que puedo hacer" y "Cosas que puede hacer un bebé". • Coleccionar y ordenar conjuntos de ropa de bebé y de niños de 5 años. • Coleccionar y ordenar conjuntos de juguetes de bebé y de juguetes de niños de 5 años. (b) • Traer fotografías de cada año, de 1 a 5. Leer cuentos sobre cumpleaños, por ej., *Happy Birthday Bini* (BHATIA, 1988). • Escribir un cuestionario para los padres con preguntas sobre cómo eras entonces. Escribir sobre cada año de tu vida, basándote en los resultados del cuestionario. • Hacer una línea cronológica que abarque los años 1 a 5 y poner notas y fotos en ella. • Coleccionar fotografías de niños de 1 a 5 años de periódicos y revistas viejos (por ej., de la familia real).	(a) • ¿Quién es? ¿Qué hacen y qué llevan? ¿Son muy mayores? ¿Dónde están? ¿Quién está con ellos? ¿Cómo han cambiado? ¿Las fotos de bebé son todas iguales o son diferentes? ¿Por qué? • ¿Cómo has cambiado desde que eras un bebé? (b) • ¿Puedes ponerlas en orden? Pon en orden las fotografías de tu compañero o compañera. ¿Cómo sabes si está bien? • Por ej.: ¿Cuándo tuve mi bici? ¿Cuándo tuve mis aros? ¿Cuándo nació mi hermana? ¿Adónde fuimos...? ¿Cuándo nos trasladamos de casa? • ¿Puedes explicar o indicar por qué ocurrieron los hechos descritos en la línea cronológica? ¿Esta fotografía es anterior o posterior? ¿Es más nueva o más vieja? ¿Estás mayor en la fotografía nueva o en la vieja? • ¿Puedes ponerlas en orden? ¿Por qué crees que éste es el orden correcto? ¿Puedes ponerlas en una línea cronológica? ¿El niño es mayor en esta fotografía que en esa otra? ¿Por qué te parece que es así?

© Ediciones Morata, S. L.

2. Recuerdos	• Haz dibujos (conjuntos de cosas) de lo que ha seguido igual en tu vida y de lo que ha cambiado desde que eras un bebé.	
	(a) • Se muestran a los niños fotografías de un niño de 1 ó 2 años y de su madre a la misma edad (por ej., la maestra a los 2 años y la madre de la maestra cuando tenía 2 años). • Comparar dos juguetes o dos libros que pertenecieran a cada una de las niñas de las fotografías. • Entrevistar a la madre de la fotografía acerca de ella misma cuando era pequeña. Pedirle más "pruebas" de su pasado.	**(a)** • ¿Qué edad tienen las dos niñas? ¿Quiénes son? ¿Ha cambiado la madre desde entonces? ¿Cuántos años puede tener ahora? ¿Qué fotografía se tomó primero? ¿Cómo lo sabes? • ¿Cuál corresponde a cada fotografía? ¿Por qué? ¿En qué se parecen y en qué son diferentes? • Escribir un artículo para un periódico o hacer una grabación para un programa de radio sobre la historia de la vida de la madre.
	(b) • Hacer un museo de la clase. Coleccionar fotografías, libros, juguetes que pertenecieran a los "bisabuelos", "abuelos", "padres".	**(b)** • Escribe etiquetas para los artículos. Busca sus fechas. • ¿Qué fotografías pertenecen a cada generación? ¿Puedes ordenarlas para descubrirlo? ¿Dice esto qué cosas son las más antiguas? ¿Podemos utilizar las fechas para situarlas en una línea cronológica? (Esto pone de manifiesto la necesidad de una medida estándar.)

Cuadro 4.3. *Secuencias cronológicas (2)*

Tema	Qué harán los niños	Posibles preguntas
1. La localidad • La calle comercial	• Escoger una tienda. Mediante entrevistas y la historia local en la biblioteca, averiguar cómo era y qué se vendía en tiempos pasados. Escribir o dibujar la historia de la tienda para que la exponga el actual propietario. • Mediante fotografías antiguas, averiguar cómo era el transporte: caballos / autobuses / coches / camiones / furgonetas en la calle en épocas pasadas. Poner en orden las fotografías. • Visitar un supermercado y una tienda de barrio. ¿Cómo están organizados los artículos y los trabajos en cada establecimiento? Hacer un diseño de la distribución de un supermercado y de una tienda de barrio. • Mobiliario urbano: coleccionar e identificar las iniciales de los buzones. • Coleccionar farolas, tapas de trampillas de carboneras, abrevaderos de caballos.	• Secuencia y explica los cambios relativos a lo que se vendía, los escaparates, los anuncios, el empaquetado, las condiciones de trabajo, las necesidades de los clientes, las formas de pago. • Describe y explica la secuencia. ¿Cómo afectarían los cambios a la vida de las personas? • Haz una lista con las ventajas de la distribución del supermercado y de la tienda de barrio. ¿Por qué se inventaron los supermercados? • ¿Puedes ponerlas en orden en una línea cronológica de "reyes y reinas"? ¿Puedes descubrir los sellos correspondientes a cada rey y cada reina? • ¿Puedes secuenciar todo esto? ¿Cómo afectarían a la vida de las personas?
• Granja	• *Herramientas.* Visitar una granja: coleccionar herramientas manuales. Averiguar cómo se hace en la actualidad el mismo trabajo. • *Edificios.* Clasificarlos en viejos y nuevos. Buscar pistas. • *Mapas.* Mirar un mapa o mapas antiguos y un mapa contemporáneo.	• Traslada una carga (por ej., de pienso) a mano, en una carretilla. Compáralo con lo que puede trasladar un tractor en el mismo tiempo. • ¿En qué se diferencian los materiales, las estructuras y las finalidades? • Busca y explica los cambios de nombres, caminos, tamaño de los campos, cosechas.

• La costa	• Coleccionar y secuenciar postales de la costa. • Comparar tres vistas, por ej.: pinturas o grabados del siglo XVIII o principios del XIX, antes de la industria de las vacaciones; las primitivas vacaciones en la costa; las actuales. • Escuchar música popular de tres periodos, por ej., del siglo XIX, de la década de 1950 y actual.	• ¿Qué cambios puedes apreciar en las formas de entretenimiento, ropas, comida, edificios, transporte, estaciones? • En tres grupos, simulad que sois unas personas de estas ilustraciones. Haced una representación sobre lo que estéis haciendo. • ¿Cómo han cambiado las palabras, los sonidos y los medios para hacer que suene la música (por ej., piano, discos de 78 r.p.m., CD)?
2. Vestidos	• Coleccionar fotografías / pinturas / anuncios / vestidos y patrones antiguos. ¿Se pueden ordenar? • Coleccionar ilustraciones de ropa deportiva, trajes y vestidos de boda, ropa de trabajo, sombreros o calzado. Ordenarlas. • Clasificar tejidos en naturales (piel, lana, cuero, algodón, lino) y sintéticos. • Experimentar con tintes naturales y tintes fabricados por el hombre. • Pedir prestadas ropas para niños en algún club de teatro de aficionados o centro de formación dramática para que los niños se las prueben, o comprar réplicas o hacerlas para el rincón de juegos.	• ¿Por qué crees que éste es el orden correcto? Describe o explica los cambios. • ¿Cómo han cambiado? ¿Por qué? ¿Qué idea podemos hacernos sobre cómo han cambiado los pasatiempos y las actitudes de las personas? • Averiguad cosas sobre los métodos de hilado, teñido y tejido del pasado y de la actualidad. Describid o explicad los cambios. • ¿Podéis casar el estilo con las ilustraciones de libros y ponerlas en orden? ¿Cuáles de estos vestidos podríais llevar y cuáles no? ¿En qué os parecen diferentes de vuestra propia ropa?
3. Casas	• Coleccionar pinturas de casas y ordenarlas: nuevas, antiguas, muy antiguas.	• ¿Por qué has colocado "esta casa" en este conjunto? ¿Has tenido que cambiar los grupos cuando has encontrado otras fotografías?

(Continúa)

Cuadro 4.3. *Secuencias cronológicas (2) (Continuación)*

Tema	Qué harán los niños	Posibles preguntas
3. Casas	• Dibujar o fotografiar tres casas de la localidad (por ej., de 1980, 1930 y 1880). • Coleccionar antiguos aparatos o adornos domésticos de familias o de tiendas de cosas usadas.	• ¿Qué es diferente? ¿Por qué? Buscar datos de las familias que vivían en cada casa cuando se construyó (censo o guías de calles). Utilizar libros para averiguar detalles sobre la calefacción, el agua, la luz, los juegos, la música, sus ropas, muebles. Crear historias, obras, dibujos sobre cada familia. • ¿Podéis ponerlos en orden? ¿Qué cambios manifiestan en la vida de las personas?
4. Escuela	• Coleccionar ilustraciones de la escuela. ¿Se pueden poner en orden? ¿Se pueden relacionar otras pruebas con cada ilustración (historia oral, registros de la escuela o libro de castigos, antiguos libros o cuadernos escolares, horarios)? • Coleccionar y secuenciar libros antiguos de los niños. • Secuenciar, p. ej., pizarras, plumillas, rotuladores, disco de procesador de textos.	• Describe los cambios en los edificios, mobiliario, distribución, formas de organizar a los niños, lo que hacen, lo que llevan. ¿Qué puedes deducir de los cambios de las escuelas, en la forma de sentirse y de comportarse de los niños?. ¿Puedes explicar los cambios? • Describe y explica los cambios de tipografía, textos, ilustraciones. • ¿Qué diferencia supone cada cosa con respecto a la vida de los niños en la escuela?

© Ediciones Morata, S. L.

La parrilla para tostar pan tarda más que el tostador, porque tienes que darle la vuelta a la tostada. El tostador nuevo es muy parecido al número 2. La *sandwichera* puede cocinar más tostadas, por lo que una familia puede comer a la vez y puede hacer un sándwich.

Routh y Rowe (1992) han identificado libros de ilustraciones que presentan experiencias de las muchas facetas del tiempo: noche, día, días especiales, semana a semana, festivales, el año completo, el tiempo y el cambio y el tiempo astrológico. Cox y Hughes (1990) mostraron cómo pueden desarrollarse los conceptos de tiempo y otros aspectos del pensamiento histórico a través del relato, y presentaron una lista de ejemplos de cuentos sobre los tiempos de la infancia, de los abuelos y más distantes. Los cuentos constituyen una forma tradicional de introducir a los niños en otros tiempos y lugares, de explorar las mentes de otras personas y de estimular a los niños para que se descentren. Activan la imaginación y las emociones y ayudan a los niños a reflexionar respecto a sus propias experiencias y sobre su forma de ver a los demás. La narración subyace tanto al cuento como a la historia. Mantiene la atención de los niños y proporciona un marco para preguntar "¿quién?" y "¿por qué?"

Semejanzas y diferencias

Virginia Hunt, una estudiante, examinó la comprensión de los niños sobre las semejanzas y diferencias entre la actualidad y las épocas pasadas, por medio de textos e ilustraciones de relatos. Cuando leyó *Bill and Pete Go Down the Nile* (De Paolo, 1988) a un grupo de niños bilingües de 1.º, el Museo del Antiguo Egipto que ilustraba el cuento los llevó a comentar lo que sabían sobre el pasado. Ayodele dijo que "historia [a lo que se refiere el texto] significa 'hace mucho tiempo' o 'los tiempos antiguos'". "En los tiempos antiguos", dijo, los aviones "no eran como ahora", eran "divertidos y se agitaban en el aire" (siguió diciendo que su abuelo era viejo y vivió en África y nació "antes de que llegara la guerra"). Creía que el cocodrilo de la ilustración podía ser antiguo porque estaba arrugado, como su abuelo, pero Shellie pensaba que era más probable que estuviese arrugado ¡por haber estado demasiado tiempo en el agua! Aquí, encontramos pruebas de razonamiento, aunque los conocimientos limitados de los niños les impidan alcanzar una conclusión correcta. No obstante, la siguiente observación de Ayodele fue sutil y precisa porque, en este caso, su razonamiento se apoyaba en el conocimiento. La Esfinge —dijo— era muy antigua, pero parecía nueva porque la habían limpiado; sabía esto porque había visto un programa de televisión sobre el tema. Esto llevó a Shellie a hablar más del modo en que los edificios cambiaban de color a medida que envejecían; ella también había visto un programa de televisión sobre esto. Aaron sabía cosas de los tiempos antiguos porque había visitado "un museo de dinosaurios". El grupo expuso unos mapas rudimentarios del pasado, basados en conocimientos adquiridos de forma accidental. Las momias egipcias eran de hacía mucho tiempo, de antes de nacer la mamá de Shellie, pero los dinosaurios vivieron en los tiempos antiguos, antes incluso de que allí hubiera gente, pero "los mataron".

Cuando leyeron a estos niños *Joseph and His Magnificent Coat of Colours** (WILLIAMS, 1992), relacionaron de nuevo el cuento con los conocimientos adquiridos en la televisión. Shellie sabía, gracias a un programa que había visto, que las pirámides se construyeron hace mucho tiempo y que todavía existen, y Theodore desarrolló sus observaciones añadiendo que estaban en Egipto, porque se mencionó el río Nilo. Él pensaba que, probablemente, Canaán fuese también un palacio real. Partiendo de las ilustraciones, los niños pensaban que la historia se desarrolló hace mucho tiempo, en Egipto, "antes de que yo naciera; antes de que naciéramos todos", porque "había carros, que hoy no los ves" y por los muebles: "hoy no tienes esas cosas". Sin embargo, la circunspección de su razonamiento era sorprendentemente sofisticada: "Pero puede que la gente que vive en África lleve aún ropas como éstas. Las he visto en la tele".

Cuando se leyó a los niños una historia sobre un tiempo pasado más reciente, sobre la *Princess Victoria* (MITCHELLHILL, 1991), de nuevo utilizaron sus limitados conocimientos, extraídos de su propia experiencia y de la televisión, para considerar las posibles diferencias entre "entonces" y "ahora". Theodore creía que el rey era viejo, "como mi abuelo y mi amigo Jack. Tiene 70 años y lleva un bastón". Sin embargo, decidió que, probablemente, el rey viviera antes que su abuelo y explicó por qué lo pensaba.

> El carruaje es de los tiempos antiguos, como los vaqueros. Vi un carruaje como ése en la tele. Ahora no hay vaqueros; sólo en la tele. Ellos vivían hace doscientos años. También la esfera del mundo de la ilustración es diferente de la que tiene mi maestra.

Trató por todos los medios de apoyar su razonamiento y esto llevó al resto del grupo a hallar otras muchas diferencias en las ilustraciones, entre entonces y ahora: los vestidos, el mobiliario, la pizarra y los juguetes, incluyendo las muñecas de madera. Una vez más, pusieron a prueba sus conclusiones. "Ahora, no va una señora a tu casa a darte clase, tienes que ir a la escuela". "Pero sí podría ir si fueses una reina". Una observación atenta como ésta muestra que los niños de 1.º, algunos con escaso dominio del inglés y con conocimientos muy limitados, apoyaban sus afirmaciones con razonamientos, y todos desarrollaban y cuestionaban las ideas de los demás. Sería interesante descubrir el nivel de sofisticación que podrían haber alcanzado si les hubiesen impartido una enseñanza coherente con respecto al pasado.

WARTON (1993) pidió a niños de 2.º que compararan dos ilustraciones, para animarlos a comentar las semejanzas y las diferencias entre el lechero

---

* Trad. cast.: *José y su magnífica túnica de muchos colores,* Barcelona, Juventud, 1992. *(N. del E.)*

de nuestros días y el del pasado. Esta actividad formaba parte de un proyecto sobre "dónde vivimos". Sus comentarios reflejaban que los niños necesitan aprender el tipo de pregunta que se les hace, así como la clase de respuesta que se espera en un contexto histórico.

Matthew y Colin estaban convencidos de que sabían lo que se les pedía:

Matthew: Es fácil. El antiguo es negro y blanco.
Amy: ¿Las personas solían tener coches y caballos, al no estar inventada la electricidad?
Matthew: La leche no está en botellas. Está en grandes cacharros metálicos.
Colin: Y el carro no tiene techo. Por eso el lechero lleva un sombrero.

No obstante, ¡Amy no está tan segura!

Amy: Los dos lecheros tienen bigote. Y nuestro lechero no tiene, pero tiene un perro que se llama Bones.

Los niños pueden aprender a considerar las semejanzas y las diferencias entre el pasado y el presente, clasificando ilustraciones y utensilios en conjuntos de objetos muy antiguos, antiguos y modernos, por ejemplo. De nuevo, esto suscita cuestiones que convendrá investigar. ¿Qué razones pueden dar para explicar sus elecciones? ¿Qué vocabulario utilizan o tienen que usar? ¿Se centran al principio en las pruebas de la edad: si está usado o sucio, debe ser antiguo? ¿Consideran antiguas las reproducciones?, y, si es así, ¿por qué? ¿Clasifican mejor las ilustraciones que los objetos? ¿Están preparados para escuchar los argumentos de otros y cambiar sus decisiones? ¿Se solapan algunas categorías? ¿Tienen en cuenta los materiales o la tecnología? ¿Las fotografías en blanco y negro les parecen más antiguas que las de color? ¿Pueden comentar los efectos de los cambios en la vida de las personas? ¿Qué tipos de cambios son más fáciles de percibir?

Hilary Croft, una estudiante, comenzó a investigar algunas de estas cuestiones mientras trabajaba con una clase de 2.º. Descubrió que, cuando les pedía que clasificaran cosas en muy viejas, viejas y modernas, al principio la terminología les servía de obstáculo. No entendían la palabra "modernas" y, cuando se reemplazaba ésta por "nuevas", suponían que se refería a artículos recién sacados de la tienda. Al principio, creían que "viejas" era equivalente a "usadas"; en consecuencia, clasificaban cosas relativamente nuevas como viejas. No obstante, perfeccionaron su comprensión del concepto al ir sacando de la caja cosas claramente viejas y, al hacerlo, también reorganizaban los objetos en las diferentes categorías.

La maestra estudió el razonamiento de los niños, mientras los observaba cuando les hacía preguntas: "¿Por qué crees que esto corresponde allí?" "¿Qué te ha hecho pensar que eso era viejo?" "¿Crees que esto es más viejo que eso?" Se daba cuenta de la necesidad de ampliar el pensamiento de

© Ediciones Morata, S. L.

los niños, pero sin intervenir demasiado, porque se percató de que no la contradecían y, al principio, se mostraban muy ansiosos por dar la respuesta correcta. Carl expresaba así esta ansiedad inicial: "Pero, ¿cómo sabemos si está bien si no nos lo dices o no nos ayudas?" Los niños necesitaban *aprender* a aceptar la incertidumbre, a hacer posibles inferencias, a apoyarlas con argumentos y a escuchar los argumentos de los otros.

El siguiente extracto, en el que comentan una fotografía en sepia de la familia de la maestra vestida como los pioneros norteamericanos, muestra cómo aprendían poco a poco a revisar sus categorías.

D: Es una fotografía muy, muy vieja porque es en blanco y negro y llevan ropas graciosas.
Maestra: Vamos a fijarnos más. ¿Reconocéis a alguien?
S: ¡Eres tú, Hilary!
E: Entonces, no puede ser vieja.

Todos ellos estuvieron de acuerdo en que no podía ser *muy* vieja, pero podía ser nueva o vieja.

Del mismo modo, al principio, los niños creían que las enaguas de puntilla que les enseñaron eran nuevas, hasta que descubrieron ropas similares en fotografías viejas, en las que las personas llevaban faldas muy largas. Decidieron que las enaguas debían ser también muy viejas porque eran muy largas y semejantes a las faldas de las fotografías.

Al principio, S dijo: "No creo que hayan tenido sombreros como los de los tiempos antiguos", pero después descubrió sombreros similares en fotografías viejas y decidió que sí los tenían. Los niños también comenzaron a dar razones de sus ideas y a utilizar "porque":

E: Es viejo porque está arrugado.
D: Es nuevo; en los tiempos antiguos, no tenían plástico.
S: Sí, es viejo, porque, mira los botones; están hechos de hueso.

Empezaron a considerar posibilidades alternativas. Al hablar de un par de sandalias nuevas de plataforma, que eran de estilo similar al calzado de plataforma de las décadas de 1960 y 1970, E dijo que "estaban pasadas de moda". Pero D comentó que eran parecidas a las que solía llevar "Betty Boo" (una cantante de la década de 1990). Esto los llevó a examinar las suelas y descubrieron que estaban limpias, por lo que se pusieron de acuerdo en que "probablemente son nuevas".

Poco a poco, los niños estaban aprendiendo a formar hipótesis, a razonar, a buscar pruebas, a discutir alternativas y, de este modo, a cambiar sus hipótesis y perfeccionar su comprensión de los conceptos "muy viejo", "viejo" y "nuevo".

En una segunda sesión, los niños escogieron para dibujar un sombrero viejo o un sombrero nuevo, o bien un zapato viejo o un zapato nuevo. Esto dio

© Ediciones Morata, S. L.

lugar a una nueva discusión sobre lo "viejo" y lo "nuevo" mientras dibujaban. En la sesión final, llevaron sus propias "cosas viejas". La maestra descubrió que hablaban mucho más sobre sus propios objetos y dibujos de lo que habían hablado sobre las cosas que ella les había llevado antes porque tenían unos conocimientos previos de aquéllos que podían comentar con los demás y utilizarlos para contestar preguntas. Concluyó que, aunque los niños tengan que aprender a aceptar la incertidumbre, algunos conocimientos y experiencias personales les daban mayor confianza a la hora de hacer preguntas y considerar posibilidades.

Conceptos relacionados con la comprensión de los cambios que se producen con el tiempo: Conceptos organizadores

En la Primera parte, dijimos que no hay un acuerdo claro sobre el significado de "conceptos históricos". Algunos conceptos, que ya hemos comentado, se refieren a los cambios que se producen con el tiempo, con las semejanzas y las diferencias, con la continuidad y el cambio. Otros son ideas organizadoras que están presentes en todas las sociedades: conflictos, creencias, agricultura. Cierto vocabulario especial se relaciona con determinados períodos del pasado: romano, medieval. Otros conceptos se refieren a los procedimientos de interpretación de las fuentes. Consideraremos por orden las formas de presentar cada tipo de concepto a los niños pequeños.

En primer lugar, nos detendremos en los conceptos que son fundamentales para todas las sociedades. Los niños tienen que aprender a comprender esos conceptos clave para situar los detalles en un modelo estructural, de manera que no se olviden. Esto les permite comparar semejanzas y diferencias entre tiempos y lugares (BRUNER, 1966). Los conceptos como "comercio", "comunicación", "poder" y "gobierno" son abstractos y complejos. Pero a los niños pequeños pueden presentárseles conceptos concretos, más sencillos, seleccionados por su relación con los conceptos generales y abstractos y que, más adelante, conducirán a éstos (VYGOTSKY, 1962; AUSUBEL, 1968; GAGNE, 1977; KLAUSMEIER, 1978; KLAUSMEIER y cols., 1979). VYGOTSKY señaló que la comprensión de conceptos se promueve mediante el uso cuidadoso del lenguaje. Descubrió que los conceptos que se presentan de un modo especial, porque pertenecen a una disciplina concreta y no se adquieren espontáneamente, se aprenden de manera más consciente y completa, y que el uso significativo del nuevo vocabulario promueve el crecimiento intelectual. BRUNER (1966) dice que los niños necesitan oportunidades de aprender nuevos conceptos a través de la experiencia física y la sensación (manejando y utilizando un viejo objeto, por ejemplo), mediante imágenes (ilustraciones y maquetas) y relacionando éstas con el lenguaje (en relatos y poemas, así como nombrando cosas). Hay pruebas de que, si se presentan de este modo

© Ediciones Morata, S. L.

Cuadro 4.4. Conceptos y temas

Concepto organizador	Conceptos relacionados	Posible tema
Agricultura	Granja: casa de labranza, granero, lechería. Cosechas: batatas, avena, tabaco, café, cacahuetes, mandioca, maíz, arroz, cebada. Animales: caballos, ovejas, cerdos, pollos, búfalos, bueyes. Herramientas: hoz, arado, molino de viento, tractor, molino de agua, cosechadora. Sembrar, cosechar, aventar, trillar, almacenar. Lechera, zagala, pastor.	Labranza. Visita a una granja o visita a una reconstrucción de la vida rural. Cuentos populares sobre las cosechas, la labranza, por ej., *The Village of Round and Square Houses* (GRAFONI, 1989) (aldeas de Camerún)[1]; *Shaker Lane* (PROVENSEN y PROVENSEN, 1991)[2]; *Mufaro's Beautiful Daughters* (STEPTOE, 1992)[3]; *Where the Forest Meets the Sea* (BAKER, 1991)[4]. Relatos sobre personas reales.
Manufacturas	Ropa: sastre, tejedor, hilandera, telar, rueca. Alfarería: alfarero, horno, arcilla. Metalurgia: mina, fundir, molde. Piel: zapatero, zapatero remendón. Construcción: carpintero, albañil. Energía: máquinas, herramientas, armas, energía hidráulica, energía eólica, energía térmica, planta (nuclear).	Trabajos que hacen las personas. Edificios. Visitas a sitios, centros de trabajo, por ej., molino de viento, aceña. Visitas a la reconstrucción de un centro industrial o de trabajo (la hojalatería, la mina, la fundición, la fábrica de velas, en los *Ironbridge George Museums*[5]). Relatos auténticos sobre personas reales. Cuentos populares (por ej.: *The Tailor of Gloucester*[6], Beatrix POTTER).
Comercio	Trueque, compra, venta, peso, moneda, precio, feria, mercado, mercader, rico, pobre.	Trabajos que hacen las personas. Visita a una tienda, calle comercial, mercado u otro centro de trabajo de la localidad. Visita a una reconstrucción, p. ej., el banco, *Blists Hills*[7] (*Ironbridge Gorge Museums*) o el *Black Country Museum*[8] de Dudley. Relatos auténticos sobre personas reales. Cuentos populares (por ej.: Dick Whittington[9]. *The Emperor's Dan-Dan* —AGARD, 1992[10]—.
Comunicación	Transporte: vía férrea, autocar, automóvil, tren de vapor, diesel, tranvía, autobús. Barco: remo, navegar, vapor. Oral: cuentos populares, relatos, leyes, proclamas. Escrita: jeroglífico, cera, pluma de ganso, imprenta, fax, disco. Otros medios de difusión: radio, grabación, filme, televisión. Símbolos: símbolos religiosos, logotipos, pinturas.	Cuentos populares y relatos auténticos sobre viajes e inventos. Relatos sobre personas reales (por ej., *King Alfred*[11], *The Highwayman*, *Mary Seacole* —BLYTH y cols., 1991—) o consultar la biblioteca de historia local en relación con viajes realizados por diversas personas desde y hacia su población (COLLICOTT, 1993). Visitas a imprentas, la casa del peaje y el canal en *Blist Hills* (*Ironbridge Gorge Museums*).

Poder / Estructura social	Ataque, defensa, conflictos, armas. Jefe: rey, reina, príncipe, princesa, gobierno. Rico, pobre, campesino, caballero, señor, siervo. Leyes, obedecer, luchar.	Historias verídicas. Cuentos populares (por ej.: Robin Hood).
Creencias, valores, aptitudes	Edificios religiosos: iglesia, mezquita, sinagoga. Escritos religiosos. Símbolos de sistemas de creencias. Ceremonia: fiesta religiosa, fe, oración, alabanza, culto, bien, mal, esperanza, temor	Fiestas religiosas. Relatos relacionados con sistemas de creencias. Relatos relacionados con estatuas, vidrieras emplomadas, pinturas religiosas. Cuentos populares.

[1] *The Village of Round and Square Houses*, de Ann GRIFALCONI, se sitúa en Camerún y cuenta la historia de una aldea en la que unas casas son redondas y otras cuadradas; en las primeras viven las mujeres y los niños y en las segundas, los hombres. A medida que se desarrolla el relato, los lectores van descubriendo las costumbres de los aldeanos. Una noche, una abuela cuenta a su nieto el origen de la división en casas redondas y cuadradas: la erupción de un volcán sólo dejó en pie dos casas, una redonda y otra cuadrada, lo que fue interpretado por los habitantes como un signo especial. Por eso, el jefe de la aldea ordenó que las mujeres ocuparan las casas redondas y los hombres las cuadradas. *(N. del T.)*

[2] *Shaker Lane* se refiere a una comunidad que cambia de tal manera que la mayoría de sus miembros se ve obligada a abandonarla para ir a vivir a otros lugares y, aunque tienen que buscar dónde asentarse de nuevo, algunos hallan sitios mejores gracias al dinero recibido por las tierras que dejaron. *(N. del T.)*

[3] *Mufaro's Beautiful Daughters* es la historia de una "cienicienta" africana, que se desarrolla en Zimbabue. *(N. del T.)*

[4] *Where the Forest Meets the Sea* cuenta la excursión que un niño hace con su padre en un embarcación —"Máquina del tiempo"— a una playa situada al lado de una pluviselva tropical: una auténtica pluviselva de Queensland (Australia) que está en peligro. Mientras el niño camina entre los árboles, imagina la selva tal como pudiera haber sido en el pasado. En ese escenario, el vago perfil de un niño aborigen se confunde con un fondo de árboles y, en la escena final, los lectores ven cómo las imágenes de la civilización van revistiendo ese bello panorama. *(N. del T.)*

[5] Los *Ironbridge Gorge Museums* son un conjunto de nueve museos situado en Telford, en el Shropshire, la cuna de la revolución industrial, que acogen numerosos recuerdos, monumentos y recreaciones de aquella época, entre los que destaca el que da nombre a su ubicación: "Ironbridge" o "Puente de hierro". Están declarados "Patrimonio de la Humanidad" por la UNESCO. *(N. del T.)*

[6] *The Tailor of Gloucester* es un cuento, escrito por Beatrix POTTER en 1903, que narra la historia de un anciano sastre que tiene que hacer un espléndido abrigo para la boda del alcalde de Gloucester, que se va a celebrar en la mañana el día de Navidad. El sastre cae enfermo y son sus ayudantes secretos, unos ratones, quienes se encargan de terminar el trabajo. *(N. del T.)*

[7] Las *Blists Hills*, incluidas en los *Ironbridge Gorge Museums*, es la recreación de una población victoriana. *(N. del T.)*

[8] El *Black Country* o "País Negro" es la zona industrial de las *Midlands* —"Tierras medias"— de Inglaterra. Su nombre no se debe al humo de los miles de fundiciones y forjas que poblaban la zona y a las minas de carbón del país. En la actualidad, el *Black Country Museum* alberga colecciones relacionadas con la minería del carbón y las manufacturas del hierro y el acero, el vidrio y la cerveza de las áreas de Dudley (donde está enclavado), Sandwell, Walsall y Wolverhampton, y muestra las pésimas condiciones de vida de las trabajadoras y trabajadores, muchos de ellos niños. *(N. del T.)*

[9] Dick Whittington fue un personaje real, aunque su historia se haya ido transformando en leyenda, que llegó a Londres durante el reinado de Eduardo III. Tras diversos avatares, desilusionado por su mala suerte, se dispuso a dejar la ciudad pero el toque de unas campanas le anima a volver y buscar fortuna. Acabó convirtiéndose en Lord alcalde de Londres. *(N. del T.)*

[10] *The Emperor's Dan-Dan* es una versión, en ritmo de calipso, de "El traje nuevo del rey", de Hans Christian ANDERSEN, en la que el traje es tejido por el sastre tramposo Anancy *the Spiderman*. El autor, John AGARD, nació en Guyana cuando todavía era colonia británica. En la actualidad es un conocido poeta y cantautor de cuentos y poemas infantiles. *(N. del T.)*

[11] El rey de los anglosajones Alfredo el Grande (849-887) defendió la Inglaterra anglosajona de los ataques vikingos, formuló un código de leyes y fomentó el renacimiento de la actividad religiosa y el estudio. Circulan diversas biografías utilizadas en los ámbitos educativos. *(N. del T.)*

© Ediciones Morata, S. L.

a los niños pequeños unos conceptos concretos seleccionados, aprenden poco a poco a utilizar los conceptos generales, más abstractos, relacionados con ellos.

FURTH (1980) siguió el aumento de la comprensión de los niños acerca de conceptos como "gobierno", "roles sociales", "dinero" y "comunidad". Descubrió que, a los 5 años, los niños tenían una imagen del gobierno como un "hombre especial" (sic). A partir de aquí, elaboraban el concepto de "rector", después el de "patrono" o "terrateniente", hasta que, a los 9 ó 10 años, comprendían que el gobierno proporciona funciones y servicios a cambio de impuestos.

Las ideas del Cuadro 4.4 muestran cómo pueden seleccionarse y presentarse los conceptos subordinados, relacionados con conceptos clave, a través de los temas tradicionales.

Conceptos relacionados con períodos concretos

El segundo tipo de concepto histórico que puede presentarse a los niños mediante visitas, ilustraciones, relatos y juego imaginativo se asocia con diferentes períodos del pasado. A los niños pequeños les encanta utilizar "palabras especiales", como "rastrillo"* o "gárgola", acompañadas normalmente por el lenguaje corporal adecuado, aunque el uso perfeccionado, como señaló VYGOSTKY, se desarrolla poco a poco, mediante pruebas y errores. Un grupo de niños de 5 años, que comentaba sus conocimientos sobre los castillos, me confundió al describir el *Spitfire*** que querían añadir a su maqueta, hasta que me demostraron de qué se trataba, haciendo girar un buey de papel sobre el fuego; y los padres de un niño del último curso de educación infantil se quedaron un tanto perplejos al interpretar en un sentido provocativo la expresión "*wind the poppy up*"***, acompañada por unos gestos desenfrenados de retorcimiento y estiramiento, hasta que la maestra explicó que un visitante había traído una bobina a la escuela, enseñando a la clase una antigua canción de tejedores. Ejemplos de etiquetas usadas por los historiadores para describir la sociedad en un tiempo y en un lugar determinados se muestran en la primera columna del Cuadro 4.5. Las palabras que describen aspectos característicos de esa sociedad están en la segunda columna.

---

* Se trata de la verja levadiza que servía para impedir el paso al interior de las fortalezas. *(N. del T.)*

** Los niños se refieren a un "asado de buey" sobre el fuego. Sin embargo, *spitfire*, cuya traducción literal sería algo así como "escupefuego", significa "fierabrás", que se aplica a una persona muy inquieta, de carácter muy emocional, y es el nombre de un famoso avión británico de combate de la II Guerra Mundial. *(N. del T.)*

*** Sin traducción al castellano. Literalmente, sería algo así como: "enrolla la amapola", "envuelve la amapola". A juzgar por la perplejidad de los padres, quizá lo interpretasen en relación con el consumo de drogas. *(N. del T.)*

© Ediciones Morata, S. L.

Cuadro 4.5. *Vocabulario histórico*

Romano	Villa, fuerte, centurión, legión, estandarte, toga.
Medieval	Monasterio, catedral, castillo, caballero, fortaleza, rastrillo, foso, torneo, rueca, arco y flechas, túnica, malla.
Isabelino	Exploradores, galeón, tesoro, pirata, gorguera, peluca.
Victoriano	Carruaje, carbonero, plancha, botella de agua caliente, lámpara de aceite, abotonador.

Aunque LYNN (1993) y HARNETT (1993) descubrieron que los niños de 6 a 7 años se sentían amenazados cuando se les pedía que identificaran y secuenciaran dibujos utilizando denominaciones de "períodos", en 1998, STOW comprobó que los niños de esta edad eran capaces de identificar y categorizar dibujos según algunos períodos, en especial el romano, y realizaban la tarea con confianza en sí mismos.

Conceptos asociados con la deducción y la inferencia acerca de las fuentes

Un tercer grupo de conceptos que pueden aprender los niños está relacionado con la descripción de las fuentes históricas y con el reconocimiento de diferentes niveles de validez y certidumbre en la interpretación de las fuentes: estoy seguro, creo, puedo adivinar; probablemente, quizá, puede; porque, en consecuencia. El Cuadro 4.6 presenta actividades a través de las cuales los niños pueden explorar, discutir y utilizar el lenguaje de la probabilidad.

Cuadro 4.6. *Actividades que permiten que los niños tomen conciencia de los niveles de probabilidad*

Actividad	Posibles preguntas
• Reconstruye una herramienta, olla o plato roto con las partes que falten. Dibuja el posible original. El objeto puede romperse a propósito o utilizarse un fragmento auténtico. • (Foto)copia un objeto (antiguo) completo. Recórtalo formando un rompecabezas chino al que le falten piezas y pide a tu amigo que las junte de nuevo.	• ¿Qué forma te parece que tenía? ¿Por qué? ¿Quién crees que lo utilizó? ¿Cómo te parece que era la escritura / la pintura cuando la olla / el plato estaba completa / completo? • ¿Cuántas formas hay de rehacer el rompecabezas? ¿Por qué crees que ésta es la respuesta mejor?

(Continúa)

© Ediciones Morata, S. L.

Cuadro 4.6. *Actividades que permiten que los niños tomen conciencia de los niveles de probabilidad (Continuación)*

Actividad	Posibles preguntas
• Museo de clase. Recoged cosas viejas. Investigad, utilizando libros, preguntando a los adultos, haciendo suposiciones razonables acerca de lo que no pueda conocerse. Escribid etiquetas o una guía del museo, o haced una grabación magnetofónica.	• ¿Qué sabes de esto? ¿De qué está hecho? ¿Cuánto tiempo tiene? ¿Quién lo utilizó? ¿Para qué? ¿En qué hizo que cambiara su vida? ¿Hay otros?
• Una excavación de clase. Medid un metro cuadrado de suelo desigual. Ved qué encontráis. Medid y dibujad los hallazgos y ponedlos en una línea cronológica. Dibujad un plano para mostrar dónde se encontraron.	• Etiquetad los hallazgos. ¿Qué podéis deducir sobre las personas a las que pertenecieran? ¿Podéis descubrir más cosas? ¿Por qué fueron enterradas?
• Haced una maqueta estratificada en una pecera grande, enterrando algunos objetos cada día en estratos de tierra vegetal, arena, grava, etc. Poned encima una casa de muñecas.	• ¿Podéis crear cuentos en relación con cada grupo de personas que viviera en este "sitio" antes de que se construyera la casa de muñecas?
• Ampliad una fotografía: pegadla en un gran pliego de papel y dibujad lo que la cámara no recogió.	• ¿Por qué habéis añadido esto? ¿Por qué creéis que es seguro / probablemente cierto?
• Leed un extracto de una información de un periódico viejo que pueda interesar a los niños.	• ¿Por qué os parece que ocurrió esto?
• Participad en una excavación. HARRISON (1993) describe un proyecto de arqueología infantil en Battle Abbey, en el que los niños mezclaban colores para ajustarse a las sombras de la piedra, calcaban cosas de la pared, hacían dibujos directos de fragmentos de cerámica, medían paredes, puertas y llaves, decoraban losas y buscaban estratos y gárgolas.	• A partir de este fragmento, ¿puedes dibujar toda la cazuela? ¿Puedes dibujar el edificio cuando era nuevo? ¿Cómo se construyó? ¿Podéis hacer una obra de teatro sobre la construcción de la abadía?

CAPÍTULO V

Interpretaciones

Las descripciones del pasado de los historiadores pueden ser diferentes, aunque igualmente válidas, si se ciñen a lo que se sabe, si son razonables y si no hay pruebas contradictorias. Los historiadores construyen descripciones gracias a la selección e interpretación de fuentes que, a menudo, son incompletas. Las descripciones difieren, en primer lugar, porque reflejan los valores y las preocupaciones de las épocas en las que se escribieron. A los historiadores de la antigua Grecia y de la Roma imperial les preocupaban las visiones idealizadas de las gloriosas conquistas. A los victorianos les intrigaban los orígenes de la ley común y de los parlamentos. En el siglo XX, se hacía hincapié en las perspectivas de la "gente corriente" y, en los últimos tiempos, en el papel de las mujeres y en la historia no eurocéntrica. En segundo lugar, las descripciones varían según los intereses del escritor. Hoy día, la historia recoge todos los aspectos de la actividad humana: industria, religión, artes, literatura, folclore, grandes personalidades, acontecimientos clave y grupos y movimientos, estudios profundos y de amplias pinceladas. En tercer lugar, la historia se reescribe cuando se descubren nuevas pruebas.

También estamos rodeados por reconstrucciones del pasado, de diversas categorías, que no se deben a los historiadores: dramas históricos, novela histórica, parques temáticos y representaciones.

Nuestra visión del pasado es dinámica. Se reinterpreta constantemente, del mismo modo que siempre estamos reevaluando nuestras historias personales en el transcurso de nuestras vidas. La historia es polifacética; no es posible un marco, perspectiva o verdad sencilla. Por eso, es importante aprender historia, con el fin de adquirir una comprensión interrogante de valores y actitudes y de nuestro propio lugar en una sociedad cambiante (JENKINS, 1991).

Hay muchas maneras de que los niños pequeños puedan comenzar a aprender que existen diferentes interpretaciones del pasado. Ellos oyen versiones distintas de relatos situados en otras épocas. Sus familias tienen sus propias historias e ideas del pasado. Proceden de diferentes lugares de las Islas Británicas y del mundo; tienen distintos antecedentes sociales; están constituidas por hombres y por mujeres. Los niños pueden aprender a ser conscientes desde el primer momento de estas perspectivas, a construir sobre ellas y a evaluarlas, porque esto es la historia y ellos tienen que encontrar su lugar en ella. FRYER (1989) cita a Ayi Kwei Armah ("The Healers", 1979):

> El presente es donde nos perdemos
> Si olvidamos nuestro pasado y no tenemos
> Visión del futuro.

En la sección de Historia del *National Curriculum* para el primer ciclo de primaria, en *The National Curriculum for England and Wales* (DfEE/QCA, 1999a, pág. 104), se prevé que a los niños "se les enseñe a identificar distintas formas de representar el pasado". Como contextos, se sugieren cuadros, obras teatrales, películas, reconstrucciones del pasado, exposiciones museísticas, programas de televisión y relatos de ficción. Aunque a menudo se pase por alto (Ofsted, 1999; HARRISON, 2000), esta línea de pensamiento histórico es de vital importancia y su enseñanza puede resultar divertida. El aprendizaje de que el pasado se representa de distintas maneras constituye una protección contra la explotación de la historia, y es fundamental también para la comprensión de la naturaleza de la historia. Cualquier estudio del pasado llevará a una interpretación, pero ésta cambiará a medida que cambien las perspectivas y de acuerdo con la forma en que un período del pasado se represente en una etapa posterior. Más adelante, los niños aprenderán cómo y por qué difieren las descripciones de los historiadores si, desde el primer momento, se les dan oportunidades de: 1) concienciarse de las diferentes maneras de representar acontecimientos pasados, por ejemplo: pinturas, descripciones escritas, filmes, programas de televisión, obras dramáticas, canciones, reproducciones de objetos en museos, exposiciones en museos, y 2) distinguir entre diversas versiones de los acontecimientos, por ejemplo: distintas explicaciones de los alumnos de los mismos acontecimientos. Los niños aprenderán que los relatos pueden referirse a personajes reales o ficticios, que distintas reseñas del pasado presentan versiones diferentes de lo ocurrido.

Las interpretaciones de los acontecimientos y de la conducta y las distintas versiones de las historias forman parte de la vida cotidiana. Los niños pequeños pueden comenzar comentando versiones diversas de los acontecimientos de sus propias vidas ocurridos durante el día o la semana (descripciones diferentes de su experiencia compartida de la mañana, del concierto, de una pelea en el patio de recreo) antes de que consideren distintas descripciones de acontecimientos familiares, de la historia oral o de acontecimientos del pasado lejano. Después, los niños pueden pasar a descubrir diversos aspectos de las diferentes interpretaciones, examinando las reconstrucciones del pasado vigentes y construyendo sus propias versiones acerca de un lugar, acontecimiento o persona.

© Ediciones Morata, S. L.

Comparación de interpretaciones

Reconstrucciones físicas

Hay muchas oportunidades fascinantes de que los niños vean reconstrucciones de épocas pasadas. Están hechas con diferentes fines y tienen diversos niveles de validez. Las reconstrucciones museísticas "de verdad", por ejemplo, un refugio antiaéreo, una cocina romana o un lugar neolítico, o las réplicas de objetos conservados en los museos se basan en pruebas e investigaciones. Es fácil que susciten preguntas como: "¿Cómo lo sabían?" "¿Hay otros?" "¿Qué se siente cuando...?" Las reconstrucciones de sitios, casas, calles y lugares de trabajo, como la *West Stowe Anglo-Saxon Village** de Suffolk, la *Butser Iron Age Farm*** de Hampshire, el *Yorvik Viking Centre****, el *Ironbridge Gorge Museum* y la mina *Morwellham Quay Copper***** de Tavistock, en Devon, tienen una finalidad educativa y se basan en investigaciones académicas serias. Informan, pero también fomentan las preguntas, tanto a los niños como a los investigadores: ¿cómo saben lo que cultivaban las personas de la Edad del Hierro o cómo hacían sus casas los sajones? ¿Cómo conocen a qué olía una aldea vikinga? ¿Por qué creen que una sirvienta hablaría o vestiría así? ¿De verdad que las calles y el aire eran tan limpios? Las reconstrucciones de acontecimientos, realizadas ante todo con fines de entretenimiento, son, en diversos grados, auténticas. Las agendas del *National Trust* y la *English Heritage Events* enumeran demostraciones y puestas en escena de carácter histórico muy interesantes: obras teatrales de carácter folclórico o tradicional, torneos, festines, danzas, música, desfiles de soldados romanos, batallas de la guerra civil, demostraciones de tiro con arco y de cetrería.

Otras reconstrucciones tienen fines predominantemente comerciales: tiras de dibujos y películas de dibujos animados, como *Astérix* o *Los Picapiedra*, y filmes, como *Oliver* o *Robin Hood*. Los niños pequeños que hayan aprendido a preguntar: "¿por qué?" y "¿cómo lo sabemos?" pueden comen-

---

* Aldea anglosajona del siglo v d.C., excavada entre 1965 y 1972, ubicada en el parque natural *West Stowe* de Suffolk. *(N. del T.)*

** La *Butser Ancient Farm* es una réplica del tipo de explotación agrícola británica de la Edad del Hierro en torno al año 300 a.C. Fundada en 1972 y trasladada a su ubicación actual, en Bascomb Copse, en 1992, cuenta con edificaciones, estructuras, animales y cultivos similares a los de aquella época y sirve de laboratorio al aire libre para investigar los períodos de la Edad del Hierro y romano de Gran Bretaña, utilizando los procedimientos y materiales de aquellas épocas. *(N. del T.)*

*** El *Jorvik Viking Centre* de York se inauguró en abril de 1984. En este lugar, en el que se descubrieron los restos de Jorvik, asentamiento vikingo, se realizó una importante reconstrucción de la era vikinga, de acuerdo con los trabajos arqueológicos efectuados. En abril de 2001, se ha inaugurado la nueva reconstrucción de la ciudad de York en tiempos de los vikingos (siglo x). *(N. del T.)*

**** Antigua mina de cobre acondicionada para visitas turísticas, en la que los niños pueden imitar los trabajos mineros de épocas pasadas. *(N. del T.)*

© Ediciones Morata, S. L.

zar a discutir por qué se hacen las reconstrucciones, si las cosas pudiesen haber sido como aparecen en ellas, por qué, por qué no y por qué creen que podrían haber sido distintas.

Diferentes versiones de los relatos

Los relatos son importantes. Son tan fundamentales en la vida cotidiana como lo son para los historiadores. "Hay conflictos de personajes, gustos y aversiones naturales, amores y odios,..., los conflictos, las irracionalidades,..., las lealtades divididas, la complejidad de motivos,..., dramas y tragedias" (ROWSE, 1946, pág. 47).

Los niños pequeños se encuentran a gusto escuchando cuentos. Amplían su experiencia y sus conocimientos. Los cuentos afectan a su desarrollo intelectual, porque ellos no los escuchan de forma pasiva; les invitan a crear nuevos mundos con el poder de la imaginación. HOLDAWAY (1979) mostraba que los cuentos permiten a los niños escapar de los lazos del presente hacia el pasado y explorar las emociones, las intenciones, las conductas y los fines humanos. Los cuentos extienden las experiencias de primera mano del mundo, dando acceso a más experiencias de las que pueda tener cualquier persona durante toda su vida, extendiendo, por tanto, las percepciones del mundo.

Al escuchar cuentos sobre otras épocas, los niños se ven requeridos a reaccionar, confirmar, modificar o rechazar las ideas que ya poseen. El hecho de escuchar versiones diferentes de los cuentos, no sólo les ayuda a aprender cosas sobre tiempos, lugares y personas ajenos a su propia experiencia, sino también a comprender que no existe una única versión "correcta" del pasado. Las versiones alternativas de los cuentos pueden oponerse entre sí, unirse unas y otras o hacer que en la mente del que escucha se burlen una de otra (BRUNER, 1986, pág. 7). Representan modelos de nuestro entorno que llevamos en nuestra mente y que nos permiten redefinir constantemente nuestras visiones del mundo. Hasta hace muy poco, la única historia de muchas sociedades era la historia oral y, en algunas culturas, la tradición oral ha permanecido viva hasta la fecha. Una sociedad sin historia sería como una persona sin memoria; la tradición oral perpetúa relatos del pasado de un pueblo, los recuerdos populares, las creencias, los valores y los hábitos sociales compartidos. Sin embargo, a diferencia de la narración en un texto escrito, el relato de la tradición oral es efímero y elusivo, porque lo crea un narrador determinado, para un público concreto y en un lugar y un tiempo específicos. En consecuencia, los relatos cambian su forma en respuesta a públicos diferentes. PHILIP (1989) registró 20 variantes del cuento de "Cenicienta", que ilustran su evolución a través de los siglos, desde la China del siglo IX hasta la corte francesa del siglo XVII. Los niños también pueden comparar versiones del mismo relato contado en distintos idiomas: "La liebre y la tortuga", por ejemplo, en inglés, hindi, *gujarati* y turco (DUOLOUBAKAS, 1985).

© Ediciones Morata, S. L.

Anthony Enahoro describía así su experiencia de una tradición oral viva, como hijo de un maestro de escuela del África Occidental en la década de 1930:

> Las mujeres fueron siempre nuestras historiadoras. Cantando, dando vueltas, ahora una, después otra, ahora por partes, ahora al unísono, contaban lo ocurrido en los tiempos antiguos, antes de la llegada del hombre blanco, de la fundación del clan, de las guerras tribales, de las familias, de las grandes acciones de nuestros antepasados, en su pequeño mundo.

Contaba cómo:

> Estos niños pequeños de la enorme familia, que todavía no estaban dormidos, yacen en esteras, escuchando los relatos que cuentan las mujeres de la aldea. Esas narraciones podían ser saberes, mitos o historia popular, y esos temas han sido contados miles de veces en todas las familias de la subtribu *ishan* de los *binis*, desde tiempo inmemorial. Ésta era la historia de la tribu del clan, de la familia, transmitida de generación en generación, desde la época en que los *ishan* se asentaron en esa parte de Nigeria...
>
> (HUTTON, 1989, pág. 83.)

Las historias afro-occidentales analizan los problemas, así como las ventajas de la vida comunitaria y de la familia extensa; describen los edificios y el conjunto de la aldea familiar universal, una institución que ha existido en África Occidental desde tiempo inmemorial. OSOBA (1993) ha recogido cuentos y leyendas populares de su tradición oral en Edo, que mezclan hechos y ficción, y mantienen vivos y compartidos los valores y la historia del pueblo *bini*, que vive allí. En Tailandia y en Indonesia, mediante las sombras Nat Yai, se transmiten historias sobre la mitología religiosa de los pueblos, la sabiduría y los valores compartidos de la comunidad, sus explicaciones del mundo y de la conducta de las personas en él.

En la cultura oral de los nativos norteamericanos, los relatos hablan de los viajes nómadas, el ciclo del tiempo y el ritmo de las estaciones. Los relatos australianos se refieren a las pautas familiares, el gobierno y la organización tribal. Cuando, al fin, los relatos de la tradición oral se pusieron por escrito, se registraron varias versiones diferentes.

En Europa, la tradición oral se reduce a los "cuentos de fantasía", las historias de campesinos y amas, escritas en el siglo XIX por PERRAULT, los hermanos GRIMM y Hans ANDERSEN, por ejemplo. En consecuencia, la tradición oral europea entró a formar parte del entorno infantil por un accidente histórico. La comprensión que los niños tengan de la historia no puede evaluarse mediante los cuentos de fantasía porque se han separado de los acontecimientos reales y contienen elementos fantásticos. Sin embargo, las historias de fantasía presentan a los niños unas ideas y emociones perennes que están presentes en toda la tradición oral. El mal no se suprime, sino que es omnipresente, con la virtud, y a los niños se les ofrecen nuevas dimensiones de imaginación que no pueden descubrir por sí solos. Esas historias los ayudan a examinar la relación entre la fantasía y la realidad, a reconocer lo que es probable o posible y lo que no lo es, basándose en sus propias experiencias, y a buscar las causas de los acontecimientos y las razones de las conductas. Las historias de fantasía, por su procedencia de la tradición oral, también pueden ayudar a los niños a comprobar que hay más de una versión de un relato (véase un inteligente análisis de los cuentos de fantasía en: WARNER, 1994).

Versiones de los cuentos de fantasía

Algunos dirán que muchos cuentos de fantasía no son adecuados para los niños que empiezan a ir a la escuela porque todavía no son capaces de distinguir entre la realidad y la fantasía. Susan ISAACS (1930) creía que podían resultar nocivos para los menores de 7 años. Sin embargo, TUCKER (1981) sostiene que, en realidad, los relatos que sintonizan con formas de pensamiento que no son lógicas pueden ayudar a los niños a examinar las relaciones entre fantasía y realidad y, de ese modo, construir su confianza intelectual en sí mismos. Los relatos que explican los fenómenos naturales en términos de la intervención humana desde hace mucho tiempo reflejan los niveles piagetianos de pensamiento autista, en los que todo lo que existe en el universo está hecho para comodidad del hombre, y a la mayoría de las cosas del universo se le atribuyen pensamientos y sentimientos humanos. A menudo, en los cuentos de fantasía, aparece también el concepto piagetiano de la "justicia inmanente": el puente se rompió porque *sabía* que el niño que lo cruzaba había robado la manzana. Cuando escuchan relatos que reflejan esta etapa de pensamiento, los niños *prevén* el éxito del bueno y la condena del malo porque, en esta etapa, la visión del niño es subjetiva y se construye en torno a lo que cree que debe ser verdad en vez de en torno a lo que es. No obstante, los cuentos los estimulan para que comiencen a cuestionar y preguntar *por qué* ocurren las cosas tal como se producen. Applebee (TUCKER, 1981) descubrió que el 41% de los niños de 6 años tenían expectativas firmes sobre los personajes y preveían el resultado de las situaciones.

Los niños observan las deducciones que se hacen en los cuentos y estas deducciones se basan en análisis concretos y lógicos de las pruebas. Los niños se identifican también con los personajes que hacen deducciones en el relato basándose en su propio nivel de experiencia, tanto con quienes tienen el control de la situación como con los que *no* lo tienen. Por ejemplo, el cuento de *Los tres cerditos* ejemplifica el progreso del propio pensamiento infantil y los niños se identifican con los cerditos de acuerdo con su propio nivel de aprendizaje de la experiencia. Este proceso es interesante para quienes han llegado a este nivel de razonamiento inductivo y los que todavía no lo han alcanzado pueden comenzar a ver a qué se refiere. Así, los pequeños cabritos subieron a los pastos de las alturas *porque* la hierba era dulce; los cerditos se dieron cuenta de que era el lobo *por su áspera voz.*

© Ediciones Morata, S. L.

De este modo, se atraviesa poco a poco el puente entre la fantasía y la realidad. Applebee (Tucker, 1981, pág. 70) descubrió que, en torno a los 6 años, los niños creían que Cenicienta era real, aunque pocos suponían que podían visitarla, por estar muy alejada en el espacio o en el tiempo. Algunos cuentos reflejan este nivel intermedio de pensamiento. Los objetos inanimados no pueden hablar *siempre*; en algunos cuentos, sólo pueden hablar algunos animales. Un niño de 5 años puso de manifiesto este nivel intermedio cuando, al preguntarle si creía que *Juan y las habichuelas mágicas* era una historia real, dijo que pensaba que el gigante no era real porque sabía que no había gigantes, pero que pensaba que la madre de Juan era real ¡"porque mi mamá me habla así!"

Después de experimentar con distintos textos, una maestra descubrió que sus alumnos de 6 años mostraban mucha seguridad al clasificar libros en conjuntos de "realidad" y "fantasía": "Los libros de caballeros y armaduras son sobre lo que ocurrió hace mucho tiempo. *Willy the Wimp*, ése no es real. Los libros de caballeros y del coche de carreras son reales..." Como indica Meek (1988, pág. 18), no se puede dar una regla de antemano. Se aprende participando.

Cook (1969) sostenía la necesidad de reinterpretar los cuentos de fantasía para un público moderno. Desde entonces, han aparecido muchas "versiones modernas" que cuentan el mismo relato, pero con los roles de género invertidos: la princesa competente y combativa rescata al príncipe inútil y pasivo. En otras reinterpretaciones, el relato se narra desde el punto de vista del villano, o se cuenta lo esencial de la historia en un contexto moderno. A veces, se ilustra la versión tradicional con estilos distintos.

Shelley Moore, una alumna del PGCE, investigó la capacidad de su clase del último curso de educación infantil para separar dos versiones de un cuento para, de ese modo, distinguirlas y explicar las diferencias entre ellas. Estaba tratando de enseñar a sus alumnos de 4 y 5 años los rudimentos del pensamiento histórico de acuerdo con sus intereses. Primero, les leyó *The Pain and the Great One* (Blume, 1988), dos relatos de una jornada ordinaria contados desde el punto de vista de un niño y desde el de su hermana. Los alumnos mostraron, de forma espontánea, mucho interés. Parecía que empatizaban con uno o con ambos personajes y trataban de explicar cómo eran posibles dos interpretaciones contradictorias. A continuación, les leyó una versión tradicional de *Caperucita Roja* y una segunda versión, contada desde el punto de vista del lobo (*Little Red Riding Hood*, en Wilson, 1988). Cuando presentó la segunda narración, tuvo mucho cuidado al elegir sus expresiones, sin referirse a "un relato diferente" o a "otro cuento". Daba la sensación de que los niños se movían en dos niveles al mismo tiempo: en uno de ellos, reconocían que se trataba del mismo cuento, sobre el mismo lobo, contado desde dos puntos de vista, y, al mismo tiempo, pensaban que había dos lobos, un "lobo bueno" y un "lobo malo". Jordan dijo: "Él nos contó su propia historia, porque las dos eran diferentes", pero, más adelante, siguió diciendo: "Había un lobo en cada historia, un lobo bueno y un lobo malo".

© Ediciones Morata, S. L.

Al principio, también parecía que Brogan pensaba que el mismo lobo contaba su propia versión de la historia: "Creo que el lobo es bueno. No se la comió". Joanne explicaba la versión alternativa diciendo que había un lobo, que había mentido para crear la segunda versión, mientras que Lan elaboró un razonamiento alternativo, sofisticado: "Caperucita Roja estaba mintiendo: ella se inventó su historia". Después, Jordan hizo una observación asombrosa: "Podrían ser diferentes porque se cuentan de forma diferente". No obstante, a medida que se prolongaba el diálogo, se pusieron de manifiesto dos poderosas influencias que modificaron los frágiles intentos de los niños para explicar las dos versiones: primero, la intervención de la maestra; después, la presión del grupo de compañeros. En medio del diálogo, la maestra preguntó si creían que "el mismo lobo aparecía en los dos relatos". Al escuchar la grabación del diálogo, la maestra se convenció de que esta "pregunta sesgada" hizo que los niños desconfiaran de su razonamiento. Joanne y Brogan empezaron a hacer afirmaciones que contradecían sus razonamientos previos, aceptando la presencia de dos lobos diferentes. Discutieron el razonamiento de Lan acerca de que Caperucita Roja hubiera inventado su historia y Lan, quizá porque el inglés era su segunda lengua y se sentía incapaz de defender su punto de vista, cedió a la presión del grupo.

En una segunda sesión, la maestra intentó eliminar la presión del grupo hablando con los niños individualmente, y suprimir la influencia de la maestra haciendo preguntas abiertas. En esta sesión, confirmó su impresión original de que tanto Joanne como Jordan comprendían que habían escuchado dos versiones de los mismos acontecimientos. Ambos niños mostraron más seguridad en sí mismos y comenzaron a identificar motivos, buscar posibles razones de las distintas versiones y elaborar razonamientos.

Jordan: La historia era la misma porque la última era la real, porque el lobo no quería comérsela y la abuela mintió.
Joanne: El lobo no es malo. Yo creo al lobo. El lobo nos contó su propia historia. El lobo no quería comerse a la abuelita. Tenía hambre. La abuelita mintió.

Estos diálogos son un buen ejemplo de cómo una maestra perspicaz puede promover el razonamiento y el pensamiento complejo que a menudo tratan de clarificar y expresar los niños. Demuestran la importancia de las preguntas que ella hace, al influir en las expectativas, así como la presión del grupo de compañeros sobre el frágil razonamiento de los niños. Estos alumnos de 4 y 5 años se movían en dos niveles, pero uno de ellos era muy sofisticado y difícil de alcanzar. También revelan las limitaciones de la evaluación del pensamiento de los niños sobre la base de un ejemplo.

En una tercera sesión, Shelley Moore leyó a los niños una versión tradicional de *Los tres cerditos* y otra que estaba planteada con toda claridad como "la versión de los hechos del lobo" (SCIESCZKA, 1991). Quería ver si esta narración muy explícita facilitaba a los niños la comprensión de que se trataba de relatos diferentes de la misma historia. Resultó muy interesante el hecho de que Jordan comprendiera de nuevo inicialmente que eran dos versiones diferentes de los mismos acontecimientos y empezara a elaborar argumentos explicativos al respecto. Sin embargo, cuando Joanne insistió de nuevo en que había dos lobos, uno bueno y otro malo, otra vez comenzó a dudar y acabó diciendo: "No, sí, no sé,... no tengo ni idea". Esto parece reforzar la cuestión de que las diferencias cualitativas del pensamiento inferencial de los niños se producen poco a poco, a través de oportunidades constantes de razonar y dialogar en contextos diferentes.

Susan Jarvis, otra estudiante del PGCE, relató a su clase de 1.º el cuento tradicional de *Caperucita Roja,* leyéndoles después unas "entrevistas periodísticas" que ella había redactado, contando la historia desde el punto de vista de Caperucita (al principio, había asumido que la abuelita estaba en la cama), desde la perspectiva de la abuelita (el lobo la encerró en el armario) y la historia del lobo (él había entrado buscando una aspirina porque tenía dolor de cabeza, quedándose luego dormido en la cama). Los niños pudieron seleccionar una de estas historias y hacer un dibujo con su leyenda correspondiente. La mayoría de las niñas se identificó con Caperucita Roja porque "les gustaba su capa"; Jamie concluyó que la historia de la abuelita tenía que ser cierta porque "las abuelitas no dicen mentiras". Pero el diálogo de los niños sobre sus dibujos puso de manifiesto que comprendían que había tres explicaciones de la historia.

El estudio del caso de Claire Turnbull ilustra la considerable diferencia entre los grupos de niños de 4 y 5 años antes descritos y su grupo de niños de 7 años, en cuanto a su capacidad de distinguir entre la fantasía y la realidad y de comprender que puede haber diversas versiones de un cuento de fantasía.

Los niños de 7 años decían que, cuando eran "bebés", probablemente pensaran que los cuentos de fantasía eran reales, pero que ahora sabían que se habían inventado hacía mucho tiempo. Los contrastaban con las historias verdaderas y los cuentos con moraleja, como los que contó el policía que los había visitado. Manifestaban unas ideas muy sofisticadas acerca de lo que se entiende por real y por fantasía. Ryan decía que le gustaban las historias de fantasía porque "son *más* reales que la vida misma. Se refieren a cosas realmente importantes". Pensaban que *Prince Cinders** (COLE, 1987) *no* era como la vida real "porque era moderno".

Los niños de 7 años no tenían dificultad para extraer el tema moral común a las diferentes versiones de una historia y pensaban que la moraleja es la razón por la que a la gente le gustan los cuentos. En el relato que les habían leído, Ryan definía la moraleja de este modo: "Nunca mangonees a otras personas y las obligues a hacer todo el trabajo". Jason dijo que el cuento significaba: "no seas cruel". Y Laura añadió: "No seas cruel porque, probablemente, te lo devuelvan".

---

* Trad. cast.: *El príncipe ceniciento,* Barcelona, Destino, 1998, 4.ª ed., una especie de versión moderna de "La cenicienta" cuyo personaje protagonista es un hombre. (*N. del T.*)

Al haber podido extraer el tema común a las distintas versiones, los niños también pudieron comprender las diferencias entre éstas. *Prince Cinders* no es igual que el cuento tradicional de "La Cenicienta" porque: "Habla de un hombre y no de una chica". A Laura le gustaba *The Paper Bag Princess** (Munsch, 1988), que no es una versión de ningún cuento en particular, pero difiere del género tradicional porque la princesa *se enfrenta* con el dragón. "Normalmente, en los libros que leo, cuando capturan a alguien, siempre es a la chica", decía. Sin embargo, cuando la adaptación era más sutil, como en la versión de *Caperucita Roja* de los hermanos Grimm (en la que muere el lobo) y en la de Ross (1991) (en la que el lobo se arrepiente, el leñador "fuma tranquilo", la abuelita bebe una cerveza negra y Caperucita va en bicicleta), parecía que los niños no se daban cuenta de los detalles de la versión moderna; lo que consideraban importante era el mantenimiento de una línea narrativa similar.

Mitos, leyendas y cuentos populares

La distinción entre mitos, leyendas y cuentos populares no es clara. El *Oxford English Dictionary* define el mito como una narración puramente ficticia, en la que intervienen personas, acciones o acontecimientos sobrenaturales y que asume alguna idea popular relativa a fenómenos naturales o históricos. Las leyendas dependen más de los recuerdos populares de acontecimientos ocurridos en realidad, aunque hay evidentes solapamientos. En épocas medievales, las leyendas eran las vidas de los santos, pero, más tarde, llegaron a incluir también narraciones, historias o descripciones que no eran auténticas pero habían sido transmitidas por tradición desde épocas muy antiguas y se consideraban reales. En consecuencia, son cuentos folclóricos; el *Oxford English Dictionary* define *folk* como "pueblo", "nación" o "tribu"**.

Cuando los niños son capaces de distinguir entre lo que puede ser real y lo que es fantástico en los cuentos de fantasía, se enfrentan al nuevo reto de comprender el complejo papel doble de la fantasía y la realidad en los mitos,

---

* Cuento de Robert N. Munsch, no traducido, en el que la princesa Elizabeth va a casarse con el príncipe Roland cuando un dragón ataca el castillo, quema con su aliento todas las ropas del palacio y secuestra al príncipe. Elizabeth se pone lo único que encuentra —una bolsa de papel—, busca al dragón, lo burla de manera ingeniosa y rescata al príncipe, todavía lujosamente vestido, que pone el grito en el cielo al ver su atuendo y la suciedad que la cubre. Elizabeth le responde diciendo que él es un príncipe de muy buen ver, pero completamente inútil y, como es lógico, no se casan. (*N. del T.*)

** El *Diccionario de la R.A.E.* da las siguientes acepciones de *folclórico*: "Perteneciente o relativo al folclore. Dicho de costumbres, canciones, bailes, etc., y de sus intérpretes: De carácter tradicional y popular. Persona que se dedica al cante flamenco o aflamencado", y de *folclore*: "Conjunto de creencias, costumbres, artesanías, etc., tradicionales de un pueblo". No obstante, por regla general, traducimos *folk tales* como "cuentos populares" porque evita la ambigüedad a la que pudiera conducir la tercera acepción de *folclórico*. (*N. del T.*)

leyendas y cuentos populares. Estos relatos no se crearon con destino a los niños pequeños, pero son importantes para los niños ya familiarizados con los cuentos de fantasía. En primer lugar, están llenos de metáforas, símbolos, imágenes y connotaciones que manifiestan la interacción compleja entre la "simulación" y la realidad. BRUNER (1989) decía que esos relatos dan la oportunidad de reconciliar la realidad de "aquí y ahora" con la realidad de la imaginación. En segundo lugar, los mitos y las leyendas ayudan a los niños a mirar hacia afuera, a valorar las diferencias entre la actualidad y las épocas pasadas y entre diferentes sociedades del pasado. Aprenden nuevas formas de pensar sobre el mundo, a cambiar de perspectiva y, como dice BOOTH (1985), "probarse otras tallas de vida". Al cuestionar los relatos tradicionales y tratar de resolver problemas, los niños aprenden a especular y elaborar hipótesis sobre las conductas y las creencias. En tercer lugar, los mitos y cuentos populares de África, el Caribe, India y China tienen la mayor importancia para los niños que carecen de experiencia de la diversidad cultural y étnica, porque les abren los ojos a valores y actitudes diferentes de los suyos propios (KLEIN, 1989).

Por último, los mitos, en particular, son importantes porque se enfrentan a las grandes cuestiones de la existencia: la vida y la muerte, lo posterior a la vida y otros mundos. Con frecuencia, se ocupan de la moralidad y de la relación entre lo sobrenatural y la vida diaria.

Es posible que haya que cuestionar los mitos, las leyendas y los cuentos populares y ello puede llevar a los niños a entablar una discusión sobre versiones alternativas de los relatos. En primer lugar, como están enraizados en la tradición oral, hay a menudo más de una versión de un relato: de un mito griego o de los relatos de la creación en distintas culturas, por ejemplo. En segundo lugar, con frecuencia, los cuentos populares de distintas culturas tienen un tema común. Esto puede deberse a la comunicación entre sociedades. ESOPO recogió en griego las alegorías sobre chacales y leones que pertenecían a su propia cultura africana*, y son muy conocidas en el Caribe y en Gran Bretaña diversas versiones de los relatos de Anansi** de África Occidental. En otros casos, no existe un vínculo conocido entre los lugares. La idea de que el conocimiento del nombre de una persona da poder sobre ella aparece en relatos del desierto de Kalajari, de los indios norteamericanos, los vikingos, en la Gran Bretaña céltica y en Alemania. En tercer lugar, a menudo, los cuentos populares aparecen en libros bilingües (o en el idioma del país del que proviene el relato). Si un niño lo explica en un idioma y otro lo cuenta en otra lengua, tendremos dos versiones del relato que pueden comentarse.

---

* La autora asume el origen africano de ESOPO. No obstante, la diversidad de orígenes atribuidos al fabulista es grande: Samos (Heródoto), Frigia (Planudes), Tracia, Sardes, etc. (*N. del T.*)

** *Anansi* es una palabra *akan*, que hablan los *fante-asante*, de África Occidental, y significa "araña". Aunque el nombre es común, se escribe con mayúsculas porque, en los relatos, aparece como nombre del protagonista. (*N. del T.*)

© Ediciones Morata, S. L.

Más importante aún es el hecho de que los cuentos populares, al trasmitirse por tradición oral, evolucionaron en torno a los conceptos organizadores clave que subyacen en el centro de todas las sociedades. Tratan de los valores y las creencias: el heroísmo, la compasión, el sacrificio de sí mismo, el coraje de los celos, la traición, el castigo duro y justo, los relatos de creación y la fuerza espiritual. Describen la estructura social: los reyes, los príncipes, los herreros, los sastres y los campesinos pueden, en ocasiones, cambiar de categoría social, pero el rango en sí no se cuestiona. Se ocupan de la agricultura y de los sistemas económicos; los mercados de África Occidental están llenos de batatas, mandioca y maíz tierno, y en Europa hay nabos, patatas, vacas y cerdos. Los relatos hablan de las amenazas que para la sociedad encierran el viento, el fuego y las inundaciones. Se refieren a los viajes, los sistemas de comunicación, por mar y por tierra. Estos conceptos organizadores centrales —valores y creencias, estructura social, sistemas económicos y de comunicaciones— constituyen un marco de referencia. En este entorno conceptual, los niños pueden comparar semejanzas y diferencias entre sociedades. ¿En todas hay ricos y pobres, jefes y súbditos? ¿En todas se cultivan cosas, se hacen cosas, y se compran y se venden? ¿En todas las sociedades hay personas astutas, personas celosas, personas compasivas? ¿Todas tienen esperanzas, miedos, dioses? ¿En qué se diferencian sus normas, las cosas que cultivan y hacen y en su vida diaria?

Los mitos, las leyendas y los cuentos populares dan oportunidad para comparar diferentes versiones de una historia o temas similares de relatos de distintas culturas. Proporcionan un marco de referencia en el que ver las semejanzas (y diferencias) de actitudes, valores y conductas, de los sistemas económicos y sociales, de distintas sociedades. Por ejemplo, *"King March's Secret"** (History Box, *National Language Unit of Wales*, véase pág. 218) es la versión galesa de Midas y sus orejas de burro. Las sociedades folclóricas han recogido diferentes versiones de los mismos cuentos populares. Por ejemplo, la *Folklore Society* de la *School of Scottish Studies* de la *University of Edinburgh* y la *Nigerian Folk Lore Society*, de Ibadan, publican versiones de mitos, leyendas y cuentos populares para uso de los maestros.

Virginia Hunt, una alumna de magisterio en prácticas, investigó el razonamiento de un grupo de niños de 1.º, mientras comentaban si los mitos, leyendas y otros relatos que ella les leía eran reales y de qué manera. Todos pensaban que *The Turtle and the Island*, un mito de la creación de Papúa (Nueva Guinea, KER WILSON, 1990)**, era inventado, salvo Ayodele, que creía que podía ser real porque Papúa (Nueva Guinea) estaba en el globo y "por tanto, es un lugar auténtico, por lo que puedes ir allí y ver la tortuga, ¡pero no cojas cangrejos rojos"! Pero Theodore dijo que los cangrejos rojos "y los otros colores", mostraban que el relato no era real. Apoyaba su razonamiento añadien-

---

* Cuento popular galés. (*N. del T.*)

** *The Turtle and the Island* ("La tortuga y la isla") cuenta que "la madre de todas las tortugas marinas", cansada de nadar, se dedicó a apilar rocas y arena hasta formar la isla de Nueva Guinea. Tras ello, fue trasladando a la isla a las personas que llevaba sobre ella. (*N. del T.*)

do que él había visto una tortuga en Granada "y no podía llevar a una mujer ni hacer una isla". Shelley aceptó esto y añadió que, "si estaba cansada, la concha podría romperse y la persona se caería". Estos niños de 5 años razonaban con lógica, basándose en sus propias experiencias y conocimientos, y escuchaban los puntos de vista de los otros, considerándolos y desarrollándolos. Utilizaron razonamientos similares al comentar si *Joseph and His Magnificent Coat of Colours* (WILLIAMS, 1992) era una historia auténtica. Shelley dijo que creía que no era cierta por los colores de las pirámides y los árboles, "por lo que debe ser inventada". Sin embargo, reconocía la sutil distinción de que Egipto era un lugar auténtico porque lo había visto en la televisión y que esa parte del relato sería probablemente sobre Egipto, porque "hablaba del Nilo". En consecuencia, también era probable que Canaán, mencionado asimismo en la historia, fuese un lugar real. Aaron y Ayodele decidieron, basándose en su propia experiencia, que la parte sobre los hermanos de José no podía ser cierta porque unos hermanos no podían ser tan terribles con otros.

De nuevo, los niños volvieron a hacer distinciones razonadas sobre las diversas partes de *Bill and Pete Go Down the Nile** (DE PAOLO, 1988) que podían ser reales y las que creían que no podían serlo. Aaron sabía que "la esfinge y las pirámides son de verdad", porque las había visto en la televisión y en ilustraciones, "por lo que probablemente *podrías* verlas en un museo". Theodore estaba de acuerdo; había aprendido cosas sobre las esfinges gracias a su mamá. Así, como concluyó Ayodele, "esas partes son sobre cosas reales, ¡pero los cocodrilos y los pájaros no pueden hablar"!

En general, estuvieron de acuerdo en que *Princess Victoria* (MITCHELHILL, 1991) era "cierta" y los niños explicaron por qué. Ayodele había visto un cuadro de la reina Victoria que se parecía al del libro y había estado en un museo sobre la reina Victoria; creía que era el "Victoria Museum". También se había dado cuenta de la palabra "historia" que figuraba en la portada: "¿Significa eso que ocurrió hace mucho tiempo?" Shelley creía que se podrían descubrir más cosas acerca de si lo que aparecía en los cuadros era "verdadero" "yendo a una tienda de estilo antiguo en la que tenían cosas de épocas antiguas".

Estos niños de 1.º eran capaces de distinguir entre grados de probabilidad en diferentes aspectos de cada relato y en diversos tipos de historias. Apoyaban sus puntos de vista con argumentos basados en los conocimientos y experiencias que tenían y de escuchar, aprobar o desaprobar los razonamientos de los demás.

---

* En este cuento, secuela de otro anterior —*Bill and Pete*—, que presenta a los personajes: el cocodrilo William Everett y el avefría Pete, los protagonistas participan en un viaje escolar por el Nilo. Mientras visitan un museo, impiden que un ladrón de joyas robe el sagrado Ojo de Isis. *(N. del T.)*

© Ediciones Morata, S. L.

Diferentes versiones de relatos en imágenes y objetos

BARNES (1993) demostró cómo ayuda a los niños del primer ciclo de primaria a comentar distintas interpretaciones, atendiendo a diferentes representaciones de fiestas cristianas y de santos cristianos. Su seminario para maestros tuvo lugar en las salas medievales del *Victoria and Albert Museum*, pero también lleva a sus alumnos a la catedral de Canterbury. Muchos niños ya conocen los relatos de la Natividad y la Crucifixión y pueden buscar las diferentes imágenes que los representan. También se les pueden contar relatos sobre san Jorge y otros santos cristianos, de manera que se familiaricen y aprendan los símbolos asociados con ellos en las imágenes medievales. Por ejemplo:

- San Miguel tiene alas, un escudo y un dragón.
- San Juan es joven y no tiene barba, con un libro.
- San Pedro tiene barba, un libro y las llaves del Cielo.
- María, madre de Jesús, tiene una aureola, la cabeza cubierta, vestidos largos y un bebé.

Cuando llegan al museo o a la catedral, los niños pueden comprobar cuántas imágenes diferentes encuentran de la Natividad o cuántos ejemplos contemplan del santo escogido por ellos. Después, pueden comparar las diferentes posturas y medios utilizados para presentar la escena o el santo que descubren. En el *Victoria and Albert Museum* hay ejemplares de madera, piedra, marfil, metal, vidrieras y bordados. El dibujo minucioso, utilizando el "visor" (un cartoncillo en el que se ha recortado un agujero rectangular) para aislar el ejemplo escogido, anima a los niños a mirar con detenimiento los detalles. De vuelta en la escuela, los alumnos pueden comentar las semejanzas y diferencias. Con niños muy pequeños, es mejor seleccionar sólo dos ejemplos, como un retablo tallado y una vidriera.

Los alumnos mayores pueden anotar las fechas de sus imágenes y el lugar de donde proceden. En la escuela, podrán exponerlas en orden cronológico y buscar los lugares en un mapa. Esto les ayudará a reconocer y explicar las diferencias entre estilos y períodos, entre la austeridad del medievo primitivo, el estilo bizantino y el barroco (aunque no utilicen esa terminología).

En la Europa medieval, unas imágenes convincentes de metal, marfil, vidrio, madera y piedra servían para enseñar al pueblo los Evangelios y las vidas de los santos. Estos elementos pertenecían a la tradición oral. Por eso, distintas imágenes cuentan relatos diferentes y lo hacen de diversas maneras. Al recoger distintos ejemplos de dragones, de la Natividad o de un santo concreto, los niños se conciencian de la existencia de muchas versiones del mismo relato. Esto los estimula a comenzar a hacer preguntas que los ayuden a comprender las complejas relaciones entre la fantasía, la realidad y el simbolismo; empezarán a comentar si los personajes pueden ser reales o ficticios y a tomar conciencia de las diferencias entre un dato y un punto de vista. En las salas medievales y chinas del *Victoria and Albert Museum*, hay muchos dragones; ¿quiere decir esto que existen los dragones? ¿Es probable que este relato sea cierto? ¿Los santos de los Evangelios eran blancos? ¿Por qué se representan como blancos?

Diferentes versiones de relatos en cómics

A los niños les gustan mucho los relatos en forma de cómic, que pueden ser tan importantes para aprender historia como lo son en el proceso de la lectura. Son interesantes para leer porque su lectura resulta fácil. Se puede leer el relato con las voces que aparecen en los bocadillos. Permiten a los niños escoger estilos de lectura. Hacen que la experiencia lectora sea significativa y tenga una finalidad. Chris, un niño de 7 años, decía a propósito de un cómic de *"Maid Marion and the Merry Men"**: "Me gusta la manera en que puedes ver al escritor... su mano con su pluma... y salen de los cuadros cuando escapan con el caballero". Le gustaba el humor y el color. Los cómics son importantes porque no dependen del adulto para reforzar el significado.

Esos cómics también pueden ser importantes para iniciar la historia, para ayudar a los niños a comprender que hay versiones claramente diferentes de los relatos y que no todas tienen la misma categoría. Chris utilizaba la expresión "de verdad" para demostrar que se daba cuenta de la diferencia de categoría y del nivel de aceptabilidad de los cómics y de los libros "de verdad": "La gente no es rica. En el relato *de verdad*, ¡no come *todo eso*!" MEEK (1988, pág. 27) cree que se corre el peligro de que, si se enseña a los niños a prestar atención sólo a las palabras de los libros, "se pase por alto este tipo especial de multiconciencia, que parece muy natural en la infancia, aunque se aprende en el ámbito de la cultura y de manera específica".

El comentario de las leyendas de un libro humorístico de cómics, como *The Normans are Coming; The Truth About 1066* (CLEMENTS, 1987)**, puede contribuir, de manera divertida, a que los niños mayores descubran que los relatos de un período pueden escribirse a través de las anacrónicas lentes de otra época. Los normandos, pintados al estilo de la tapicería de Bayeux***, ¡se refrescan con *frogburgers***** y sorbetes de caracol en el bar de William en Hastings! Sin duda, *The Truth About Castles** (CLEMENTS, 1988) combina

---

* Son los inseparables de Robin Hood: "Lady Marian" y sus compañeros. *(N. del T.)*

** La traducción sería algo así como: "¡Que vienen los normandos! La verdad sobre 1066". El 14 de octubre de 1066 tuvo lugar la batalla de Hastings, en la que se enfrentaron Harold II de Inglaterra y el duque William de Normandía, en la que éste se alzó con la victoria, conquistando el trono de Inglaterra. *(N. del T.)*

*** La llamada "tapicería de Bayeux", que, en realidad, no es tal, sino ocho enormes piezas de lino bordadas y unidas, que miden en total unos 70 m de largo por 0,5 m de ancho, fue encargada, al parecer, por el obispo Odo, hermanastro de William, y confeccionada, probablemente, en Inglaterra no mucho después de la batalla de Hastings. En su forma, se asemeja a los manuscritos anglosajones. *(N. del T.)*

**** La palabra *frog* significa "rana". En consecuencia, la *frogburger* es una "hamburguesa de rana" (viva, por supuesto). *(N. del T.)*

© Ediciones Morata, S. L.

gran cantidad de información gráfica y concreta acerca de la forma de construir y defender los castillos y sobre la vida de las personas que habitaban en ellos con bocadillos humorísticos; éste se presta a una fantástica comparación con las imágenes de la vida en un castillo de *Sir Gawain and the Loathly Lady*** (HASTINGS, 1992), que está ilustrado con ricas, elegantes y detalladas pinturas de estilo prerrafaelista.

Comparar interpretaciones de ilustraciones

Es importante ayudar a los niños a explicar de qué modo las distintas ilustraciones pueden expresar diferentes ideas y sentimientos acerca de un relato. A ellos les gusta mucho hablar de lo que significa una ilustración y vuelven una y otra vez a sus imágenes favoritas, buscando detalles y construyendo y reconstruyendo significados (DOONAN, 1993). Con el fin de explicar por qué distintas imágenes manifiestan ideas y sentimientos diferentes, los niños tienen que hablar de cómo el color, la forma, la composición, la escala, el dibujo y el ritmo de las líneas transmiten distintos sentimientos. También pueden empezar a comprender que los estilos cambian con la sociedad y con la tecnología, y que reflejan los valores sociales. Las ilustraciones del siglo XIX de los libros infantiles de historia son diferentes de las de principios del siglo XX y de las que aparecen en los textos modernos.

Diferentes versiones de relatos sobre personas reales

En cumplimiento de los requisitos de *History in the National Curriculum* (DES, 1991), acerca de que los niños deben adquirir conocimientos sobre hombres, mujeres y acontecimientos famosos, se han publicado relatos para niños pequeños sobre personas reales (SHUTER y REYNOLDSON, 1991; BLYTH y cols., 1991). Sin embargo, resulta dudoso que unas historias sobre acontecimientos complejos, contadas en un lenguaje necesariamente sencillo, sean tan adecuados para los niños pequeños como los relatos sobre la vida de personas "corrientes".

En el *Women's History Network Key Stage 1 Biography Project* (véase la

---

* "La verdad sobre los castillos". *(N. del T.)*
** Trad. cast.: *Sir Gawin y la abominable dama,* Madrid, Altea, 1992, 5.ª ed. La leyenda de Sir Gawain sobrino del rey Arturo. En la tradición inglesa, es un modelo de caballero y prototipo de héroe que, en realidad, fue uno de los caballeros del rey Eduardo. En *Sir Gawain and the Loathly Lady,* el rey Arturo se encuentra en el bosque con un extraño caballero que le reta a que responda correctamente la pregunta que le hace o, de lo contrario, perderá su reino. Tras pedir a diversas personas que le faciliten la respuesta correcta, una mujer horrenda y desfigurada —la *Loathly Lady*— se la ofrece. Por ello, el rey le promete darle lo que le pida y ella le dice que sólo desea casarse con uno de los caballeros del reino. Sir Gawain se presta a ello y, con el matrimonio, rompe el hechizo que pesaba sobre la dama. El argumento es uno de los más populares de la Baja Edad Media inglesa. *(N. del T.)*

página 247), han participado maestras que han investigado las biografías de mujeres muy conocidas, que permiten más de una interpretación y se han puesto a prueba con niños del primer ciclo de primaria.

La biografía de Mary Anning, por ejemplo, ha suscitado algunas cuestiones muy interesantes sobre la forma en que se ha presentado. Se la recuerda por los descubrimientos de fósiles que hiciera de niña, a principios del siglo XIX, mientras jugaba en la playa de Lyme Regis. Parece que los relatos de las hazañas de su infancia son falsos, mientras que sus auténticos logros de adulta han sido gravemente infravalorados.

Relatos de ficción situados en el pasado

Muchos relatos siguen los cambios de la vida familiar a lo largo de generaciones. *Minnie and Ginger* (SMITH, 1990) cuenta, con hermosas ilustraciones, la vida de Minnie, que comenzó como ayudante de sombrerera, y la de Ginger, que trabajaba en una fábrica de jabón, y cómo se casaron antes de que Ginger fuera llamado a filas, luchara y sobreviviera a la Gran Guerra. *Timothy's Teddy* (HARRISON, 1992) describe la vida de Teddy durante dos generaciones; los recuerdos del bisabuelo se tratan de manera humorística en *My Great Grandpa* (WADDELL y MANSELL, 1991), y el *Granpa* de BURNINGHAM (1984) interpreta simultáneamente las ideas a través de los ojos de una niña pequeña y su abuelo:

> "Si pesco un pez, podemos tomarlo para cenar".
> "¿Y si pescas una ballena, abuelo?"

Al final, nos queda la butaca vacía. La vida y la muerte de otro abuelo se relata con gran sensibilidad en *Grandpa's Slide Show* (GOULD, 1990). Parece que las abuelas son bendecidas con una longevidad mayor. *When I Was Little* (WILLIAMS, 1991) cuenta, en unas hermosas, humorísticas y detalladas tiras de cómic, con bocadillos que detallan la conversación, los recuerdos agradables que la abuelita tiene de su infancia, cuando "los helados sabían a crema" y "los bebés no lloraban nunca".

Esos relatos son una forma maravillosa de concienciar a los niños de los cambios que se producen con el tiempo, en la memoria viva de sus vidas y familias. Esto puede llevar a investigar las vidas de sus abuelos y bisabuelos y a descubrir que hay muchas versiones del pasado.

Los niños pueden hacer sus propios libros sobre su osito o su abuelo o sobre cuando el abuelito o una persona anciana vaya a visitarlos y comparar después esos textos. La abuela, el abuelo o amigos ancianos podrían ayudar a realizar dibujos para las páginas "Nosotros no tuvimos estas cosas" y "Nosotros tuvimos estas cosas".

Los niños pueden clasificar párrafos escritos en fichas acerca de relatos de la abuelita que puedan ser ciertos y otros que no puedan serlo: "hacíamos sumas en la pizarra"; "el sol lucía siempre". Es posible hacer toda clase de extensiones transcurriculares: Ciencias: ¿Cuántos días llueve en *este* verano o nieva en *este* invierno? ¿Cuánto *duran* los pirulíes? ¿Cuándo llegó el primer hombre a la Luna? Ordenar materiales: la abuelita no tenía éstos, pero sí tenía estos otros. Matemáticas: "Andábamos cuatro millas para ir a la escuela". ¿Es cierto esto? ¿A qué distancia está esto? ¿Hacemos nuestras sumas de forma distinta a como lo hacía la abuela? ¿Cuánto tenemos que andar? Geografía: ¿Qué alimentos tenemos nosotros que no tuviera la abuelita? ¿Por qué?

La construcción de interpretaciones del pasado

Los niños pueden empezar a aprender cómo y por qué difieren las interpretaciones del pasado construyendo sus propios relatos. Pueden hacerlo jugando, con juegos de "simulación", haciendo maquetas y dibujando, así como contando y escribiendo relatos. Sus interpretaciones deben basarse en pruebas, en lo que se conoce. Esto puede aprenderse a través de una narración o de la visita a un emplazamiento histórico. "*Story-telling at Historic Sites*" (véase la entrada: *English Heritage*, en la pág. 246) es una selección de mitos, leyendas y cuentos populares grabados en cinta magnetofónica, que están relacionados con los emplazamientos. Pueden estimularse las interpretaciones de los niños mediante la visita a un museo o la reconstrucción en vivo de la historia, comentando objetos o cuadros o hablando con personas ancianas. No obstante, en las reconstrucciones de los niños muy pequeños, habrá que insistir más en la imaginación que en las pruebas. Su imaginación contendrá más fantasía que validez histórica, si interpretamos la validez como concordancia con lo que se sabe acerca del período de que se trate (LEE, 1984; SHEMILT, 1984), porque son inmaduros y sus conocimientos son limitados.

Sin embargo, es importante que, desde el primer momento, los niños tengan oportunidad de desarrollar su imaginación acerca de las épocas pasadas. A medida que crecen y aumentan sus conocimientos, pueden dedicarse más a descubrir lo que se conoce. Mediante el procedimiento de hacer diversas suposiciones sobre el pasado, los niños pueden adquirir, poco a poco, con una madurez cada vez mayor, una imaginación histórica válida. Esto puede llevar, más adelante, a la consecución de la empatía histórica, a comprender de un modo coherente que las personas del pasado pueden haber pensado, sentido y haberse comportado de forma distinta a la nuestra, a causa de sus diferentes bases de conocimientos y las diversas limitaciones sociales, económicas y políticas de las sociedades en las que vivían (COOPER, 1992, página 137). La generación de hipótesis cultiva muchas perspectivas y mundos posibles que satisfagan los requisitos de tales perspectivas. Este proceso se sitúa desde el principio en el centro de la historia. El objetivo final es que las hipótesis sean "verdaderas para la experiencia concebible: que tengan verosimilitud" (BRUNER, 1986, pág. 52).

© Ediciones Morata, S. L.

Construcción de interpretaciones mediante el juego de representación

Los niños necesitan explorar, por medio del juego, el mundo en el que viven y su relación con él. Sin embargo, para que el juego se valore y se justifique en la escuela como un elemento central para la educación, tenemos que aclarar cómo puede relacionarse, de manera embrionaria, con las disciplinas que constituyen un currículum amplio, y articular el papel del maestro en su contribución a ese juego. Tough (1976, pág. 79) creía que el juego imaginativo permite a los niños pensar en sentido histórico. O'Toole (1992) demostró que, en contextos históricos, los maestros pueden desarrollar el modelo de Dorothy Heathcote de encuadre a distancia.

En primer lugar, consideraremos cómo puede desarrollarse el pensamiento histórico a través del juego y por qué el juego es una forma importante de presentar la historia a los pequeños; después, consideraremos la función del maestro en la interpretación, la observación, la estructuración y la extensión de ese juego.

El pensamiento histórico puede desarrollarse a través del juego en relación con las personas, lugares, acontecimientos y relatos del pasado, porque ese juego supone hacer inferencias sobre cómo se utilizaban los objetos (una vela, un antiguo rodillo, el arco y la flecha), y cómo influían en la vida de la gente. Esto requiere considerar en qué pueda haber sido diferente el pasado del presente (en las cosas que hacían las personas, su forma de vestir, las situaciones en las que se encontraban); conlleva construir y explicar secuencias de acontecimientos y las razones de las acciones. Mediante ese juego, los niños explorarán la diferencia entre lo que se conoce, lo que puede suponerse y lo que no se conocerá; descubren que los relatos pueden versar sobre personajes reales o ficticios y que es fácil que existan diferentes versiones de lo ocurrido.

El juego es una forma excelente de presentar la historia a los niños. *En primer lugar,* les ayuda a dar sentido a lo que han aprendido, a explorarlo y desarrollarlo y a integrarlo con lo que ya saben. Antes de que puedan utilizarse los nuevos conocimientos, hay que integrarlos en el conocimiento existente y, para los niños pequeños, puede ser difícil asimilar la información "impersonal". Los relatos sobre el pasado tienen una estructura que los niños pueden reinventar en el juego, recreando e interiorizando así sus significados. *En segundo lugar,* el juego permite explorar a los alumnos los límites entre la imaginación y la realidad que, en todo caso, resultan borrosos para los niños pequeños. Esto es particularmente cierto en la historia, que se ocupa de reconstruir, partiendo de indicios incompletos, una realidad del pasado que ya no existe. En el juego, los niños son capaces de vivir en varios mundos a la vez, el cotidiano y el imaginario. Al recrear los mitos, leyendas y relatos del pasado, pueden explorar y especular; preguntarse qué ocurriría si... "Mediante la metáfora, las sillas y las mesas pueden convertirse en montañas y cuevas y un niño pequeño puede transformarse en un poderoso aventurero" (Bearne, 1992, pág. 147). A los niños les resulta difícil manejar información abstracta, pero, en el juego, pueden pasar de lo anecdótico a la formula-

© Ediciones Morata, S. L.

ción de hipótesis. *En tercer lugar,* el juego les permitirá rechazar lo que no puedan interiorizar y a lo que no puedan dar sentido. Rosen y Rosen (1973) creían que el deslizamiento del pensamiento de la realidad a la fantasía puede ser una fase intelectual, o bien un instrumento para cortar en seco cuando la información dada por los adultos sea inadecuada o inaceptable. Chukovsky (1968) creía que el niño está acorazado frente a los pensamientos y la información que no necesiten, prematuramente facilitada por los adultos.

La investigación ha demostrado que la función del maestro es esencial para garantizar el valor óptimo del juego (Sylva y cols., 1980; Bateson, 1985) y que los profesores más eficaces son los que se implican e involucran a los niños en la solución de problemas. El juego no se desarrolla solo; el adulto actúa como catalizador (Singer y Singer, 1990). En primer lugar, el adulto tiene que proporcionar materiales ("accesorios") y construir un ambiente relacionado con un relato, una visita o una reconstrucción en vivo de la historia que los niños hayan visto. Los "accesorios" pueden ser vestidos (una cofia, faldas sueltas, pantalones bombachos, gorras, una sombrilla o un bastón) y objetos antiguos (una tabla de fregar y una tina de lavado, una vela, un escobón). La construcción del ambiente puede suponer transformar el rincón del juego o una estructura de barras para trepar en un castillo con una bandera y un puente levadizo, el camarote de un barco, una cueva o una cocina victoriana con una caja de cartón a modo de cocina económica.

La interacción del adulto debe ser sensible para que el juego y el lenguaje surjan del interior del niño. Es importante que la acción no esté dominada por el maestro y se oriente a "simular este relato". La intervención debe basarse en la observación del juego de los niños, que deben iniciarla de manera que se construya sobre sus propias ideas. Por ejemplo, los niños de 4 y 5 años pueden pedir la confirmación de los acontecimientos y experiencias por medio de sus preguntas. Los maestros deben aportar sus ideas y evitar dar respuestas breves de simple trámite. Por ejemplo, pueden decir: "dime algo que sepas sobre esto. Ahora, dime algo más..." y animar a los niños a que piensen en experiencias hipotéticas. A través del contexto del juego, el maestro se pone en condiciones de participar en un diálogo auténtico y significativo, quizá incluso en su papel, a medida que se desarrolla el juego: "¿De qué crees que tendrían miedo las personas de la Edad de Piedra?" "¿Hacia dónde navega tu barco? ¿Por qué?" "¿Por qué has construido aquí tu castillo?" "¿Qué vas a preparar para comer?" Los niños mayores pueden mantener el juego durante un período más largo y las preguntas que hacen pueden llevar al diálogo y al uso de libros de información como base de juegos posteriores o a hacer dibujos y escribir relatos relacionados más directamente con las pruebas y con lo que ya se conoce.

El juego de representación sobre el pasado puede tener lugar tanto en un museo como en el aula*. La *Tullie House* de Carlisle tiene una reproducción de la Muralla de Adriano de 4,5 m, reproducciones de ballestas que pueden

---

* Los museos españoles suelen contar con departamentos de educación destinados a facilitar las visitas y el trabajo escolar del alumnado en sus dependencias. *(N. del R.)*

dispararse y minas romanas de plata que pueden explorarse. En el *National Waterways Museum* de Gloucester, se pueden construir puentes y mover barcazas mediante poleas; en el *Madame Tussauds*, la exposición "Spirit of London", que costó 10 millones de libras esterlinas, recorre la historia de Londres. En 1988, el *National Maritime Museum* de Londres estableció dos centros temporales interactivos de historia, en colaboración con el profesorado y los estudiantes del *Goldsmiths' College* de la *University of London* (ANDERSON, 1989). Su objetivo consistía en desarrollar el pensamiento histórico: la conciencia de las pruebas y de su carácter incompleto, de las fuentes primarias y secundarias, de las semejanzas y diferencias entre el pasado y el presente, la conciencia de que las "causas" son el producto de la interpretación y de que los acontecimientos tienen muchas causas. Querían que los niños comprendiesen que los historiadores, al tratar de reconstruir el pasado, no sólo reconstruyen los aspectos externos de la vida y de la conducta, sino también los pensamientos, los sentimientos, los motivos, los valores y las actitudes de las personas del pasado. El *Armada Discovery Centre* fue diseñado para niños de 3 a 8 años y el *Bounty Discovery Centre*, que siguió al primero, se destinó a niños de 3 a 14 años y a sus padres.

En el *Armada Discovery Centre*, las narraciones y la estructura de la zona de exposición estimulaban el juego de los niños. Al comenzar la sesión, éstos se sentaban en un rincón rocoso de una sala oscura (de 7 x 12 m) y escuchaban la historia del *Gran Grifón**, que naufragó en 1588 al norte de Escocia. En el preciso momento en que el barco iba a naufragar, se encendían las luces y se les invitaba a que examinaran una reconstrucción, de 10 m de largo, de parte de la cubierta superior y el camarote del capitán, que sobresalía de una panorámica marina pintada, la cual se completaba con reproducciones de distintos objetos, como una cureña, en la que iría montado un cañón, un barril de salazón de pescado y raciones de galletas secas y garbanzos. La sesión finalizaba con el relato del rescate de los españoles o con cuentos populares de naufragios.

El *Bounty Discovery Centre* presentaba la *Bounty* en Tahití, en 1789, pocos meses antes del motín. El barco aparecía sobre un fondo pintado. Se habían grabado los sonidos de Tahití, de niños, pollos, cerdos, de canto de pájaros y del mar. Había reproducciones de una casa tahitiana y de sus utensilios. Contrastaban éstas con una reconstrucción de 3 x 3 m del camarote de Bligh y de parte de la cubierta inferior de la *Bounty*, que se completaba con cabrestantes, hamacas, las pertenencias de los marineros esparcidas y barriles de vinagre de malta y de salazón de pescado. Unos alumnos de magisterio, que se habían especializado en educación infantil, interactuaban con los niños. Se decidió que ayudarían a los niños a interpretar la experiencia de una manera más sincera, desde el punto de vista histórico, y,

---

* El *Gran Grifón* era un galeón español de la Armada Invencible que naufragó en la isla Fair, de las Shetland, una zona de vientos muy fuertes, al retirarse siguiendo las órdenes del Duque de Medina Sidonia. *(N. del T.)*

© Ediciones Morata, S. L.

muy posiblemente, con mayor diversidad y sofisticación si no iban disfrazados. En este caso, el papel de los adultos no consistía en estimular el juego con los relatos, como en el *Armada Discovery Centre*, sino en responder a preguntas.

Conviene señalar que los padres y los estudiantes desempeñaban un papel fundamental en el juego de los niños. La mayoría de los padres y abuelos de ambos sexos participaban con entusiasmo en las actividades lúdicas. No obstante, cuando los estudiantes intérpretes no estaban presentes, el aprendizaje y la diversión se resentían mucho y las visitas eran más cortas. Cuando estaban presentes los estudiantes, los niños y los adultos apreciaban con facilidad el marco en el que participaban. Se concluyó que el papel de los estudiantes consistía en establecer unas estructuras reguladoras del juego imaginativo. Una vez comunicadas, los niños demostraban una notable capacidad de moverse confiada y creativamente entre el juego y la realidad.

Las aulas no pueden proporcionar unas reconstrucciones tan elaboradas, pero el juego de los niños no las necesita. Una zona de juegos puede transformarse con facilidad en un barco, un castillo, una cueva o una cocina victoriana con unos pocos "utensilios" y ropas para disfrazarse. FAIRCLOUGH y REDSELL (1987, pág. 34) dan unas pautas básicas sobre las ropas de los siglos XVIII y XIX. Cada una de las reconstrucciones dramáticas siguientes se desarrolló en una clase del primer ciclo de primaria. Si los maestros fijan los objetivos de la representación y facilitan a los niños un marco de referencia para que hagan sus averiguaciones, el maestro puede permitirse observar el aprendizaje de los niños de un modo más incisivo y concentrado. Por desgracia, TIZARD y cols. (1988, pág. 49) descubrieron que, en 33 escuelas de Londres, los niños del primer ciclo de primaria dedican menos del 1% de su tiempo a este tipo de actividades "libres".

El ejemplo siguiente muestra cómo se utilizó de un modo más estructurado la representación dramática para presentar a los niños de 1.º información histórica sobre los viajes comerciales y de exploración, dentro de un tema sobre el transporte.

Fase 1

En el aula, se enseña a los niños el cartel del *Westward* (*Maritime Museum*, Londres), que solicitaba a hombres bien formados para navegar en el *Westward* a tierras extranjeras en 1798. En ese papel, los niños comentaban brevemente lo que sabían sobre la navegación en veleros. ¿Cómo iban? ¿Qué tenían que llevar consigo los marineros? Se decía a los alumnos que, cuando salieran al vestíbulo, el maestro sería el capitán del barco y los entrenaría como nuevos miembros de la tripulación para el viaje.

Cuadro 5.1. *El barco*

POSIBLES ESTÍMULOS

- Visitas*, por ej., a
  - *The National Maritime Museum*, el *Cutty Sark*, Londres.
  - *The Mary Rose, The Victory*, Portsmouth.
  - *Chatham Historic Dockyard*, Kent ("museo viviente", con comerciantes trabajando).
  - *Town Docks Museum*, Hull (sobre ballenas y la pesca de la ballena).
  - *Royal Research Ship Discovery*, Dundee (buque antártico de Scott).
  - *Meyerside Maritime Museum*.
  - *National Waterways Museum*, Gloucester.
  - *Stoke Bruerne Canal Museum*.
- Canciones marineras.
- Poesía, por ej.: "Nursery Chairs", "The Island" (en: MILNE, 1979a).
- La visita de un marino.
- Pasajes de vídeo o de cuentos, por ej.: *La isla del tesoro, Peter Pan*.
- Relatos de ficción ambientados en el pasado y contados por el maestro, representando el papel de un pirata o un viejo marino, por ej.: *Jack at Sea* (DUPASQUIER, 1987), un relato con un texto breve e ilustraciones detalladas sobre un chiquillo que se escapa para irse con su hermano, alistado en la marina de guerra durante las guerras napoleónicas; o historias de piratas, por ej.: *I wish I had a Pirate Suit* (P. ALLEN, Londres: Penguin, 1991).
- Marinas (cuadros).
- "*Ships and Seafarers*" ("Barcos y marinos"): paquete de recursos del *National Maritime Museum*.
- Carteles de reproducciones, *National Maritime Museum*.

JUEGO

- Recursos iniciales para el juego libre:
  - *En exteriores*
    - Estructura de barras para trepar, red para trepar, senderos.
  - *En interiores*
    - "Camarote"; cubierta preparada con bancos.
    - ¿Cómo podemos hacer que esto se parezca más a un barco?
    - Palo de escoba como mástil, mantel como vela, bandera, plancha, timón, telescopio, (combas) cuerdas, cubo y fregona, cinturón de seguridad, brújula, carta de navegación, mapas.

(Continúa)

* En España se podrían visitar diversos museos, entre ellos:
— Museo Marítimo del Cantábrico (c/ San Martín de Bajamar. 39004, Santander).
— Museo Marítimo de Asturias (c/ Gijón, s/n. 33440, Luanco, Asturias).
— Museo Martítimo de Barcelona (Avenida de Drassanes, 1. 08001, Barcelona).
— Museo del Mar (Avenida Atlántida, 160, Alcabre. 36200, Vigo).
— Museo do Pobo Galego (San Domingos de Bonaval. 15703, Santiago de Compostela).
— Museo Naval (Paseo del Prado, 5. 28014, Madrid).
(N. del R.)

© Ediciones Morata, S. L.

Cuadro 5.1. *El barco (Continuación)*

AMPLIACIÓN DEL JUEGO

(Preguntas que pueden surgir de los comentarios de los niños, de la observación del juego o de participar en él. Éstas podrían ampliar el juego y estimular a algunos alumnos a buscar más información en otras fuentes).

Pensamiento histórico

- *Tiempo y cambio*

        ¿Conocéis algún relato sobre barcos de vela?
        ¿Hacia dónde navegáis? ¿Por qué? ¿Cómo creéis que será aquello?

        ¿Qué trabajos hacéis en el barco?
        ¿Qué coméis / bebéis? ¿Por qué? ¿Dónde dormís?

© Ediciones Morata, S. L.

Ciencias naturales

- Investigaciones: fuerza del viento, hundir y flotar, conservación de alimentos, materiales impermeables, poleas (velas), equilibrio (plancha, "andar por la plancha").

Música

- Tocar música de viento / acuática.
- Cantar canciones marineras.

Expresión artística

- Hacer "utensilios": peces, palmeras, banderas, sombreros piratas, parches para los ojos.
- Mezclar colores marinos: pinturas marinas con los dedos.
- Observar marinas de distintos estilos.

Geografía

- Técnicas gráficas: hacer mapas imaginarios, mapas del tesoro, inventar símbolos y clave, escribir directrices en clave.
- Utilizar la esfera o mapas para trazar la ruta.
- Descubrir cosas sobre el nuevo país: montes, ríos, clima.
- Conservar la carta meteorológica del viaje: dirección del viento, salida del sol, lluvia.
- Aprender las tradiciones meteorológicas, por ej.: "Borreguitos en el cielo, barquitos al suelo".

Educación física

- Piratas (juego).
- Cerco fantasma con piratas.
- Nadar, zambullirse.
- Saltar a los mares infestados de tiburones.
- Andar por la plancha.
- Trepar por las jarcias.
- Fregar las cubiertas.
- Bailar las danzas de los marineros.

Fase 2

En el vestíbulo, la primera parte de la lección consistía en una sencilla sesión de movimiento. Los niños hacían prácticas de fregar la cubierta, trepar por las jarcias y estar al timón. Se les enseñaba la canción marinera "*Haul Away Joe*" y halaban los cabos. En todo momento, se cuidaban los detalles con comentarios como: "¡Agárrate bien! ¡No te caigas!" "¿Hasta dónde alcanzas a ver desde allá arriba?" "¡Vamos allá!, trabajad más duro; aquí no valen los flojos".

© Ediciones Morata, S. L.

Fase 3

En la segunda parte de la lección, fueron declarados aptos para formar la marinería. Con bancos y bloques dieron forma al barco, cargaron comida, agua fresca y mercancías para comerciar y se hicieron a la mar.

De nuevo, los comentarios que se hacían interpretando el papel de cada cual daban información: "Necesitamos toda el agua fresca que podamos llevar; quién sabe cuándo volveremos a ver tierra". "Estibad bien la carga; debemos tratar de sacar el máximo partido de ella".

Durante la travesía, tuvieron una aventura con piratas. No obstante, el escenario podía haber sido cualquiera de entre una docena de ellos.

Fase 4

De vuelta en el aula, los niños escribieron sus anotaciones en el cuaderno de bitácora y dibujaron mapas de sus travesías. Habían asimilado gran cantidad de detalles e información durante una sesión de una hora.

Mientras todos los niños trabajaban en su propio nivel, el maestro, en su papel, podía cuestionar y ampliar su comprensión, haciendo preguntas y comentarios durante la representación dramática. Otras lecciones posteriores de carácter dramático pueden hacer avanzar la actividad, presentando nuevas áreas de aprendizaje. En este caso, podrían tener que afrontar una mar en calma chicha o los daños causados por una tormenta, iniciar los tratos comerciales con un país extranjero o cartografiar tierras que los europeos no hubieran visitado antes.

Cuadro 5.2. *El castillo*

POSIBLES ESTÍMULOS

- Visitas, por ej., a un castillo, a las reconstrucciones de *Living History* de torneos, justas, festines y batallas (*English Heritage*, pág. 246) o a la reconstrucción de algún lugar histórico, por ej., el castillo de Mountfitchet (Stansted). Se trata de la reconstrucción auténtica del castillo de Richard de Mountfitchet, arrasado por el rey John en 1212, como venganza por haberse unido Mountfitchet a los barones responsables de la Carta Magna. Los materiales de construcción utilizados son auténticos y, probablemente también, los ruidos y los olores. La narración de la historia mientras los niños deambulan por el lugar puede disparar la comprensión imaginativa de la forma de vivir de los normandos, al lado de sus animales, con la mirada puesta siempre en los posibles atacantes del exterior (la catapulta y el ariete) y del interior (el calabozo, el cepo, las trampas y la horca).
- Pasajes de vídeo, por ej.: *Ivanhoe, Robin Hood*.
- Relatos ambientados en castillos o historias de ficción, por ej.: *Tim's Knight* (S. Isherwood. Londres: Hamish Hamilton, 1987), en el que un chico solitario descubre que puede "hacer aparecer" un castillo medieval en su época.

- Pinturas, fotografías, ilustraciones de castillos.
- Poesía ("*Knights and Ladies*", en: MILNE, 1979a).

JUEGO

- Recursos iniciales para el juego libre:

  En exteriores:
  - Fortín para jugar, torre para trepar.

  En interiores:
  - Casa de juguete convertida en torre del homenaje.
  - ¿Cómo podemos hacer que esto se parezca más a un castillo?
  - Foso, marcado con papel, puente levadizo, banderas, escudos, cascos y tocados, paja en el suelo, caballitos (cabezas de caballo sobre un palo) para los torneos...

AMPLIACIÓN DEL JUEGO

Pensamiento histórico

- *Tiempo y cambio*

  ¿Conocéis historias sobre castillos? ¿Qué ocurre en ellos? ¿Por qué habéis construido aquí el castillo? ¿Qué come la gente? ¿Cómo cocináis? ¿De dónde viene el agua? ¿Quién podría atacaros? ¿Cómo? ¿Por qué? Un maestro, en su papel, puede introducir la idea de los espías en el castillo... ¿Cómo os defenderíais? ¿Cómo construisteis el castillo?

(Continúa)

Cuadro 5.2. *El castillo (Continuación)*

Ciencias naturales

- Poleas: puente levadizo, bandera, aljibe.
- Palancas: puente.
- Estructuras: prueba de fortaleza de un muro grueso / fino, una torre alta / achaparrada, un puente largo / corto.
- Investigar el hilado, el tejido, tintes naturales.
- Diseño y tecnología: diseño de la armadura, de los sombreros de las damas.

Música

- Escuchar música medieval para el banquete / torneo.
- Componer música para el banquete / torneo.

Expresión artística

- Diseñar y hacer escudos, banderas.
- Coleccionar pinturas de castillos de distintos estilos.

Geografía

- Mirar mapas del lugar de un castillo real.
- Dibujar planos imaginarios de un castillo para los espías, con directrices.
- Dibujar planos imaginarios de un lugar para decidir dónde construir un castillo.

Educación física

- Participar en un baile.
- Lucha en un torneo.
- Trepar, escalar muros, trepar por la cuerda, arrastrarse a través de la maleza, túneles, pasadizos.

Cuadro 5.3. *Cueva/refugio*

POSIBLES ESTÍMULOS

- Visitas a museos, a la reconstrucción de un lugar neolítico en un museo o a un espacio en el que haya pruebas de un asentamiento neolítico; como alternativa, modificar los planes para basar el juego en la visita a una reconstrucción de una aldea de la Edad del Hierro (*Butser*, Hampshire) o de una aldea sajona (*West Stowe*, Suffolk).
- Diapositivas de pinturas rupestres, utensilios neolíticos.
- Relatos de ficción, por ej.: *Stone Age Magic* (BALL, 1989), en el que un grupo de niños viaja hacia atrás en el tiempo, hasta la Edad de Piedra, durante la visita a un museo.

© Ediciones Morata, S. L.

JUEGO

- Recursos iniciales para el juego libre:

    En exteriores:
    - Visitar un emplazamiento local en el que se hayan (o se puedan haber) encontrado utensilios neolíticos.
    - Simulad que sois personas neolíticas. ¿Dónde construiríais vuestro refugio? ¿Por qué aquí? ¿Cómo?
    - ¿Cómo lo mantendríais caliente? ¿Cómo haríais para que fuese un lugar cómodo para dormir? ¿Qué comeríais? ¿Cómo os defenderíais?

    En interiores:
    - ¿Haced "pinturas rupestres" proyectando diapositivas sobre un papel puesto en la pared. Utilizad palos, plumas y los dedos para hacer "pinturas rupestres". Haced réplicas en arcilla de vasijas para almacenar cosas y cocinar.
    - Recoged nueces, semillas y bayas para guardarlas.
    - Utilizad recortes de piel, madera, cantos rodados, bramante; diseñad una herramienta o arma neolítica.
    - Preparad una "comida neolítica" (RENFREW, 1985).
    - Haced un refugio con mesas, cubiertas con arpillera, con ramas enganchadas y una hoguera simulada.

AMPLIACIÓN DEL JUEGO

Pensamiento histórico

- *Tiempo y cambio*

    ¿Por qué creéis que las personas de la Edad de Piedra hicieron las pinturas rupestres?
    ¿Qué cosas os parece que les habrían asustado?
    ¿Qué animales vais a cazar? ¿Cómo?
    ¿Qué coméis?
    ¿Cómo hacéis vuestro refugio, vuestras ropas?

(Continúa)

© Ediciones Morata, S. L.

Cuadro 5.3. *Cueva/refugio (Continuación)*

Extensiones transcurriculares

Matemáticas

- Clasificar colecciones, por ej., de nueces, bayas, raíces, hojas; o de cosas para el refugio, comida, herramientas, armas; o clasificar artículos en madera, piedra, hueso, plantas.
- Cálculos basados en conjuntos.

Lenguaje
Hablar y escuchar, leer, escribir:

- Tratar de interpretar petroglifos; inventar un lenguaje de la Edad de Piedra y sus símbolos, para que los descodifique un amigo.
- Cantos rituales para la caza o para una ceremonia de curación.
- Relatos basados en el juego.
- Conceptos: poder, defensa, ataque, herramientas, armas.

Ciencias naturales

- Materiales: cocer arcilla, hilar, tejer, teñir.
- Cocinar comida "neolítica".
- Cultivar semillas de trigo.
- Tecnología: diseñar (y hacer) una herramienta o arma.
- Fuerzas y estructuras: ¿cómo podían las personas del neolítico trasladar / cargar piedras?

Música

- Hacer instrumentos, utilizando materiales naturales: percusión, viento, cuerda (?).

Expresión artística

- Hacer cerámica decorada con objetos naturales.
- Inventar formas de aplicar pintura para las pinturas rupestres; mezclar algunos colores "naturales".
- Comentar dispositivas de pinturas rupestres: ¿qué pintaban? ¿Cómo las hacían? ¿Por qué?

Geografía

- Razones para seleccionar vuestro lugar (protección, desagüe, agua, madera, cultivo).
- ¿Cómo se formaron el pedernal y el yeso?

Educación física

- Cazar: rastrear, arrastrarse, correr, saltar, cambiar de velocidad / dirección, detenerse y arrancar, trasladar el peso del cuerpo.

© Ediciones Morata, S. L.

Cuadro 5.4. *La cocina victoriana*

POSIBLES ESTÍMULOS
- Visita a una casa antigua o a una reconstrucción (por ej.: el *Squatters Cottage* y *The Tall House*, en el *Blists Hill Open Air Museum, Ironbridge Gorge*).
- Diarios ilustrados (BRADLEY, 1974, pág. 70).
- Ilustraciones de libros contemporáneos, por ej.: Beatrix POTTER: *El cuento de la empanada y el molde*; *Mrs Tiggy-Winkle*.
- Objetos, por ej.: utensilios antiguos de cocina, lavado y limpieza.
- Fotografías.
- Vídeo, por ej.: "*The Victorian Kitchen*", BBC TV.
- Recetas, por ej., gelatina, crema pastelera, galletas de nata, mermeladas, pepinillos en vinagre, dulces.

JUEGO
- Recursos iniciales para el juego libre: cocina económica hecha con cajas de cartón, chimenea, mesa, silla, vela, tazón esmaltado, plancha, cepillo de raíces, fregona, cera para el suelo, sacudidor de alfombras, cortapastas, cuencos, limpiabarros, barreño de estaño, adornos antiguos, tapete, tendedero, flores y verduras del jardín de la cocina.

AMPLIACIÓN DEL JUEGO
Pensamiento histórico
- *Tiempo y cambio*

¿Por qué creéis que las personas cultivaban sus propias frutas y verduras?
¿Por qué la mayoría de las mujeres sólo trabajaba en casa?
¿Tendríais que hacer todas esas tareas si fueseis ricos? ¿Y si fueseis pobres?
¿Por qué utilizaban un barreño de estaño, golpeaban las alfombras, frotaban la ropa?

(Continúa)

© Ediciones Morata, S. L.

Cuadro 5.4. *La cocina victoriana (Continuación)*

Extensiones transcurriculares

Matemáticas

- Cálculos, por ej., listas de compras utilizando moneda antigua.
- Medidas: Tiempo: ¿cuánto se tarda en fregar esto / limpiarlo sin detergente / limpiar el candelabro / fregar el suelo / sacar brillo al suelo?
  Peso: ¿cuánto pesa la plancha / el cubo de carbón?
  Cocina: pesar los ingredientes.
  Capacidad: ¿cuánta crema pastelera cabe en la jarra / el tazón?
  Forma y espacio: estirar la masa para ajustarla a los moldes para empanada / cortarla.
  Longitud: hacer delantales de papel.

Lenguaje
Hablar y escuchar, leer, escribir:

- Reglas de cocina, tareas de las criadas, muestras.
- Listas de compras, recetas.
- Juegos de los salones victorianos.

Ciencias naturales

- Electricidad: ¿cómo hace que funcionen las cosas? ¿Cuáles son sus efectos en la vida en la cocina?
- Conservación de los alimentos, antes y ahora.
- Materiales: tejidos y utensilios de cocina de entonces y de ahora.

Música

- Cantos victorianos: aprender himnos, canciones de sala de fiestas, Gilbert y Sullivan; coleccionar y escuchar discos en un gramófono antiguo.

Expresión artística

- Dibujar / pintar los adornos y los utensilios de una cocina antigua.

Geografía

- Dibujar un plano de una cocina victoriana para el rincón del hogar.
- Dibujar un plano de la cocina de vuestra casa (¿diferencias?).

Educación física

- Cuidar el jardín, sacar brillo, fregar, guardar el equilibrio con las bandejas, levantar cargas.

© Ediciones Morata, S. L.

Mediante un juego más estructurado, es posible ayudar a los niños a que comprendan por qué puede haber más de una interpretación de un relato. Shamroth (1992) describe cómo una maestra, representando el papel de Ricitos de Oro, mantuvo que la versión tradicional de la historia de Papá Oso no era cierta y que él la había secuestrado en el bosque. ¡Aportó un trozo de su vestido, encontrado en el bosque! Los niños, en el papel de aldeanos que buscaban a Ricitos de Oro, interrogaron a Ricitos (la maestra) acerca de lo ocurrido. Compararon el relato de la maestra con la versión original, revisaron lo que sabían, lo que creían que sabían y lo que querían descubrir. Papá Oso fue juzgado y, más tarde, la maestra confesó en una sala llena de decididos "aldeanos" que su versión no era cierta. Con gran alivio, Papá Oso fue puesto en libertad.

En otro ejemplo, (Vass, 1993), la maestra comenzó diciendo: "Voy a fingir que soy una niña pequeña que vivió hace x años y quiero que vosotros también hagáis una simulación". Después, recreó el Gran Incendio de Londres como testigo del mismo, siguiendo las convenciones de los juegos de simulación. Los niños formaban parte de la recreación y contribuyeron a ella con sus preguntas. Las características clave, las duras pruebas de la narración, se combinaron con opiniones e imaginación. Representando sus papeles, comentaron lo que era auténtico y lo inventado.

Apoyar y ampliar el juego

Los estudios de casos que se mencionan a continuación se emprendieron con el fin de examinar en detalle la función del maestro en la iniciación del juego imaginativo y el apoyo al mismo de manera que garantice la consecución de los objetivos de historia y de lenguaje, facilitando el protagonismo y la creatividad de los niños.

Un banquete medieval

Un reciente estudio de un caso, en el que unos niños de 1.º y 2.º recrearon su versión de un banquete medieval, pretendía analizar las relaciones entre el *National Curriculum* de historia y de lenguaje y, después, entre la historia y el *National Literacy Framework* (Cooper, 1997, 1998a, 1998b, 2000b).

Tras una visita al castillo Kendal, los niños descubrieron más detalles relativos a las ropas medievales calcando relieves de monedas y placas de metal, y a la alimentación y el ocio a través de las ilustraciones de libros de información. Este rico e intenso proyecto de tres días llevaba consigo encontrar tanta información concreta como pudieran, haciendo preguntas acerca de muy diversas fuentes (el lugar, entradas, música, monedas y metales, pinturas), con el fin de crear su representación. También supuso tomar notas y hacer diagramas y dibujos durante la visita, utilizar libros de información en la escuela y reproducir diversos tipos de escritos: invitaciones, menúes, relatos fantásticos, chistes para los bufones.

© Ediciones Morata, S. L.

Una calle victoriana

Este estudio de un caso de tres días pretendía identificar los vínculos precisos existentes entre *The National Literacy Strategy* y el *National Curriculum for History,* e investigar cómo podían ampliarse mediante otras actividades de historia relacionadas (COOPER y TWISELTON, 1998, 1999, 2000). Una clase de 2.º creó un *Pollock's Toy Theatre**, para el que escribieron y representaron obras, hicieron reproducciones de los "libritos" de Kate GREENAWAY** y muñecas de pinzas de ropa de la época victoriana*** y gritos inventados de los vendedores callejeros de la época victoriana. El último día, los alumnos de 2.º se unieron con una clase de 5.º y 6.º, que había estado desarrollando juegos de representación de roles basados en las escuelas victorianas, para recrear una interpretación de una calle victoriana y comparar la vida de los "niños ricos de casa grande" con la de los niños internos.

Una casa victoriana

En otro ejemplo de juego de representación de roles estructurado y apoyado, los niños de 1.º y 2.º de cinco escuelas diferentes trabajaron con sus maestros y alumnos de magisterio en prácticas para reconstruir la vida en una auténtica casa victoriana, basándose en lo que habían descubierto durante las semanas precedentes (COOPER, 1995). La propietaria de la casa decidió representar el papel de ama de llaves. Mientras iba echando carbón en las estufas, tuvo oportunidad de observar los juegos de salón que se desarrollaban en el de su casa, la narración de relatos en su biblioteca, a las criadas que sacudían sus preciosas alfombras persas, a los niños en el cuarto infantil y a los chicos haciendo ejercicios en el jardín (preparándose para la guerra de los bóers). La vestimenta victoriana y el respeto que inspiraba el espléndido e inusual ambiente ayudaron a todos a mantenerse en sus respectivos papeles, hasta el punto de que el gran sombrero de una maestra bloqueó la cámara de vídeo (oculta) de la biblioteca durante media hora, por lo menos, y un niño explicó que su cara sucia era el resultado de limpiar la chimenea.

---

* Se trata de un teatro de juguete en miniatura, del estilo de los del *Pollock's Toy Theatre Museum* de Londres. *(N. del T.)*

** Kate GREENAWAY fue una de las ilustradoras más famosas de la era victoriana tardía. *(N. del T.)*

*** En el original: *peg-dolls*. Son unas muñecas de "fabricación casera", que se hacen con una pinza de la ropa (cabeza, tronco y piernas), un filamento de limpieza de pipa (anudado en torno a la parte superior de la pinza, forma los brazos), un trozo de tela (para el vestido), lana (el pelo) y los complementos que se quieran poner. *(N. del T.)*

© Ediciones Morata, S. L.

La elaboración de interpretaciones mediante la narración y la redacción de relatos: The National Literacy Framework

The National Literacy Strategy (DfEE/QCA, 1998b) proporciona unas oportunidades excelentes para volver a contar y representar relatos mediante el juego de representación de roles, las muñecas o marionetas, la equiparación de personajes de distintas historias, la comparación de las estructuras básicas de la historia y el cotejo y contraste de preferencias y temas comunes en los relatos, en 1.º En el 2.º curso, se anima a los niños a que comparen y contrasten historias, comenten la ambientación de los relatos, expresen sus ideas acerca de los personajes y cuenten las historias de distintas maneras. Algunos trabajos recientes sobre filosofía infantil han hecho hincapié en que la lectura en común de un relato puede ayudar a los niños de entre 5 y 7 años a comprender distintas opiniones, puntos de vista y perspectivas y a pensar en ellas de manera crítica y creativa, y han señalado formas de desarrollar la inclusión en el aula a través de esas investigaciones (COSTELLO, 2000; TOYE y PRENDIVILLE, 2000).

La narración de una historia es una destreza que los niños desarrollan poco a poco. Para empezar, los acontecimientos pueden estar encadenados, pero sin un sentido concreto, una finalidad ni relaciones causales entre ellos. Puede existir un ambiente, pero sin personajes o problemas, o puede haber una acción, pero sin un entorno concreto (TEMPLE y cols., 1982, pág. 154). Los niños sólo aprenden poco a poco a comprender la estructura de una historia y a ver los vínculos entre el problema, la causa y la acción. Les resulta más fácil escuchar relatos que inventarlos.

ANDERSON (1993) señaló que los objetos de los museos pueden estimular a los niños pequeños a inventar sus propias versiones de relatos que los expliquen. Por ejemplo, pueden mirar esculturas incompletas y "adivinar" el resto de la historia o inventar relatos que expliquen la mutilación. (¿Cómo perdió S. Miguel su ala?) Pueden inventar historias que expliquen lo que esté diciendo un personaje de una escultura o vidriera. (¿A quién está hablando Cristo en la escultura del siglo XVI de Cristo montado en un burro y qué puede estar diciendo?)

Las tallas, estatuas y vidrieras medievales presentan a menudo diferentes versiones de la misma historia (a veces, San Jorge mata al dragón y en otras ocasiones, lo captura). Esto se debe a que la Iglesia aceptó los cuentos populares sobre los santos como un medio para explicar a la gente su vida y su fe. Estas historias formaban parte de la tradición oral, por lo que existían muchas versiones, que quedaron fijadas en estatuas y tallas. Los niños pueden contar las distintas historias representadas, o pueden comparar el dragón pintado en un retablo medieval con un dragón chino bordado en seda (postales W205 y FE196, *Victoria and Albert Museum*).

La elaboración de interpretaciones mediante la construcción de maquetas, la pintura y el dibujo es tan fundamental en el currículum de los primeros

© Ediciones Morata, S. L.

años como los relatos y el juego de simulación. La oportunidad de jugar con ladrillos de construcción, juguetes constructivos y una serie de materiales de desecho está claramente relacionada con el desarrollo del pensamiento abstracto y divergente. En el contexto de la historia, los niños pueden hacer maquetas de lugares o edificios que hayan visitado y pintar y dibujar imágenes de relatos que hayan escuchado. Pueden compararlos, comentar cómo se relacionan con lo visto u oído, qué han añadido y por qué. Los amigos de la escuela pueden apuntarse para construir maquetas de barcos antiguos, fuertes, tiendas o casas de muñecas (*Honeychurch Toys Ltd; The Dolls' House Emporium*), con lo que los niños pueden desarrollar el juego sobre el pasado, estimulado por los relatos oídos. Los niños pueden hacer también sus propias maquetas basadas en (postales de) un juguete (tiendas, muñecas, trenes, fuertes, casas de muñecas, un carruaje de un príncipe indio) del *Bethnal Green Museum of Childhood*. *The Model Village* (Fisk, 1990) puede estimular el juego imaginativo con sus maquetas.

Los niños de 6 años también dibujan para describir los acontecimientos ocurridos en el transcurso del tiempo. Construyen la narración mientras se producen los hechos. Se desarrollan en la superficie del papel, y a menudo, muestran a los mismos personajes en diferentes puntos del relato. Vuelven a contar sus propias versiones de los acontecimientos con acompañamiento de sonidos, a medida que los registran, utilizando sus propias marcas; con frecuencia, las líneas representan el movimiento en el espacio y en el tiempo.

CAPÍTULO VI

Deducciones de las fuentes

El desarrollo de los procesos de la investigación histórica

Los historiadores descubren el pasado a partir de las fuentes, huellas del pasado que permanecen. Poco a poco, ha ido aumentando el campo y la categoría de las fuentes que tienen a su disposición y se ha desarrollado el procedimiento de interpretación de las mismas. Las crónicas medievales no tendían a hacer inferencias ni a analizar, evaluar o reflexionar sobre afirmaciones respecto a los acontecimientos. Beda* fue una excepción en la medida en que hizo una relación de las fuentes escritas que utilizó, y trató de evaluar la tradición oral. Sin embargo, con el Renacimiento, volvió a hacerse hincapié en los documentos originales de Grecia y Roma. Esto condujo a los historiadores, desde el siglo XVI al XVIII, a otorgar más importancia a la investigación y al uso de un conjunto más amplio de fuentes: el *Britannia* de CAMDEN se basaba en "pruebas" y la *History of England*** de HUME detallaba los cambios en los precios, los salarios y el vestido. En el siglo XIX, la documentación y lo particular, más que lo general, adquirieron cada vez más importancia. Se consideraron relevantes documentos de muy diversas categorías: MACAULAY utilizaba tanto periódicos serios, canciones, mapas y propaganda de partidos políticos como documentos políticos. Por primera vez, las técnicas de investigación de la historia se enseñaban en las universidades, en la Sorbona y en Berlín, en Oxford y en Cambridge. En el siglo XX, la historia llegó a abarcar un conjunto aún más amplio de fuentes y de áreas de investigación: arqueología, cartografía, canciones populares, juegos infantiles, refranes, folclore, historia oral, nombres de lugares y estadísticas. Se es-

---

* San Beda Venerable nació en 672 ó 673 y murió en 735. Fue uno de los más importantes historiadores de su época. Su influencia fue muy grande, sobre todo en el norte de Inglaterra. *(N. del T.)*
** Trad. cast.: *Historia de Inglaterra bajo la Casa de Tudor*, Barcelona, Orbis.

© Ediciones Morata, S. L.

tudiaron las tradiciones del pasado que siguen vigentes en el presente, como los métodos agrícolas tradicionales, que pueden reflejar el pasado. En consecuencia, el hecho de que los niños descubran cosas de otras épocas en ejemplares antiguos, sean periódicos, canciones, juegos, fotografías o historia oral, no se debe sólo a que esas fuentes les resulten accesibles, sino a que también son las que utilizan los historiadores académicos.

No obstante, las fuentes sólo pueden decirnos algo del pasado si sabemos los tipos de preguntas que deben hacerse y qué clase de respuesta puedan dar. En su *Autobiography*, COLLINGWOOD (1939) aclara este proceso. Cuando era un joven profesor de filosofía, rechazaba los métodos de los "realistas", que procedían a partir de proposiciones lógicas cuya verdad o falsedad podía demostrarse. COLLINGWOOD consideraba que la investigación era una serie de preguntas ordenadas y específicas, en la tradición de PLATÓN, BACON, DESCARTES y KANT. Decía que la filosofía había considerado esto necesario para acomodarse a una revolución del pensamiento sobre el mundo natural, basado en la observación empírica y en la deducción, en el siglo XVII, y que la historia debe acometer una revolución semejante en el modo de estudiar al hombre en unas sociedades en constante cambio. COLLINGWOOD puso en práctica su filosofía de la historia mediante su constante aplicación a la arqueología. Partió de preguntas específicas acerca de la significación y la finalidad de los objetos para las personas que los hicieron: ¿cómo estaban hechos?, ¿por qué?, ¿para qué se utilizaban?, ¿quién los usaba?, ¿dónde se habían encontrado?, ¿hay otros?

A veces, una pregunta puede llevar a una premisa, seguida por una deducción: Sabemos que éstos son topónimos sajones, luego los sajones se establecieron en esta zona. Sabemos que éstas son las leyes de Etelberto de Kent o de Ine de Wessex. En consecuencia, sabemos que los sajones hicieron leyes sobre los hogares, los ganados y las cosechas, que la mayoría de las personas tenía derechos y deberes y cierta libertad para trasladarse. Sabemos (por las pruebas arqueológicas) que algunos montículos indican campos de la Edad del Hierro. Por tanto, conocemos el tamaño y la forma de los campos de esta época y podemos estimar la población que podían acoger. Sabemos que los pueblos de la Edad del Hierro tenían monedas en las que figuraban caballos. Por tanto, sabemos que tenían caballos, latón, estaño, cobre y utilizaban dinero. Sabemos que tenían husos y pesas de telar. En consecuencia, hilaban y tejían telas. Las hoces, las azadas y las muelas de molino neolíticas de piedra nos dicen que los pueblos de la Edad de Piedra cultivaban la tierra. Por tanto, vivían en un lugar concreto, en una comunidad.

Sin embargo, a menudo, no es posible extraer deducciones de las fuentes. Con frecuencia, las pruebas son incompletas. Su categoría puede ser también incierta; el colgante de morsa o de ballena hallado en la Barnack Grave puede ser un simple adorno o un objeto ceremonial o de culto que represente ideas o prácticas sociales que sólo podemos imaginar. El relato de la derrota infligida por los sajones a los britanos escrito por el monje Gildas, del siglo VI, quizá no sea tanto una crónica de acontecimientos como una exhortación alegórica a los britanos para que se opusieran a los invasores sajones.

© Ediciones Morata, S. L.

Los diarios pueden ser tendenciosos; pueden haber sido escritos para su publicación o no. Los periódicos y otros informes pueden estar sesgados por los prejuicios. Los retratos o las fotografías pueden no ser característicos. Las pruebas del pasado que permanecen no pueden decirnos con seguridad cuáles eran los pensamientos y sentimientos de las personas que las hicieron o utilizaron.

En consecuencia, las inferencias, suposiciones razonables sobre las fuentes históricas, son más frecuentes que las deducciones. Las inferencias deben estar respaldadas por razonamientos y deben concordar con el resto de la información que ya se conoce del período. Sin embargo, a menudo, en el contexto de estos criterios, es posible más de una interpretación. No hay reglas fijas que generen una conclusión correcta. Por ejemplo, en la tumba de un faraón egipcio descubierta recientemente en Abydos, se encontraron algunos de los ejemplos más antiguos de escritura jeroglífica. Esto llevó a la Dra. Vivian Davies a pensar que los componentes de la escritura egipcia posterior estaban presentes varios siglos antes de lo que se suponía. Sin embargo, el Dr. John Ray no está de acuerdo, porque la escritura no tiene valores fonéticos. No obstante, ambos coinciden en que las nuevas pruebas indican que la idea de la escritura procedía de Sumeria o Elam y reabre las cuestiones acerca del grado en que la cultura egipcia era una invención independiente (HAMMOND, 1993).

La imaginación histórica es la capacidad de hacer una serie de suposiciones válidas sobre las pruebas. "Si el alumno hace la suposición con auténtica perspicacia y efectúa unas selecciones perceptivas del conjunto de posibilidades que se le abren, dadas las pruebas que tenga, podemos decir que la suposición está hecha con imaginación" (LEE, 1984).

A través de la sugerencia de cómo pueda haberse hecho y utilizada una fuente y lo que pueda haber significado para las personas que la hicieran y utilizaran (sea un escrito, un topónimo, una pintura o un objeto), el historiador intenta comprender y explicar los posibles pensamientos y sentimientos que representa la prueba. COLLINGWOOD (1946) hacía hincapié en la importancia de intentar comprender los sentimientos y pensamientos que se tradujeran en acciones y en objetos que permanecen, porque, en caso contrario, resultan ininteligibles. La historia —dice— es la historia del pensamiento. No podemos decir qué se sentía al hacer una pintura rupestre en la Edad de Piedra, llevar un casco en la Edad del Hierro o ser Eva Braun en el búnker de Berlín, pero podemos especular sobre los motivos que explican la pintura, el casco y su muerte en el búnker. La tarea del historiador no consiste en duplicar el mundo perdido del pasado, sino en hacerse preguntas sobre las huellas del pasado que permanecen. En la sucesión de pregunta y respuesta, las preguntas "correctas" son las únicas que llevan a una serie mayor y no a una vía muerta. No hay límite para el número o los tipos de preguntas ni para las pruebas relevantes. También es importante reconocer que algunas preguntas nunca obtendrán respuesta.

Por tanto, hacer inferencias sobre las fuentes supone hacer preguntas sobre cómo se hicieron y utilizaron, y cómo pudieron influir en la vida, los sentimientos y los pensamientos de las personas que las realizaron y usaron. Significa aceptar que puede haber diversas inferencias válidas.

Cuando los niños pequeños hacen indicaciones acerca de las fuentes históricas, tienen que comprender que no puede haber una única respuesta correcta (y

© Ediciones Morata, S. L.

también por qué unas inferencias pueden ser más probables que otras). Esto les da confianza para formar, justificar y exponer sus propias opiniones y escuchar las de los demás. Desarrolla la sensación de control de los niños sobre su propio pensamiento de un modo que no pueden conseguir las preguntas cerradas.

> *There are lots and lots of people who are always asking things,*
> *Like Dates and Pounds-and-Ounces and the names of funny Kings,*
> *And the answer's either Sixpence or A Hundred Inches Long,*
> *And I know they'll think me silly if I get the answer wrong...**
>
> ("The Friend", en: MILNE, 1979b.)

Christopher Robin** habría disfrutado de una historia "adecuada". En el *National Curriculum* del primer ciclo de primaria, la Historia requiere que los niños encuentren cosas sobre el pasado en diversas fuentes de información, aprendan a responder a preguntas sobre el pasado utilizando las fuentes y empiecen a seleccionar información de las fuentes para contestar a preguntas específicas sobre el pasado.

Enseñar a los niños a hacer deducciones e inferencias sobre las fuentes

Fuentes orales

Los relatos que los buenos narradores de cuentos hacen de su infancia son irresistibles. La autobiografía de Roald DAHL*** (1986, pág. 11) comienza así: "este abuelo mío nació, lo crean o no, en 1820, poco después de que Wellington hubiera derrotado a Napoleón en Waterloo". Después, se lanza a un vivo relato de cómo su padre perdió por casualidad un brazo,"arrancado" por un médico ebrio, que llegó en una calesa tirada por un caballo, solicitada tras haber sido llamado para tratar una fractura. Lo muy antiguo y lo muy nuevo tienen a menudo una relación natural, transmitida de forma más poética por A. A. MILNE (1979b) en "The Charcoal Burner":

> *The charcoal burner has tales to tell...*
>
> *The springs that come and the summers that go,*
> *Autumn dew on bracken and heather,*

---

* Por tratarse de un poema y para mantener su rima y musicalidad, mantenemos el texto en inglés. Su traducción es: "Hay montones y montones de personas que están siempre preguntando cosas, / Como fechas y libras-y-onzas y los nombres de reyes divertidos, / Y la respuesta es seis peniques o cien pulgadas de largo, / Y sé que me creerán tonto si doy la respuesta equivocada..." *(N. del T.)*

** Christopher Robin es el coprotagonista de *El osito Winnie Pu*, la obra más conocida de Alan A. MILNE. *(N. del T.)*

*** Roald DAHL fue el autor de numerosos libros para niños, como *James y el melocotón gigante, Charlie y la fábrica de chocolate* y *Matilda*, así como de guiones de películas como *Los gremlins, Sólo se vive dos veces* y *Chitty Chitty Bang Bang*. *(N. del T.)*

*The drip of the forest beneath the snow
All the things they have seen
All the things they have heard...*

*Oh the charcoal burner has tales to tell!
And he lives in the forest and knows us well.* *

Sin embargo, los maestros no pueden dar por supuesta esta relación. Tienen que crear situaciones en las que pueda surgir. Han de considerar:

- a quién deben invitar a hablar sobre su pasado;
- un centro de atención y un estímulo para el diálogo;
- cómo ayudar a los niños a generar y estructurar sus preguntas;
- cómo organizar la sesión, y
- cómo hacer el seguimiento de la misma.

Selección de los entrevistados

La historia oral proporciona unas fuentes ricas, porque se ocupa de la vida única, diversa y personal de hombres y mujeres corrientes, de diferentes orígenes y culturas. Sin embargo, es fácil que las personas sean reacias a hablar de su vida personal, ¡sobre todo a niños!

*Hear, Land o' Cakes and brither Scots,
Frae Maidenkirk to Johny Groats!
If there's a hole in a' your coats
I rede you tent it;
A chield's amang you takin' notes,
And faith, he'll prent it!*

(Robert BURNS: "On the Late Captain Grose's Peregrinations Through Scotland, collecting the ambiguities of that kingdom", en: BEATTIE y MEIKLE, 1977, pág. 161.) **

---

* La traducción es: "El quemador de carbón tiene cuentos que contar...// Las primaveras que vienen y los veranos que van, / El rocío del otoño sobre los helechos y el brezo, / El goteo del bosque bajo la nieve / Todas las cosas que han visto / Todas las cosas que han oído... // ¡Oh, el quemador de carbón tiene cuentos que contar! / Y vive en el bosque y nos conoce bien". El "quemador de carbón" se ocupaba de apilar madera del bosque, dejando una chimenea central, y cubriendo el montón de leña con tierra vegetal y turba, de manera que no entrara aire; prendían fuego de forma que se produjera una combustión lenta, con poco oxígeno, quedando al final un resto de carbón puro, muy utilizado en la metalurgia hasta la aparición del coque, en el siglo XVIII. Al tratarse de operaciones muy delicadas, que requerían una vigilancia continua, el quemador de carbón y su familia tenían que vivir forzosamente en el bosque. *(N. del T.)*

** El poema incluye numerosos términos escoceses, así como algunos dichos o expresiones populares. Su traducción sería: "¡Escuchad, Tierra de Bizcochos y hermanos Escoceses, / Desde Maidenkirk a John O'Groats! / Si hay un agujero en todos vuestros abrigos / Yo os aconsejo que lo tengáis en cuenta / Un niño está entre vosotros tomando notas / Y seguro, ¡él lo imprimirá!".

© Ediciones Morata, S. L.

Al decidir a quién invitar, es importante considerar si la persona querrá hablar de sus experiencias personales a los niños y si, a su vez, tendrá en cuenta los intereses, el vocabulario y su limitada capacidad de atención.

Centro de atención y estímulo

Lo óptimo es centrarse en un aspecto específico de un tema histórico. La "Memoria viva" o la "Historia familiar" pueden centrarse en los juguetes, las ropas, la escuela, los juegos o la comida. Un tema como "La localidad" puede investigar la feria, la estación de ferrocarril, la biblioteca, la compra o las ocupaciones. Un tema sobre los cuentos puede comenzar preguntando a las personas mayores cómo aprendieron a leer y, después, cuáles eran sus libros favoritos y por qué. Para iniciar el diálogo, la persona invitada puede traer fotografías u objetos, o facilitarlos la maestra.

Preparación

Los niños

CRAMER (1993) describía las técnicas clásicas de entrevista utilizadas por los historiadores orales: una serie de preguntas de introducción, de carácter cerrado, para fijar un marco de referencia y entablar una relación con el sujeto, seguida por una elevada proporción de preguntas abiertas sobre el campo que investigar y, después, un marco de clausura para devolver el tema a la actualidad.

Hay que enseñar a los niños cómo estructurar una entrevista de un modo semejante. VASS (1993) describe cómo se entrevistó a un padre dentro de un estudio local sobre el patio de recreo en el que había jugado de niño. La primera entrevista estuvo dominada por preguntas cerradas que no llevaban a ningún sitio: "¿Le gustaba mucho ir allí?" "¿Le gustaba?" "Sí". Antes de la segunda entrevista, los niños comentaron el modo de mejorar las preguntas para obtener más información. Descubrieron que las preguntas como: "¿Con qué tenían que jugar?" y "¿qué ocurrió entonces?" llevaron a una narración sobre la plataforma de la sombrilla que había sido quitada después de un accidente, seguida por un diálogo más amplio sobre la seguridad, el vandalismo y la contaminación.

CRAMER aconsejaba que, primero, los niños decidan, como clase o por grupos, cinco preguntas iniciales; por ejemplo: "¿Dónde vivía?" "¿Quién vi-

---

La llamada inicial se explica porque Escocia, en especial la zona de Edimburgo, es conocida por sus bizcochos o pasteles de avena. El "agujero en todos los abrigos" es una expresión que alude a algo que el sujeto quiere ocultar, por lo que conviene tenerlo en cuenta para que no se haga público. El niño, que "toma nota" de todo, lo publicará a los cuatro vientos. Ésa es la razón de que muchas personas sean reacias a contar su vida a los niños. *(N. del T.)*

vía en su casa?" Después, debían practicar la grabación de entrevistas haciéndoselas unos a otros, escuchar las grabaciones y comentar los aspectos que hacen que una entrevista sea buena. Tienen que discutir por qué un "mmm" o un silencio puede ser mejor que las preguntas sin interrupción y cómo establecer la continuidad, preguntando seguidamente qué ocurrió, por qué, cómo se sintió o cómo lo sabe. Tienen que considerar por qué es importante escuchar y respetar turnos. Después, los niños pueden decidir, en grupos, el área del tema que quieran investigar durante la segunda sesión de la entrevista, aunque no sea imprescindible que preparen listas de preguntas, pues cabe que se centren demasiado en ellas, en vez de en el tema del que se ocupen.

También es necesario que hablen sobre el lenguaje utilizado en la entrevista y para la comunicación de la información a otras personas. Esto puede constituir una oportunidad ideal para que los niños bilingües demuestren sus destrezas. A la maestra o maestro le corresponde desarrollar la fase final, la de devolver el tema al presente.

El o los entrevistados

La persona entrevistada necesita saber algo acerca de la edad y de las capacidades de los niños, el trabajo que han desarrollado sobre el tema y sobre la preparación de la entrevista, los tipos de preguntas que puedan hacer y el tiempo que se prevé dure el diálogo. También debe comprender los tipos de pensamiento histórico y las destrezas orales que la maestra o maestro intentan desarrollar. Vass (1993) describe la entrevista realizada por una clase de niños de 6 años a una mamá de cerca de 30 años que había asistido a su escuela. La entrevista se preparó de antemano de manera bastante imaginativa. Las historias sobre los responsables del reparto de leche y la demolición de los servicios que estaban en el exterior del edificio llevaron a una pregunta acerca de si ella había estado en esa misma aula. "Sí", respondió la madre, "y me sentaba en tu pupitre". Contó la historia (auténtica) de una salpicadura de tinta que había dejado manchado el pupitre. Después de buscarla, los niños, cautivados, encontraron la mancha. ¡No se daban cuenta del tiempo que emplearon la maestra y la madre en buscar el pupitre en cuestión!

Organización de la o las entrevistas

Hay que reflexionar sobre una serie de cuestiones. ¿Se mantendrá el diálogo con toda la clase, con un grupo pequeño o con parejas de alumnos? ¿Hablará por turno sólo una persona a varios grupos? ¿A cuántos adultos se puede invitar? ¿Conviene repartir sus visitas a lo largo de un período? ¿Dónde tendrán lugar las entrevistas y cuáles son las mejores maneras de disponer los asientos? ¿Cuál es la función de la maestra o maestro?

© Ediciones Morata, S. L.

Seguimiento

Los niños deben aclarar y hacer explícitos sus hallazgos con el fin de presentarlos a los demás. Por ejemplo, podrían dibujar una secuencia de dibujos para ilustrar los acontecimientos descritos, hacer grabaciones magnetofónicas de lo que descubran, escribir rótulos que expliquen las fotografías u objetos que se exhiban o representar algunos incidentes descritos.

El comentario de la entrevista después de marcharse el visitante también puede llevar a considerar la fiabilidad de la prueba oral. Los niños tienen que saber que las percepciones y relatos de las personas no tienen por qué coincidir con la idea aceptada. Esto puede conducir a la comprensión de la relación entre la narración de historias, las fuentes orales, los mitos, las leyendas y la historia. Vass (1993) cuenta que un pescador del norte de Devon iba todos los años a hablar a los niños sobre la vida entre guerras. Cada año, su historia era más elaborada e imaginativa, a medida que descubría qué relatos iban mejor. ¡La ballena —al principio, una marsopa— que atacaba su barco de pesca acabó convirtiéndose en un relato épico de las proporciones de *Tiburón*! Cuando se marchó, los niños preguntaron: "¿La historia de la ballena era cierta?" Esto condujo a un diálogo sobre si el relato era verdadero, si el pescador había estado mintiendo, si trató de engañar o si estaba adornándolo para crear una buena historia. Los niños pequeños son capaces de hacer análisis sofisticados si el contexto les interesa.

Redfern (1998) explica que muchos aspectos del pasado que no suelen representar los materiales de aprendizaje publicados pueden comprenderse a través de la historia oral en el primer ciclo de la educación primaria: la diversidad cultural de las sociedades antiguas, la experiencia de las minorías y de los hombres, mujeres y niños ordinarios. Señala que las personas ancianas también pueden hablar de tiempos muy anteriores a su nacimiento, mediante su tradición oral, y que los niños pueden entrevistar a adultos que asuman el papel de personas de un pasado lejano. Por medio de estudios de casos, demuestra cómo puede hacerse esto. En otro lugar, Redfern (1999) indica que los niños pueden grabar los relatos orales en cinta magnetofónica o de vídeo y combinarlos con otras fuentes, por ejemplo, música, y con sus descubrimientos en otras investigaciones. Revela también cómo pueden relacionarse con textos y trabajos escritos en todos los niveles para organizar y comunicar su trabajo.

The National Curriculum for England and Wales (/DfEE/QCA, 1999a) promueve los vínculos entre la escuela y la comunidad local. Es posible que las visitas a grupos de personas en sus propios ambientes (sean clubes sociales para residentes, centros de trabajo u organizaciones de voluntariado), en vez de invitarlos a la escuela, den lugar a más diálogos y a una mayor comprensión (Rogers, 1995).

© Ediciones Morata, S. L.

Fuentes visuales

Las fuentes visuales han cobrado cada vez mayor importancia para los historiadores desde el Romanticismo, cuando empezó a considerarse el arte como una alfombra mágica de retorno a épocas pasadas, al "espíritu de una época". La historia empezó a ser tenida en cuenta como un medio para descodificar imágenes de acontecimientos, lugares, personalidades y emociones del pasado. CLARK (1969) esperaba que, estudiando el arte, el historiador pudiera involucrarse en una investigación histórica más digna de confianza que la que permiten otras fuentes y GOMBRICH consideraba que el arte era una fuente histórica fundamental. Decía que "entre el arte y la historia no hay enfrentamiento; tan pronto como se hace una obra de arte, comienza a formar parte de la historia". GOMBRICH (1977) veía el arte como una clave para comprender las formas de representar el mundo de diferentes épocas y distintas naciones.

Sin embargo, las fuentes visuales plantean sus propios problemas de interpretación. Las pinturas presentan una visión especialmente selectiva, saneada y manipulada del pasado. El historiador holandés HUIZINGA señalaba que, frecuentemente, la idea de una época que nos dan las obras de arte es mucho más serena y feliz que la que encontramos en otras fuentes. La interpretación de las pinturas como una fuente histórica encierra problemas importantes. Por ejemplo, ¿podemos presentar los estilos como el reflejo moral de una era? ¿Representa el Gótico una expresión pura de fe y el Barroco, del autoritarismo? ¿Debe interpretarse el arte primitivo como el reflejo de una sociedad primitiva o asociarse el arte recargado con la decadencia? (HASKELL, 1993).

Desde la década de 1960, se reconoce que la fotografía es una fuente histórica importante. SAMUEL (1993) describe así su descubrimiento de la fotografía como fuente:

> Éstas fueron las primeras fotografías que me habían impresionado como documento visual... su carácter inesperado que daba a lo anónimo el tipo de atención reverente que normalmente se reserva para los políticos y las celebridades literarias... Prometían intimidad entre los historiadores y su objeto de estudio, permitiéndonos, si no escuchar a escondidas el pasado... al menos, frotarnos la espalda con él.

En 1972, la *National Portrait Gallery* nombró a su primer conservador fotográfico. Es más probable que las fotografías reflejen la vida de la gente "corriente", pero, como las pinturas son selectivas, tendenciosas o artificiosas.

Entre las fuentes visuales están también las pinturas rupestres, sean las de las montañas Mpongweni, de Lesotho, o las de Lascaux, en Francia. Incluyen las telas pintadas, impresas, tejidas y bordadas, las vidrieras emplomadas y las estatuas, los anuncios, las tarjetas postales y las ilustraciones de libros.

© Ediciones Morata, S. L.

Los niños pequeños pueden aprender a mirar, comentar y hacer inferencias sobre las pinturas. Una pintura da forma a las ideas y es algo a lo que pueden vincular sus propias ideas. La interpretación de una pintura supone una interacción dinámica entre el creador y los espectadores. Al jugar con las ideas provocadas por una obra de arte, crean algo suyo a partir de ellas y, en ese juego, tienen que vérselas con conceptos, lógica, intuitiva e imaginativamente.

Hacen falta más investigaciones sobre la forma en que los niños perciben las imágenes y lo que pueden asimilar a diferentes edades; parece que, de 3 a 6 años, prefieren patrones visuales cada vez más complejos. Cuando un niño descubre lo que puede ganar observando imágenes, la interpretación de una ilustración se hace maravillosamente complicada. Mirar imágenes es un rompecabezas y nuestra actitud hacia ellas debe ser abierta. No hay ninguna garantía de que podamos asegurarnos de todo lo que estemos mostrando. Tenemos que empezar con: "quizá se refiera a..." (DOONAN, 1993, pág. 11). DOONAN sigue diciendo que si

> descubrimos demasiados detalles enigmáticos para apoyar una hipótesis, quizá tengamos que abandonarla y empezar a mirarlo todo de nuevo. También tenemos que tolerar la ambigüedad. Podemos conformarnos con varias interpretaciones y quedarnos satisfechos con todas ellas, o con ninguna. Lo fundamental, a través de todas las pruebas e hipótesis guiadas por la sensibilidad, es que sigamos con la mente abierta y preparados para dedicar mucho tiempo al proceso.

Las ilustraciones de libros pueden ser una buena manera de presentar a los niños las destrezas de descodificación de pinturas y fotografías. Primero, pueden aprender a hablar sobre las ideas, humores y sentimientos que representan, y cómo deben descubrirse a través de las líneas, las formas y el color. Partiendo de las expresiones faciales y del lenguaje corporal, los niños pequeños pueden inferir lo que piensen, sientan y digan las personas. Más tarde, pueden utilizar estas destrezas para hablar sobre las ilustraciones de libros que reflejan el pasado. UNWIN (1986) indicaba que es fácil que ellos prefieran ver las cosas tal como pudieran haber sido, en reconstrucciones ilustradas de épocas pasadas, en vez de como restos arqueológicos. Los niños pueden utilizar también las ilustraciones de libros infantiles antiguos como fuente primaria; *Mrs Tiggywinkle*, de Beatrix Potter, contiene mucha información sobre el día de la colada. Más tarde, pueden transferir sus destrezas de descodificación a pinturas y fotografías y comentar el humor, los sentimientos y las ideas que se representan en ellas.

HARNETT (1996) descubrió que los niños pequeños que utilizaban fuentes visuales solían observar las imágenes con todo detalle, contando todo lo que podían ver en ellas, pero después pasaban de las cuestiones centradas en detalles concretos a impresiones generales. La autora sugirió unos marcos de referencia para desarrollar los elementos clave de la comprensión histórica a través de fuentes visuales, los pasos para desarrollar la interpretación de los cuadros y las formas en que los maestros pueden ayudar a los niños a hacer preguntas y a estimularlos para interactuar entre ellos con el fin de ampliar su pensamiento (HARNETT, 1998, págs. 69-86). Por ejemplo, dos parejas de niños pueden describir por turno los objetos de una ilustración y comentar las descripciones. El maestro también podría ayudarles a formular preguntas abiertas: "¿Qué preguntas puedes hacer sobre la ilustración (de una cocina romana) para descubrir más cosas sobre la forma de vivir de los romanos?" También se les podría pedir que identificaran los detalles significativos de la imagen, poniendo un pie de foto; podría pedírseles que seleccionaran distintas características de una imagen y hablaran o escribieran sobre ellas.

Pinturas

Las pinturas pueden dar una dimensión histórica a muy distintos temas: cuentos populares, alimentos, ropas, casas, niños, animales de compañía. Cuadros como *El paje negro* (Aelbert Cuyp, 1620-1691) o *Michael Alphonsus Shen Fu-Tsung* (*El chino converso*), pintado por Sir Godfrey Kneller (1646-1729), ambos de la *Royal Collection* y reproducidos en postales, proporcionan pruebas visuales de las antiguas relaciones entre Europa, Asia y África. Las pinturas chinas o indias pueden reproducirse de libros para niños mayores (por ej.: GLEISNER, 1992, págs. 38-39; GOALEN, 1992, págs. 12, 14; ROBERTS, 1992) o de postales de la colección del *Victoria and Albert Museum*.

Los niños pueden extraer información de las pinturas y hacer deducciones e inferencias sobre acontecimientos, vestidos y objetos. Pueden conversar sobre la validez de la pintura como fuente histórica. ¿Cómo se hizo?, ¿para quién?, ¿por qué?, ¿siempre tenían este aspecto?, ¿la mayoría de las personas vestía así? Las pinturas pueden desarrollar la imaginación histórica: ¿Qué aspecto tendría para estar en ese cuadro?

Lulu and the Flying Babies (SIMMONDS, 1988) ilustra deliciosamente el proceso por el que las pinturas de una galería atraen y acaban encantando a una niña. Enfadada porque no la dejan jugar en la nieve, Lulu se encuentra hablándoles a dos querubines de los cuadros de una galería. Ellos la llevan volando al mundo nevado de Brueghel, a montar a caballo detrás de un rey en otro cuadro y a probar la fruta de un bodegón holandés. *Smudge* (DICKINSON, 1989) muestra cómo "un niño muy desaliñado" se encuentra incluido en la tapicería de Bayeux, en un vaso griego y en una escena de Lowry.

ARNHEIM (1974) indicaba cómo podemos ayudar a los niños a mirar con nosotros un cuadro de un modo más organizado. Antes de nada, describimos el cuadro en su conjunto. Después, resguardados por la estructura del conjunto, tratamos de reconocer las características principales, para explorar, a continuación, los detalles secundarios. Poco a poco, se revela toda la obra, se pone en su sitio y empieza a cautivar con su mensaje todas las fuerzas de nuestra mente. Por último, podemos preguntar si la pintura cuenta una historia, qué podría haber ocurrido antes o después o qué sonidos hubiésemos percibido de haber estado allí. Podemos comentar el cuadro como una interpretación y si nos hace felices o nos pone tristes, si nos gusta o no y por qué.

© Ediciones Morata, S. L.

En el proyecto "*Images of People*", desarrollado en el *Russell-Cotes Art Gallery and Museum* de Bournemouth, se llevaron a cabo actividades que ayudaban a los niños pequeños a ver que la forma en que las ilustraciones representan a las personas puede ser sólo una interpretación y quizá no sean fiables. Por ejemplo, los niños pueden escoger una colección de objetos para que los representen, adivinar los significados de las exposiciones de los demás y explicar qué sienten cuando los otros interpretan sus objetos; también el maestro o maestra puede escoger un objeto para que represente a la clase y los niños pueden decir si se sienten representados por él (BATHO, 1994).

Cuadro 6.1. *Contemplando cuadros: una posible secuencia de preguntas*

Descubre cosas sobre el pasado y responde a las preguntas utilizando la fuente

1. *Visión general del cuadro*

   - ¿Qué personas puedes ver?
   - ¿Dónde están?
   - ¿Qué hacen?
   - ¿Hay letras, números o emblemas?

   ¿Quiénes crees que son?
   ¿Por qué?
   ¿Por qué?
   ¿Qué nos dicen?

2. *Los detalles*

   - ¿Qué llevan puesto?
   - ¿Qué sostienen?
   - ¿Qué tipos de peinados llevan?
   - ¿De qué colores son sus ropas?
   - ¿Qué edificios puedes ver?
   - ¿Qué muebles, plantas, cuadros, animales e iluminación?
   - ¿Qué hay al fondo?
   - ¿Qué indican las acciones y gestos de las personas?

   ¿Son ricas?
   ¿Son poderosas?
   ¿Llevarían esas ropas todos los días?
   ¿Hay alguna razón especial?
   ¿Por qué están en el cuadro?
   ¿Por qué están en el cuadro?

   ¿Por qué?
   ¿Quiénes son más y menos importantes?
   ¿Qué podrían estar diciendo?
   ¿Qué nos dice el cuadro sobre las mujeres, los niños, la edad, la raza?

Este ejemplo muestra que los niños de 2.º eran capaces de hacer deducciones e inferencias sobre los retratos de la reina Victoria y de la reina Isabel I. Al principio, se proporcionaron a los niños cuatro ilustraciones de la reina Victoria en diferentes momentos de su vida. Rápidamente se dieron cuenta de que en todas ellas estaba la misma persona y las pusieron en orden cronológico. Después, trataron de adivinar quién podía ser. Un niño dijo que era una reina, porque en una de las ilustraciones llevaba corona. A continuación, intentaron descubrir por qué habían pintado los distintos cuadros, utilizando las pruebas que estaban presentes en los mismos. Señalaron varios acontecimientos importantes de la vida, como cumpleaños, boda, su coronación y la

© Ediciones Morata, S. L.

jubilación. Emplearon con mucha sensibilidad elementos de los cuadros para adivinar las circunstancias con las que podían relacionarse las pinturas. Comentaron por qué iba de negro cuando era anciana. Algunos niños sabían que era el color del luto.

Después, los niños observaron una selección de retratos de Isabel I. Se suscitó un ligero debate sobre si se trataba de la reina actual y después hablaron sobre el tiempo que hacía que había muerto. Compararon los cuadros con los de la reina Victoria, aunque éstos habían sido retirados, e identificaron rápidamente el cuadro de la coronación. Hicieron muchas observaciones detalladas, mirando el cabello, los vestidos y las joyas, así como el fondo de los retratos. Señalaron las pinturas en las que aparecían la corona, el cetro y el orbe (tuvieron que preguntar qué eran esos objetos), aunque se encontraban al fondo. Más tarde, dijeron que se habían incluido esos objetos para demostrar que era una reina.

Los niños hablaron de la edad de la reina Isabel en cada cuadro. Comentaron que tenía que ser más joven en el cuadro de la coronación porque era el principio de su reinado. Hablaron de la razón por la que lucía tantas joyas en los retratos. Indicaron que era "porque quería demostrar que era rica" o "porque tenía ansias de riqueza". Al observar el retrato de Marcus Gheeraerts, que muestra a la reina de pie, sobre un mapa de Inglaterra, los niños se dieron cuenta de que, en realidad, no podía haber estado de pie sobre Inglaterra, que debía ser sólo en el cuadro y que estaba encima del mapa para manifestar que regía Inglaterra.

Cuando se les preguntó por qué la pintaban tan a menudo, dijeron "porque era reina de Inglaterra", "porque era famosa", "porque quería que todo el mundo supiera cómo era". Expresaron diversas opiniones sobre su carácter. Los niños estaban muy seguros de que no era tan delgada como la retrataban. Sabían que llevaba "aros" debajo de la falda.

Los trabajos abarcaban una serie de niveles del *National Curriculum* y el diálogo se grabó para hacer posible la evaluación.

Los niños tuvieron oportunidades de considerar el tiempo y el cambio, las diferencias entre el pasado y el presente en su propia vida y en la vida de otras personas, comparando los cuadros y viendo cómo habían cambiado Isabel y Victoria durante su vida, y de reconocer las semejanzas y diferencias entre distintos períodos del pasado, señalando las características comunes a varios cuadros y las diferencias entre ellos.

Consideraron cómo y por qué se crearon las imágenes del pasado, dándose cuenta de que estaban trabajando con retratos de personas auténticas y que en las pinturas se expresaban unos mensajes concretos. Utilizaban las pinturas como fuentes de información sobre el pasado, hablando de lo que podían ver en ellas y haciendo preguntas sobre los retratos y las personas que aparecían en ellos, mirando las pinturas para dar respuesta a sus preguntas y haciendo deducciones de las mismas. Seleccionaron y reunieron información de más de un cuadro para responder a preguntas específicas.

© Ediciones Morata, S. L.

Fotografías

En cuanto fuente histórica, las fotografías abarcan las personales, las fotos de libros, periódicos y las vistas de postales. Pueden relacionarse con temas como "Nosotros", "Nuestra calle" (o escuela, pueblo), "Los trabajos que hace la gente", "Vacaciones", "Ropa" o "Transporte". A menudo, se utilizan fotografías antiguas con los niños pequeños porque son una representación gráfica de "lo otro". Con frecuencia, las fechas, las direcciones, los mensajes y los títulos amplían la dimensión visual, sobre todo en el caso de las postales anteriores al teléfono.

Los maestros de la *Robert Le Kyng Primary School*, de Swindon, cuentan cómo utilizaban fotografías de juguetes antiguos y de las vacaciones en la costa con los niños del último curso de educación infantil y hasta de 2.º para desarrollar destrezas clave mediante la investigación histórica (TILBURY y FORDHAM, 2001). Los niños del último curso de infantil practicaban las habilidades de observación: "¿Qué puedes ver?" Los de 1.º desarrollaban las destrezas de investigación y las deducciones: "¿Qué puedes averiguar a partir de las observaciones?" Los de 2.º hacían listas de semejanzas y diferencias entre el ahora y el entonces, basadas en las observaciones. *English Heritage* (ver pág. 246) ha producido unos paquetes de fotos como apoyo para los planes de trabajo de la QCA sobre juguetes y vacaciones del primer ciclo de primaria, basándose en este estudio (*English Heritage*, 2001).

Joanne Edwards, una estudiante que estuvo trabajando con niños de 3.º que habían analizado la Segunda Guerra Mundial en el trimestre anterior, les mostró una fotografía de la boda de sus abuelos, en 1943. Inmediatamente, dedujeron que se había hecho durante la guerra.

A   Todos llevan uniformes. Él es piloto.
JE ¿Cómo lo sabes?
A   Se ven las alas en su uniforme.
K   Llevan equipos de soldados.
B   En la guerra, no tenían mucho dinero. No podían tener ropa nueva. Ella lleva un vestido normal, como el que os pondríais para ir a una fiesta. Tiene un pequeño ramo de flores y no lleva velo. Usaban vestidos cortos, para poder correr e ir a los refugios.

Todos los niños fueron capaces de transferir a la fotografía sus conocimientos sobre la guerra; es interesante el hecho de que las niñas hablaran de los vestidos de las mujeres y los niños de las alas de piloto y de la raya al medio de los hombres.

Los niños también fueron capaces de hacer inferencias sobre los sentimientos y motivos de las personas, basándose en sus conocimientos de la conducta de los adultos, ¡extraídos de las telenovelas!

© Ediciones Morata, S. L.

A Querían ser felices y hacer más su vida. Querían tener recuerdos felices si se morían. Es como *Home and Away**, cuando Blake quería casarse con Meg antes de morir.
B Y Ted y Rita en *Coronation Street***...

Cuadro 6.2. *Mirando fotografías*

Fotografía de 1880
¿Por qué está la dirección en la foto? ¿Así otras personas irían allí por una foto?
Ahora no ves a las señoras con botones desde el pecho al cuello.
Hay abalorios a los dos lados.
El vestido se te pegaría al cuello.
Me parece que los cuellos de los chicos tenían que ser incómodos; es un tipo de material duro.
Se ponían elegantes para hacerse la foto. En tiempos antiguos no decían "sonríe".

Fotografía de 1912
Es invierno. Lleva abrigo y guantes.
Creo que va a dar un paseo al parque con su perro.
Lleva bombachos y un vestido y medias, como las niñas, y cosas recargadas en los zapatos.

Fotografía de 1946
Esta foto no es muy antigua, porque todavía se ve a niñas con el pelo así.
Es un cochecito anticuado. Ahora, los bebés van sentados en ellos. No van tumbados como en ése.
Pueden haber hecho la foto porque tienen un nuevo bebé.

Fotografía de 1960
Parece como de la época de los *teddy boys**, ya sabes, como en *West Side Story*.
Puede que estuvieran de vacaciones.
Yo no llevo *vestidos* en vacaciones. Yo llevo pantalones cortos y camisetas.
No está muy lejos. Es Butlins o, quizá, Eastbourne (K conoce ambos lugares).
Es un camping o un hotel de verano.
Es verano; hay flores.

Fotografía de 1970
Son una especie de *hippies* de los años setenta, ya sabes, el poder de las flores.
Están en una boda. Se ve la iglesia, el arco.
¿Se están casando?
Se les ve relajados y felices.

---

* En la década de 1950, comenzaron a aparecer en Inglaterra grupos de chicos cuyo aspecto se caracterizaba por llevar el pelo engominado y peinado de forma un tanto estrafalaria, patillas largas, pantalones muy estrechos, corbata de cordón, calcetines de colores chillones y zapatos de suela gruesa de goma: los *teddy boys*. A esto se añadía una chaqueta larga con cuello de terciopelo y adornos. La típica novia de *teddy boy* llevaba falda amplia y relativamente corta, jersey estrecho escotado, tacones de aguja y medias negras. (*N. del T.*)

* Serie australiana de televisión. (*N. del T.*)
** Serie británica de televisión. (*N. del T.*)

En una segunda sesión, se mostró a estos niños una secuencia de cinco fotografías familiares y la maestra anotó lo que dijeron sobre ellas. Descubrió que las preguntas sobre las primeras imágenes les facilitaron un marco de referencia para comentar las posteriores sin necesidad de inducirlos a ello.

La sinopsis de las descripciones, preguntas y deducciones de los niños, que aparecen en el Cuadro 6.2, muestra cómo desarrollaron los puntos de vista de los demás y respondieron a las preguntas de los otros.

CURTIS (1993) indicó diversas estrategias para utilizar fuentes visuales, con alumnos de poca capacidad y en proceso de desarrollo del bilingüismo, que también pueden utilizarse con niños pequeños, para ayudarles a comprender que distintas fuentes llevan a diferentes visiones del pasado.

Se entregan distintos juegos de imágenes, que transmiten mensajes opuestos, a dos grupos de niños; por ejemplo, niños pobres y ricos de la época victoriana, niños de ciudad y del campo u ocio y trabajo en la época victoriana. Cada niño del grupo escoge una imagen y dice a los demás lo que cree que está ocurriendo en ella. Los otros niños pueden decir si están de acuerdo o no y, en tal caso, por qué no, y si pueden ver en la ilustración alguna otra cosa. Después, el grupo decide lo que cree que su juego de imágenes cuenta sobre el período, y lo anota en una o dos oraciones escritas en colaboración. Más tarde, cada grupo informa a toda la clase de lo que ha encontrado en su juego de ilustraciones sobre el período. El maestro comenta con toda la clase por qué son diferentes los hallazgos de los dos grupos.

Otro trabajo con fotografías podría examinar los conceptos de prueba y de validez.

Prueba

Los niños pueden tomar fotografías de su escuela, calle, tienda o pueblo y descubrir lo que las personas del futuro podrían conocer o adivinar sobre ellos. Esto contribuiría a desarrollar la idea de la fotografía como documento y que el "ahora" se convertirá en parte de la historia.

Validez

Para examinar las ideas sobre la validez, los niños pueden coleccionar fotografías de ellos mismos y clasificarlas como "cotidianas" y de "ocasiones especiales": cumpleaños, bodas, fiestas, el primer día de colegio, el concierto de la escuela, fotografías formales del grupo de la clase. Después, pueden comentar las diferencias entre las dos categorías de fotos (ropa, comida, lugar, composición) y cuáles aportan más conocimientos de la vida diaria. Pueden hablar de si la gente sólo fotografía las ocasiones felices (¿alguna vez has salido llorando en una foto?).

© Ediciones Morata, S. L.

Otra forma de adentrarse en este terreno sería mirar fotografías antiguas, que sólo se realizaron en ocasiones formales y en donde las personas se colocaron a propósito para la foto. ¿Estas personas tenían siempre ese aspecto? (En la época victoriana, hasta los trabajadores posaban para hacerse fotografías.) ¿Por qué se hacían fotografías? ¿Qué querían estas personas que pensáramos de ellas?

El ejemplo siguiente muestra que los niños son capaces de darse cuenta de que las circunstancias en las que están tomadas las fotografías y las razones por las que se hicieron pueden influir en los mensajes que transmiten y deben tenerse en cuenta al interpretarlas y utilizarlas como base para generalizar.

Se enseñaron, a un conjunto de niños de 3.º, fotografías de dos grupos familiares hechas a principios del siglo XX; una la tomó un fotógrafo profesional y la otra un aficionado. De inmediato, se percataron de esta diferencia de categoría:

K Ésta la hizo un amigo o un familiar. Si no, ¡no hubiese cortado esta cabeza! Y la señora no está preparada. Está mirando hacia abajo. ¿La otra la hizo un fotógrafo?

B Sí. Todos están en orden. No estarían así si no estuviesen preparados.

En consecuencia, los niños se dieron cuenta de que las fotografías transmitían mensajes diferentes.

B Los Harrison son ricos. Se puede decir eso por su casa, que está detrás, y por las joyas que lleva la señora.

E Tratan de parecer gente elegante. Cuando nos hemos hecho una fotografía, nos hemos agrupado para eso.

K No creo que los Parson sean *así de* pobres. Los otros llevaron un fotógrafo de verdad y por eso se pusieron sus ropas más bonitas. Pero esta gente ha salido al jardín. No es más que una foto familiar.

Anuncios

Los anuncios antiguos constituyen otro medio adecuado para hablar de la fiabilidad de las fuentes, porque los niños están acostumbrados a la publicidad. La *History of Advertising Trust** facilita carteles y anuncios excelentes. Algunas colecciones giran en torno a temas, por ejemplo, anuncios que

---

* La *History of Advertising Trust* ("Fundación de historia de la publicidad") fue fundada en 1974 con el fin de conservar para la posteridad los mejores anuncios del Reino Unido. En 1976, se registró como "fundación de investigación educativa" y como organización benéfica. Aunque sólo los investigadores tienen acceso a sus fondos, la fundación organiza exposiciones abiertas y colabora con museos y centros de enseñanza. *(N. del T.)*

© Ediciones Morata, S. L.

siguen los estereotipos cambiantes de las mujeres, desde la época victoriana hasta el presente, y de informaciones relacionadas con ellos. Los vestidos y las situaciones constituyen una fuente histórica; su validez puede investigarse comparándolas con un anuncio similar de nuestros días: ¿Qué nos dice un anuncio moderno sobre la ropa y la vivienda actuales? ¿Por qué se ha hecho? ¿Qué quieren que pensemos las personas que hacen los anuncios? ¿Los anuncios actuales presentan un cuadro auténtico de la forma de vida de la gente?

El entorno local

> [La historia] da interés y sentido a cosas en las que quizá no hubiésemos reparado antes, no sólo aldeas y pueblos y edificios, una iglesia, una casa antigua, un puente, sino incluso del mismo paisaje; huellas prehistóricas, monolitos, túmulos... el carácter romántico y patético de la industria, las minas, que fueran una vez colmenas resonantes con la actividad de centenares de hombres...
> (ROWSE, 1946, pág. 31.)

TAWNEY (en: ROWSE, 1946, pág. 42) decía que un historiador no necesita más documentos, sino un par de botas resistentes. Casi todas las poblaciones tienen algunos edificios antiguos y lugares que pueden visitar los niños.

English Heritage (ver pág. 246) sigue produciendo excelentes recursos de apoyo a las visitas a lugares y edificios históricos importantes: abadías, casas, castillos. Sus funcionarios regionales de educación también están deseando ayudar con planes para utilizar el entorno histórico local con los niños más pequeños: una zona, una calle comercial, iglesia o hilera de casas de la población*.

Edificios

Puede tratarse de edificios protegidos, de los que hay 400.000 en Inglaterra, una iglesia de la localidad o cualquiera de los inmuebles de la población que, sin ser excepcionales, son antiguos. Los niños que viven en casas antiguas pueden hacer investigaciones sobre sus propios hogares, utilizando callejeros, y hacer libros basados en *Our House* (RODGERS y RODGERS, 1991). Esta obra cuenta, en ilustraciones, la historia de distintos niños que vivieron en la misma casa en 1780, 1840, 1910 y 1990. Un vídeo de *English Heritage* para el primer ciclo de primaria (1992) muestra cómo preparar, organizar y hacer el seguimiento de la visita de la clase a un edificio antiguo. Es un estudio de un caso centrado en una casa de comercio del siglo XVII, de Great Yarmouth.

---

* En España muchos ayuntamientos se encargan de este cometido a través de los departamentos de educación y de los propios museos. *(N. del R.)*

Primero, los niños pueden observar y después recoger en dibujos o fotografías:

- cómo están hechas las paredes: armazón de madera relleno con cañas, ladrillos, yeso, piedra;
- cómo está hecho el tejado: paja, pizarra, tejas;
- puertas y bisagras, ventanas, chimeneas;
- decoración, escritos, figuras;
- número de habitaciones, piso de arriba, planta baja;
- hogares, techos, pisos, timbres, hornos, bomba.

Después, pueden comentar cuestiones sobre el pasado, por ejemplo:

- ¿Se ha modificado el edificio?, ¿por qué?
- ¿Cómo calentaban e iluminaban la casa, cocinaban, sacaban agua?
- ¿Cuántas personas vivirían aquí probablemente?
- ¿Cómo se utilizaban las habitaciones?

Por último, podría hacerse el seguimiento de la visita presentando a un público las deducciones e inferencias que hubieran hecho sobre la posible forma de vida dentro de la casa en el pasado y de cómo y por qué hubiese cambiado. Esto puede hacerse mediante la rotulación de fotografías, una maqueta, una proyección de diapositivas o un juego de representación de roles, y supondría explicar las causas y efectos de los cambios e interpretaciones.

Emplazamientos

En éstos se incluyen los lugares en los que se hayan descubierto pruebas de ocupación:

- yacimientos arqueológicos en proceso de excavación;
- estructuras incompletas (una villa romana o parte de la muralla medieval de una ciudad);
- emplazamientos industriales (molinos de viento o hidráulicos para moler, drenar, hilar o tejer);
- almacenes (o alto horno o el taller de un platero);
- huellas de sistemas de comunicación (huellas antiguas indicadas por setos, muros, un mojón, un abrevadero);
- calles antiguas (indicadas por rótulos de calles, caballerizas, señales de posadas, iluminación, carboneras, buzones, placas);
- canales (con puentes, esclusas, caminos de sirga).

Los niños pueden observar pistas del lugar y registrar sus observaciones en dibujos y fotografías. Más tarde, pueden utilizar estos registros para hacer

© Ediciones Morata, S. L.

listas de preguntas sobre cómo se hacían y utilizaban los emplazamientos y por qué. Esto podría llevar a descubrir más cosas en libros —así como en fuentes orales y de otro tipo— y a presentaciones, de distintas formas, de lo descubierto. Éstas podrían recoger "una conferencia del arqueólogo", ilustrada con diapositivas, una exposición de dibujos y planos con descripciones y explicaciones, maquetas y reconstrucciones dramáticas. Podrían mostrarse al público los procedimientos arqueológicos, por ejemplo, describiendo una excavación en los patios de la escuela, tanto para ver lo que los alumnos pueden encontrar como para descubrir "pruebas" preseleccionadas y enterradas por la maestra o maestro. Como fórmula alternativa, los niños podrían demostrar a su público cómo trabajan los arqueólogos enterrando algún objeto en estratos de arena, tierra o grava en un terrario para mostrar una sección o construir una maqueta y enterrarla en el cajón de arena para que otros lo redescubran, registren e interpreten.

La visita a una iglesia, como la que se describe en "Church-Going Kendal" (COOPER y ETCHES, 1996), puede proporcionar el centro de interés de un excelente tema para el primer ciclo de primaria: la lectura de los relatos que se encuentren en vidrieras, estatuas y escudos de armas tiene una evidente relación con la comunidad y la ciudadanía locales. Las imágenes y los nombres que aparecen en los monumentos reflejan fuentes locales de riqueza (en este caso, de ganadería de ovino y agricultura) así como historias de personas famosas y menos famosas de la localidad. El estudio de una iglesia pone de manifiesto los vínculos con pautas cíclicas, a través de las fiestas estacionales, bautizos y matrimonios, y una dimensión personal, social, espiritual y cultural, así como relaciones con acontecimientos nacionales. Llegamos inmediatamente después del "Poppy Day"*. Cada niño de un grupo, que antes había estado viendo fotografías de la Primera Guerra Mundial, recibió una amapola y se le preguntó dónde podían encontrarse más amapolas en la iglesia. ¿Por qué?, ¿a quién se conmemoraba en los monumentos? De nuevo en la escuela, dibujaron su propia vitrina de recuerdo y la hicieron en papel de seda.

Objetos

Gran Bretaña tiene 2.500 museos. Desde 1960, han ido surgiendo otros nuevos a una tasa de 30 al año (en Fakenham, está el *Museum of Gas and Local History***, mientras que, en Jarrow, está el *"Bede's World"****). Debemos nuestros grandes museos a los victorianos, pero sus ideas no son las nuestras; el arte, las reliquias y los datos se presentaban en cajones polvorientos, sin dotarlos de contexto ni animación, para observarlos en silencio.

---

* En el Reino Unido, es el domingo de noviembre en el que se conmemora a los caídos en las dos guerras mundiales. *(N. del T.)*

** "Museo del gas y de historia local". *(N. del T.)*

*** "El mundo de Beda", museo y centro de actividades en torno a Beda el Venerable y Nortumbria. *(N. del T.)*

© Ediciones Morata, S. L.

Sin embargo, los servicios educativos de los museos, que deberían hacerlos más accesibles en la actualidad, no han mejorado en los últimos años. El acceso a los museos depende cada vez más de la capacidad adquisitiva, de los patrocinios y de unas premisas de carácter cínico, falso y esnob acerca de lo popular. En consecuencia, es esencial que los niños aprendan a observar, disfrutar y hacer preguntas históricas sobre los objetos, dentro y fuera de los museos.

BRUNER (1966) decía que examinar cómo están hechas las cosas y cómo funcionan a través del tacto es una forma importante de presentar las ideas clave de una disciplina a los niños pequeños. Lo llamaba "representación enactiva". Los niños pueden tener la oportunidad de tocar objetos del pasado en "sesiones de manipulación" en los museos, mediante colecciones de préstamo, en sesiones como "*Mrs Tanner's Tangible History*" (véase la pág. 246) o haciendo sus propias colecciones en la escuela, bien de manera temporal, en conexión con un tema concreto, bien creando un "museo" escolar. También se comercializan colecciones de objetos, réplicas y vestimentas históricas infantiles (por ej., *History in Evidence, Articles of Antiquity*; véase la pág. 246). TANNER y WOOD (1993) han escrito libros excelentes en apoyo de esas colecciones para el primer ciclo de primaria, y los niños también lo pasan muy bien con *My Class Visits a Museum* (GRIFITHS, 1987) y *Me and Alice go to the Museum* (RODGERS, 1989).

Si la escuela opta por hacer su propia colección de objetos históricos, tiene que decidir los criterios de selección de los mismos.

1. Criterios fundamentales:

    - ¿Hay algún equivalente moderno, que sea diferente por diversos conceptos, de manera que los niños puedan comparar los dos y explicar los cambios?
    - ¿El objeto tiene una finalidad a la que estén acostumbrados los niños?
    - Partiendo del objeto, ¿qué pueden descubrir los niños acerca de cómo se hizo, cómo se utilizaba y cómo afectaba a la vida de las personas que lo hacían y usaban?

2. Otras consideraciones:

    - ¿La colección recoge objetos que se relacionen con otras áreas curriculares (rocas, fósiles, huesos, libros, etc.)?
    - ¿Incluirá réplicas?
    - *History in Evidence* y *Past Times Historical Gifts* proporcionan unos objetos y ropas excelentes (véase: Recursos, pág. 246).
    - ¿Se coleccionarán sólo objetos que se relacionen con los temas que la escuela haya decidido estudiar?; si es así, ¿se categorizarán por subtemas (por ej., cocina victoriana, la habitación de los niños, la sala de estar)?

© Ediciones Morata, S. L.

- ¿Se coleccionarán objetos que representen acontecimientos o cambios clave, de manera que los niños puedan extrapolar de lo particular a lo general?
- ¿Es importante que los objetos representen a diferentes grupos sociales, la vida de los niños, los hombres y las mujeres?
- ¿Es importante que la colección abarque objetos que reflejen creencias religiosas?
- ¿Debe reflejar la colección diferentes culturas, por medio de temas como alimentación, vestido, alojamiento, quizá con etiquetas en más de un idioma?

3. Criterios para rechazar objetos:

- ¿Es valioso?
- ¿Es demasiado frágil para cuidarlo de forma adecuada?
- ¿Es demasiado peligroso para que lo investiguen los niños?
- ¿Es demasiado grande para almacenarlo de forma permanente?

4. Almacenamiento y utilización:

- ¿Quién es responsable de organizar la colección y de su utilización (un maestro, un padre, un amigo de la escuela, los niños)?
- ¿Hay algunas normas escritas acerca de la colección que puedan entregarse a los posibles donantes?
- ¿Hay un método de planificación y evaluación del aprendizaje de los niños con la colección que ayude a la planificación futura?

School Museums and Primary History (1994), publicado por la *Historical Association*, proporciona unas excelentes orientaciones para crear un museo escolar para los niños del primer ciclo de primaria.

Dos encuestas recientes del DfE pusieron de manifiesto que tanto las visitas a museos como la creación de museos escolares constituyen formas importantes de presentar la historia a los niños pequeños. En los centros cuyos alumnos habían visitado un museo, los más pequeños del primer ciclo de primaria describían el contraste entre la vida en la actualidad y en el pasado. Podían enumerar diferentes características del pasado y de los cambios que se producen en el tiempo (DfE, 1992a, pág. 4). En las escuelas en donde se estaba construyendo un museo, "incluso los alumnos más pequeños estaban adquiriendo el sentido del 'ahora' y el 'antes' y todos los alumnos tenían la oportunidad de desarrollar ideas sobre el ritmo del cambio y de hacer deducciones de las fuentes históricas" (DfE, 1992a).

Muchas fuentes históricas apuntaban al trabajo en otras áreas curriculares. Una clase de alumnos de 1.º y 2.º estuvo observando con todo detenimiento dos reproducciones de pinturas de la orilla del mar del siglo XIX para comparar la ropa de entonces con la que hoy se lleva en la playa; los niños describieron los detalles y destacaron las diferencias entre entonces y ahora.

Esta actividad involucraba también el lenguaje y el arte. En otra escuela, el trabajo de los alumnos de 2.º con objetos de madera estaba directamente relacionado con un ejercicio de evaluación de ciencias del *National Curriculum*. Los niños habían examinado el material y comentado las orientaciones para su exhibición, redactando instrucciones como: "no exponerlo a la luz solar" (DfE, 1992b, pág. 5).

BOWYER (1992) describe cómo una agrupación de pequeñas escuelas elaboró dos "Cajas del tiempo", con 16 artículos cada una, por menos de 320 euros. Los objetos baratos y fáciles de reemplazar se compraron en tiendas de museos, mercadillos y establecimientos de reproducciones. Una caja contenía utensilios de la vida cotidiana y la otra artículos de "misterio". Los objetos no tenían relación entre sí salvo por la idea de "tiempo". Había llaves antiguas, juguetes de madera, un abotonador, lámparas romanas, monedas antiguas, cubiertos de estilo Tudor, un ánfora, frascos de medicinas, una pieza de un juego vikingo, lentes victorianas, un reloj de sol, cochecitos de hojalata, pastilleros, un colgante egipcio, un alfiletero, una plancha y una palmatoria. Los maestros se reunieron para hablar sobre las posibles formas de utilizar las cajas. Prepararon un programa estructurado de preguntas para quienes querían una introducción para su uso por toda la clase, por un grupo o por niños individuales. Las preguntas eran:

- ¿Puedes dibujar el objeto? Pon las medidas en tu boceto.
- ¿De qué está hecho? ¿Por qué lo hicieron?
- ¿A qué se parece?
- ¿Para qué crees que se usaba?
- ¿Qué clase de persona podría haberlo utilizado?
- ¿Está adornado?, ¿cómo?
- ¿Qué objeto crees que es más antiguo?, ¿por qué?
- ¿Qué más te gustaría saber acerca de él? ¿Cómo podrías descubrir más cosas?

Las cajas contenían también una cuerda y clavijas para hacer una línea secuencial y lentes y lupas para una observación detenida.

Mathieson (BATHO, 1994, págs. 15-21) describe en otro estudio monográfico cómo coleccionó cajas de objetos para un grupo de escuelas infantiles, e indica formas adecuadas de presentarlas a los niños: simulando haber descubierto un objeto mientras hacía la limpieza de primavera en la casa de su abuela, o envolviendo un objeto en un arcón del tesoro, de manera que los niños trataran primero de adivinar lo que pudiera ser. Descubrió que el arcón del tesoro funcionaba especialmente bien con grupos de edades diversas, en donde los niños mayores pusieran sus conocimientos y destrezas a disposición de todos y se ampliara el margen de concentración de los niños más pequeños. Mathieson está preparando también una caja de historia local para el grupo de escuelas, sobre temas generales como "La gente de la localidad", "La agricultura, "El transporte" y "La industria", a la que cada escuela añade ejemplos de su entorno inmediato. Después, piensa añadir diapositivas y vídeos a las cajas. Este proyecto fue financiado por la administración educativa local.

ENO (1993) ha señalado que las percepciones de un objeto están influidas por los antecedentes culturales: los niños musulmanes no tienen fotografías ni estatuas en casa, pero los sijs no poseen representaciones de sus dioses. Lo que para algunas personas sería sin lugar a dudas una antigua lámpara romana, para otra es como una lámpara de aceite de las que pueden verse hoy día en ciertas fiestas. Mientras que, para nosotros, un automóvil Morris Oxford es un vehículo anticuado, en algunas ciudades indias es el colmo de la modernidad. Cuando enseñó una réplica de un plato llano metálico del período de la guerra civil inglesa a unos niños de 2.º, dos chicos sijs y tres niñas musulmanas, eran conscientes de su semejanza con el tipo de vajilla que utilizaban en casa la mayoría de los niños. Por eso mismo, se quedó muy impresionada cuando le dijeron que era "algo muy antiguo": sería interesante saber las razones que aportaron, sobre todo cuando uno de los niños estuvo observando una réplica de una moneda de los Estuardo, ¡tratando de decidir a qué equipo de fútbol representaba!

NULTY (1998) utilizó objetos relacionados con una unidad de estudio sobre "Personas famosas" (Cleopatra, Mahoma, Toro Sentado*, Mary Seacole**, Pocahontas*** e Isabel I) para estimular la resolución de problemas y el debate con niños de 1.º y 2.º. Los objetos eran réplicas de joyas de nativos norteamericanos, joyas egipcias antiguas, vestidos árabes, un tambor de acero y una zampoña. Comenta la autora que los niños comenzaron haciendo preguntas para, después, hacer hipótesis, concluir y apoyar sus conclusiones. Utilizaban el lenguaje de la resolución de problemas: es posible, quizá, si... entonces, porque, pudiera ser. Empleaban un vocabulario complejo para describir colores y formas y respondían a las opiniones de los demás. NULTY grabó estos diálogos de grupo y los analizó para evaluar las destrezas de expresión oral y escucha de los niños, utilizando los descriptores de inglés del *National Curriculum*.

---

* Toro Sentado o Tatanka Iyotake, fue el carismático jefe siux, nacido hacia 1831, que acaudilló a su propia tribu y a otras en contra de los invasores blancos y, tras muchas vicisitudes, acabó siendo ejecutado por sus captores en 1890. *(N. del T.)*

** Mary Seacole nació en Kingston (Jamaica), en 1805. En la casa de huéspedes de su madre, ayudó a cuidar a soldados inválidos. En 1854, fue a Inglaterra y se presentó voluntaria para actuar como enfermera del ejército en la guerra de Crimea, pero la rechazaron por ser negra. Ante la negativa, fue a Crimea por su cuenta, donde se hizo famosa por la atención prestada a los soldados. Conoció a Florence Nighttingale —una de las fundadoras de la enfermería moderna—, aunque ésta no la invitó a unirse a su equipo. Nunca se le reconocieron los servicios prestados y, de nuevo en Inglaterra, se libró de la ruina gracias a la publicación de su historia en la prensa británica. *(N. del T.)*

*** Pocahontas, hija de Powhatan, jefe indio de hasta 25 tribus, nació probablemente alrededor de 1595 en lo que ahora es el estado de Virginia de los Estados Unidos. Su auténtico nombre era Matoaka, aunque sólo lo utilizaba dentro de su tribu. La película de dibujos animados que lleva su nombre por título ha dado fama mundial a esta mujer a quien, en los Estados Unidos, se considera todo un símbolo del entendimiento entre los nativos norteamericanos y los colonos blancos. *(N. del T.)*

© Ediciones Morata, S. L.

Como en el caso del juego, se reconoce cada vez más la importancia del papel del maestro cuando interviene para apoyar y extender el proceso de realización de las deducciones e inferencias históricas adecuadas sobre las fuentes, que se basan en los conocimientos previos de los niños y los amplían. WOOD y HOLDEN (1997) comentan el caso de unos niños de 5 años que investigaban una tetera de esmalte y no sabían lo que había causado unas manchas marrones de la tapa. El maestro les dijo que era óxido. A partir de aquí, fueron descubriendo por etapas nuevos aspectos: "Mi bicicleta se oxida con la lluvia, porque es metálica y el metal se moja". Cuando el maestro dijo que, por regla general, el metal que se oxida es el hierro, los niños dedujeron que la tapa se había "oxidado por donde sale el agua cuando está caliente" y, por tanto, "la tetera es de hierro".

Dibujo de objetos

El dibujo de detalles o de objetos completos, en un museo o en la escuela, basado en la observación, anima a los niños a mirarlos con mucha atención durante un período prolongado. El acto de dibujar supone seleccionar las características significativas y formar una percepción personal del objeto. De este modo, se establece una relación con el objeto, basada en la ordenación interna y externa de la experiencia. Se interioriza y recuerda una imagen del objeto. Sus dibujos están relacionados con lo que saben, con lo que les interesa y con las relaciones espaciales más que con la perspectiva, pero, incluso los niños muy pequeños, comienzan a formular un lenguaje preocupado por la representación.

El recuerdo de la imagen facilita el recuerdo del diálogo, las deducciones e inferencias hechas sobre el objeto, para transferirlas a ejemplos similares vistos más tarde y a extrapolar de lo particular a lo general. BRUNER (1966) decía que esto impide una "sobrecarga mental" de datos. El dibujo de objetos históricos centra también la atención en los materiales básicos (madera, piedra, metales, arcilla), que han sido fundamentales en todas las civilizaciones a través de la historia humana. Suscita la conciencia de las formas semejantes y diferentes de utilizarlos. La observación cuidadosa anima a los niños a describir los objetos con precisión y a hacer preguntas sobre ellos.

Estrategias para hacer preguntas

SMITH y HOLDEN (1994) describen un conjunto de estrategias que utilizaron para animar a los niños, desde el último curso de educación infantil hasta 3.º, ambos inclusive, a hacer preguntas sobre objetos:

- *Preguntas abiertas*: en pequeños grupos, los niños manipulaban todos los objetos, seleccionando uno para dibujarlo. Después, buscaban más cosas en libros de referencia y utilizaban los objetos en juegos de representación de roles.

© Ediciones Morata, S. L.

- *Preguntas centradas en un objeto*: los niños se sentaban en pequeños grupos con un objeto por grupo. Sin directrices del maestro, escribían preguntas clave sobre su objeto. Después, los grupos ponían en común sus preguntas y el maestro les proporcionaba más información para ampliar su investigación.
- *Investigación centrada en un objeto*: por parejas, los niños seleccionaban un objeto relacionado con su tema de historia. Comentaban su origen, uso y pruebas de autenticidad y después planeaban nuevas investigaciones.
- *Circuito de objetos*: los grupos se sentaban en torno a sus mesas con un objeto por mesa. Cada grupo escribía una pregunta sobre él y después pasaban a la mesa siguiente. Allí, intentaban responder a la pregunta del grupo anterior y añadían otra. La sesión acababa con un diálogo de clase dirigido por el maestro.

He aquí algunos ejemplos de deducciones de los niños (información adquirida de una fuente histórica):

- *Tetera*
  Esto es una tetera que utilizarían los victorianos. Me di cuenta de que había un asa blanca. Tiene un asidero negro con una forma divertida y muy flexible...
- *Botella de agua caliente de porcelana*
  No debía ser muy cómoda. Te haría daño en los pies. No me gustaría ésa porque es demasiado gorda y demasiado grande. Me gusta la mía.

En 2.º, los niños prolongaban sus deducciones con nuevas inferencias sobre lo que significaba el objeto para las personas que lo utilizaban (empleando fuentes históricas para responder a preguntas sobre el pasado):

C: Tenían que utilizar caballos para tirar de los carros. En aquellos tiempos no había coches, por lo que no iban muy deprisa.
M: La lechera se utilizaba para transportar leche. Cuando estaba vacía, el lechero venía a recogerla para llenarla de leche.

También consideraban un conjunto de inferencias posibles:

D: ¿Es para almacenar cosas...?
K: No. ¿Para llevar cosas...?
W: Es para echarle vino...
N: ¿Un bebedero del que bebes?

El ejemplo siguiente muestra una secuencia de trabajo con una clase de agrupación vertical de 1.º y 2.º Los objetivos eran:

- presentar a los niños la idea de los objetos y su valor en cuanto materiales de aprendizaje;

- animar a los niños a observar y a desarrollar una buena concentración y las destrezas de observación;
- presentar la idea de tocar y manipular objetos.

En la *fase 1*, los niños tanteaban y describían objetos de la vida cotidiana introducidos en la "bolsa de las sensaciones", y después los sacaban para ver hasta dónde llegaba la precisión de sus descripciones. En la *fase 2*, comparaban un objeto de la vida cotidiana, una plancha moderna, con una plancha de "otros tiempos", una plancha victoriana.

Una ligera estimulación y unas preguntas clave fueron suficientes para que el diálogo que siguió se centrara en cómo la plancha moderna hacía vapor y a su funcionamiento. Los niños la examinaban y manipulaban con gran interés y curiosidad, apretando botones e interruptores y, en un momento determinado, la apartaban. A continuación, se pasaron de unos a otros la pesada plancha victoriana y los niños se refirieron de inmediato a ella como "una plancha antigua" y, sin hacerles ninguna insinuación, manifestaron que, probablemente, la utilizara una "sirvienta victoriana". Si pensamos que antes los niños habían hecho muy pocas incursiones en el terreno de los temas históricos, esto era asombroso.

Estaban fascinados por el peso y el color de la plancha y por las palabras impresas en su base. De nuevo, estaban ansiosos por tocar y sentir.

Los niños hacían preguntas como: "¿Cuántos años tiene?" y "¿de dónde viene?" Se les animó a que probaran y respondieran a sus propias preguntas buscando "claves". Lo hicieron con entusiasmo e interés y comenzaron a formular opiniones y a intentar responder a las preguntas que habían planteado. Siguieron comparando un teléfono antiguo con otro moderno. Después, hicieron bocetos de los objetos. Les atrajo mucho el tener que centrarse en los detalles. Una característica de todos los bocetos realizados en estas sesiones era que los niños dibujaban lo que podían ver, lo que observaban, y no lo que creían que pudiera parecer un teléfono o una plancha.

La *fase 3* suponía trabajar en el *Museum of London*, con cinco objetos victorianos seleccionados. Los objetivos eran:

- aplicar la manipulación y las destrezas de observación ya practicadas en las anteriores sesiones de clase;
- observar y examinar objetos históricos auténticos de otras épocas;
- para que los niños comiencen a formular sus propias fichas de trabajo con el fin de complementar y registrar sus observaciones.

El adulto que trabajaba con cada grupo anotaba las observaciones en la hoja de manipulación del museo para facilitar que los niños se concentraran en aprovechar al máximo sus destrezas de observación. Esta forma de utilizar a los ayudantes adultos permitió que los niños se dedicaran a dialogar con libertad y a un examen ininterrumpido del objeto que tenían ante ellos. Después, el funcionario de educación del museo pidió a los niños que registraran sus hallazgos haciendo un boceto detallado del objeto que habían observado,

© Ediciones Morata, S. L.

dibujándolo tal como lo habían visto y no con el aspecto que creyeran que debía tener.

Los niños fueron muy capaces de "hacer el boceto tal como lo vieron" y de incluir los detalles más finos. Esto constituyó un marcado perfeccionamiento con respecto al inicio del programa, y B, que suele informar a la gente de que "yo no sé dibujar", realizó una impresión artística notablemente detallada y precisa del asador metálico del que se había ocupado su grupo.

Hay que destacar que las destrezas de observación de los niños y las relacionadas con la investigación habían progresado y se habían desarrollado durante las semanas anteriores. Lo mismo ocurrió con su capacidad general de concentrarse en el aprendizaje. Su maestro señaló que esta circunstancia era la causa directa de los avances en la enseñanza de otras áreas curriculares.

También era significativo que cuando, al final de la sesión, los niños volvieron a reunirse para poner en común sus puntos de vista y sus bocetos fueron capaces de sentarse sin moverse, al menos, durante 30 minutos escuchando y haciendo sus aportaciones al diálogo que se entabló. Todos los alumnos actuaron así, aunque, de nuevo, los niños como A y J, que suelen tener dificultades para concentrarse y escuchar, estuvieron controlados y entusiasmados durante toda la sesión. El trabajo en el aula y en el museo ha demostrado que la observación de objetos y un enfoque investigador y táctil de la historia permite que todos los niños, incluyendo a los que manifiestan unas necesidades especiales de aprendizaje o conducta, se beneficien y, más importante aún, sientan que *están* aprovechando el tiempo.

En la *fase 4*, se utilizaron en la escuela cinco objetos seleccionados de una colección prestada de utensilios medievales. Los objetivos eran:

- centrar las destrezas de observación y registro en objetos de un determinado período histórico (medieval) y aplicar los conocimientos ya obtenidos en el trabajo temático sobre los "Castillos";
- que los niños utilicen las fichas de trabajo formuladas por ellos para registrar sus observaciones de los objetos usados.

Para preparar esta sesión, se pidió a los niños que pensaran en los tipos de preguntas que les gustaría hacer al examinar y manipular objetos y utensilios "antiguos". Ésta fue la primera fase en la que se hizo que los niños prepararan su propia ficha de trabajo de evaluación, para utilizarla en los museos y otros lugares históricos. La hoja del *Museum of London* no se volvió a mostrar ni los niños volvieron a comentarla; por tanto, el resultado es aún más notable, pues elaboraron una lista de preguntas de investigación que estaban muy bien estructuradas y, desde el punto de vista histórico, eran extremadamente pertinentes. Después, se les pidió que categorizaran estas preguntas en cinco secciones, para darles algún tipo de secuencia lógica; preguntas como: "¿qué aspecto tiene?" o "¿de qué está hecho?", precedían a: "¿cuánto vale?", construyendo, pues, un cuadro descriptivo del objeto antes de formular juicios sobre su antigüedad o su valor. De este modo, las respuestas a las primeras preguntas podrían informar las respuestas a las posteriores.

Los niños examinaron los objetos asignados a su grupo e intentaron responder a las preguntas merced a sus observaciones. Todos los grupos contaban con un niño que actuaba como "secretario" y, en algunos grupos, este trabajo se compartía. Era evidente que los niños trabajaban más cómodos cuando respondían a las preguntas que ellos mismos habían preparado que cuando utilizaban las fichas de trabajo del museo, aunque los objetos fueran con mucho los más antiguos que habían examinado hasta entonces y no estuvieran habituados a ellos. El maestro de clase y el maestro del museo estaban de acuerdo en que esto tenía una clara relación con el hecho de que estuvieran trabajando con un formato de registro que provenía de ellos y que, en consecuencia, era completamente familiar y relevante.

De nuevo, se animó a los niños a que dedicaran mucho tiempo a dibujar sus objetos, y es significativo que ahora estuviesen tan preparados para observar y mirar con atención que permanecieran sentados durante más tiempo y realizaran algunos de los bocetos más detallados de todo el programa.

El período final de la sesión fue seguido por un diálogo de clase y la puesta en común de las respuestas a las preguntas de las fichas. Los maestros se limitaban a actuar como facilitadores. Los niños se encargaban de promover, dirigir y participar en el diálogo, y algunas de las observaciones informadas que hicieron sobre el uso otorgado a los objetos medievales y quién se lo diera eran muy precisas.

Los niños habían pasado de tener pocos o ningún conocimiento de la historia y, en algunos casos, una concentración y unas destrezas de observación muy limitadas, a realizar unos bocetos muy detallados y una ficha de trabajo histórico, secuenciada y categorizada, evaluativa, mediante su trabajo con objetos históricos.

El maestro de la clase observó mejoras de la concentración y la confianza en sí mismos de los niños durante el programa de seis semanas, tanto en el trabajo relacionado con el tema como en otras áreas curriculares.

Las actividades de seguimiento pueden consistir en preguntar al personal del museo cómo cataloga, etiqueta y cuida su colección y cómo consigue que el público se interese por ella, con el fin de crear un museo escolar o una colección temporal de la clase.

Otro estudio de caso de Matthews y Shaw (BATHO, 1994, págs. 22-25) describe el desarrollo de un trabajo transcurricular con una clase de 2.º que, partiendo del museo de la clase, evolucionó hasta dar pie a un proyecto de concienciación económica, en el que se consideraban los problemas de acceso al museo, quién debería pagar y en qué se gastaría el dinero. Dio oportunidades para hablar y escuchar, usar materiales de referencia y recuperar información, al intervenir por turno los niños como conservadores y como guías del museo, y para escribir, con el fin de mantener un libro de visitas, enviar invitaciones y hacer etiquetas descriptivas. En ciencias, consideraron distintas fuentes de luz y de calor: velas, petróleo, gas y electricidad; después,

© Ediciones Morata, S. L.

observaron, predijeron y montaron experimentos. La visita de la planta de distribución de una fábrica de cerveza llevó a los niños a hacer sus propios carros y a estudiar las "fuerzas". En tecnología, los niños diseñaron e hicieron juguetes, ruletas, peonzas, muñecas y casas de muñecas.

Una forma alternativa de estructurar el trabajo con objetos puede ser:

Fase 1: Observar, tocar, usar y hablar acerca de un objeto conocido.
Fase 2: Observar y hablar sobre dos objetos conocidos muy separados en el tiempo, comparándolos y secuenciándolos.
Fase 3: Observar dos objetos cercanos en el tiempo, comparándolos y secuenciándolos.
Fase 4: Observar tres o más objetos de distintas épocas. Cuanto más próximos estén en el tiempo, más difícil será contrastarlos. Sin embargo, cuanto más habituados estén los niños a ellos, más fácil será el contraste (se trata de una contradicción muy útil).
Fase 5: Utilizar otras fuentes, por ej., fotos antiguas, libros antiguos, recuerdos, para fechar los objetos.

Con respecto a este esquema, conviene recordar varios aspectos:

- Estas fases pueden solaparse; por ejemplo, un niño de 2.º que trabaje en la Fase 1 puede utilizar la biblioteca para investigar sobre un objeto.
- Lo que al maestro le resulta familiar puede no serlo para el niño y viceversa. Los objetos son una forma excelente de asegurarnos de que nuestras aulas reflejen la diversidad étnica.
- El apoyo a las preguntas reforzará la comprensión de los niños.
- Este diagrama de progreso es unidimensional. Otros aspectos del progreso se relacionarán con la complejidad de las deducciones de los niños, su capacidad para sintetizar, la profundidad y amplitud de sus conocimientos históricos de base, su experiencia de manipulación de objetos.

El tercer conjunto de ejemplos del trabajo con objetos procede de una escuela en la que el tema para las clases de 1.º y 2.º era: "Nuestras casas". Este tema involucraba a la expresión artística: impresión y calco de ladrillos, piedra y madera, y maquetas de cerámica de fachadas de casas, con tejados que se levantan para ver quién vive en cada una. Hacía intervenir las ciencias (comprobando la fortaleza de las maquetas de casas hechas con ladrillos de plástico de diferentes grosores, soplando con pajillas) y las matemáticas (pictogramas que mostraban cuántas personas vivían en cada casa o piso). Los maestros no habrían añadido una dimensión histórica si no se lo hubiera exigido el *National Curriculum*. Sin embargo, hicieron una pequeña colección de utensilios domésticos y estaban encantados con las respuestas de los niños. Algunos escribieron etiquetas para una exposición. En ciertos casos, las etiquetas se limitaban a comunicar información.

© Ediciones Morata, S. L.

Bahadir: El sacudidor es para sacudir la alfombra.
Grant: Antiguamente, había algunas cosas viejas.
Nikki: Yo dibujé una botella de agua caliente que tenía un dibujo.
Katy: Esto es una plancha antigua.
Ayra: Antiguamente, utilizaban una tabla para lavar.

Otras etiquetas explicaban lo que los objetos nos dicen del pasado.

Tainoo: Antiguamente, no había lavadoras, por lo que tenían que utilizar cosas como las campanas de lavado.
Hasna: Antiguamente, no había goma, por lo que debían utilizar botellas de agua caliente duras.
Deepa: Antes no había lavadoras, por lo que necesitaban tablas para restregar la ropa. No tenían electricidad y por eso ponían la ropa sobre la tabla. La tabla de lavar era dura. Está hecha de madera y cristal.
Sarah: Antes no había aspiradoras, por lo que tenían sacudidores para las alfombras. Levantaban la alfombra y la ponían en la cuerda de la ropa y la sacudían para que saliera todo el polvo.

Fuentes escritas

Frank SMITH (1989) deja muy claro que la escritura no debe llevar consigo una disciplina represiva, una instrucción insensibilizadora ni unos ejercicios sin motivo, para que no se convierta en algo así:

Under a cruel eye outworn
The little ones spend all the day
In sighing and dismay*.
 (Tomado de "The School Boy", de William BLAKE, 1757-1827.)

Por fortuna, ¡las fuentes históricas escritas pueden ser motivo de diversión! Citamos a continuación unas fuentes adecuadas, que comunican información y suscitan preguntas sobre el pasado:

- una prueba documental del propio niño: libro del bebé, cartilla sanitaria, recordatorios del nacimiento, partidas de nacimiento y de matrimonio (aunque éste pueda ser un terreno conflictivo);
- el libro de incidencias de la escuela, que recoja las razones de las faltas de asistencia de los niños, de los castigos impuestos en el pasado;

---

* "Bajo un anticuado ojo cruel / Los pequeños pasan todo el día / Entre suspiros y tristeza". *(N. del T.)*

- nombres de calles de la población que se refieran a personajes famosos (*Chaucer Road*) o acontecimientos importantes (*Trafalgar Road*), a lugares que hayan desaparecido (*Station Road, Market Road*) o a enlaces que ya no existan (*Jamaica Road, Canary Wharf*);
- los mismos apellidos de los niños que estén relacionados con lugares u ocupaciones (*Smith, Patel*);
- anuncios en paredes antiguas o rótulos sobre piedra con la relación de departamentos de tiendas cerradas en la actualidad;
- escritos en mobiliario urbano: buzones, trampillas de carboneras, alumbrado;
- inscripciones en monumentos, estatuas, placas conmemorativas, lápidas;
- periódicos, sellos, monedas, cartas, postales y recetas todos ellos antiguos;
- indicadores de posadas (ROTHEROE, 1990).

Los niños también pueden considerar la naturaleza del lenguaje como sistema simbólico de comunicación, que es fundamental para todas las sociedades. DONALDSON (1978) decía que si los niños comprenden la abstracción del lenguaje como herramienta objetiva, esto les ayudará a hacer inferencias desde una edad más temprana. Los niños pueden descubrir la naturaleza e importancia de la lengua escrita como código simbólico mediante la observación de diversos escritos: un texto árabe del Corán, un manuscrito miniado medieval de la Biblia, un calendario agrícola, una lápida romana o jeroglíficos egipcios.

Pueden dialogar sobre el significado de la escritura, las clases de cosas que necesiten escribir las personas y por qué. En el extracto siguiente, los niños hablaban sobre los petroglifos de la Edad de Piedra (se encuentran en *How Writing Began*, Macdonald Educational Starters Long Ago Books).

B: Podían comunicarse [ésta era una "palabra difícil" que se había enseñado a los niños como concepto clave del tema].
S: Y podían hablar entre ellos porque podían hacer dibujos.
N: Ellos tenían signos también, para comunicarse.
B: Para decir cosas a los demás y ayudarse unos a otros.
S: Ellos se habrían ayudado unos a otros... no está hecho todo por una persona.
W: Compartían ideas. Dejaban mensajes.
N: Un "animal" y un "hombre" podían haber "ido a cazar".
S: Esto parece una flecha.
W: Podría ser un signo de ayuda...
B: Podían usar símbolos [éste era otro concepto seleccionado y enseñado].
S: Creo que la Edad de Piedra antigua lo hizo muy bien con las pinturas rupestres, pero la Edad de Piedra nueva pensaba que se tardaba demasiado tiempo en hacer un mensaje rápidamente.

© Ediciones Morata, S. L.

Aunque los niños no puedan comprender los ejemplos de los primeros estilos de escritura en inglés, a causa de la dificultad de la letra y de su limitada capacidad lectora, pueden buscar otros escritos que reconozcan y comprender que esas formas cambian con el tiempo. Escuchar extractos breves, un vocabulario y una sintaxis poco habituales puede ayudarles a comprender que el idioma como tal cambia.

Los niños también pueden escuchar extractos sobre la infancia de diarios de la época. *Lark Rise to Candleford* (THOMPSON, 1989, págs. 87, 121) describe la escuela, los juegos y canciones y las fiestas de la década de 1880. Laurie LEE (1989, págs. 35, 53) narra su infancia en la década de 1920, en la escuela de la aldea, en la cocina, en las excursiones y en las fiestas, en verano y en invierno. Es probable que los niños disfruten más con el relato ilustrado de Helen BRADLEY sobre su infancia, a principios del siglo pasado. En *Miss Carter Came with Us*, por ejemplo, muestra los preparativos de la Navidad y una visita a la costa, que pueden comparar con sus propias experiencias (BRADLEY, 1974, págs. 22-23, 30).

ADAMS (1998) utilizó informaciones periodísticas del aterrizaje de Neil Armstrong en la Luna, el 20 de julio de 1969, con su clase de 2.º, dentro del tema de "La década de 1960", para examinar los periódicos, tanto como género de narración de hechos reales como en calidad de fuente histórica. Comentaron la maquetación, la redacción, los sesgos, los datos y la ficción. También crearon su propia información de portada y la compararon con las habituales informaciones periodísticas sobre el espacio.

Música

> Es cierto que la apreciación de la música es, por su propia virtud, una experiencia musical... pero, por encima de todo,... hay siempre la alusión a su propio tiempo y período, del que es la más íntima y secreta revelación posible.
> (ROWSE, 1946, pág. 124.)

Las fuentes musicales son la música de partituras antiguas, los discos y tocadiscos, las canciones, los instrumentos y las interpretaciones musicales reflejadas en los cuadros antiguos. A partir de las fuentes musicales, es posible descubrir:

- el trabajo en el pasado: las tareas y ritmos de hilar, tejer, navegar y cosechar, que iban acompañadas por canciones de trabajo;
- acontecimientos, descritos en baladas y música popular, así como en la música militar;
- celebraciones de creencias y fiestas religiosas;
- ocio, en canciones y danzas populares de diversas culturas y en la música popular más reciente;
- música típica de distintos períodos (por ej., medieval, isabelina).

© Ediciones Morata, S. L.

En cualquier tema histórico puede incluirse la dimensión musical. Los niños pueden escuchar y participar en canciones y danzas, en una justa medieval, un baile isabelino, en canciones marineras o en canciones victorianas al piano.

Los abuelos disfrutan mucho enseñando juegos antiguos al aire libre. Los padres lo pasan muy bien aportando sus discos populares antiguos. Los niños y los padres bilingües aprovechan con gusto la oportunidad de enseñar canciones en otros idiomas y danzas tradicionales de otros lugares.

TERCERA PARTE

Organización, planificación y evaluación

Continuidad y coherencia, 3-8

Curriculum Guidance for the Foundation Stage (DfEE/QCA, 2000a) establece unos principios y objetivos claros para la educación de los niños de 3 a 5 años, estructurados en torno a seis áreas de aprendizaje: desarrollo personal, social y emocional; comunicación, lenguaje y lectoescritura; desarrollo matemático; desarrollo físico; desarrollo creativo, y conocimiento y comprensión del mundo. Dentro de cada área, se señalan los objetivos claros de aprendizaje, con "hitos" y orientaciones que muestran cómo deben alcanzarse. Un objetivo específico se relaciona con la historia: "descubrir aspectos de los acontecimientos del pasado y del presente en sus propias vidas y en las de sus familias y otras personas que conozcan" y se prevé que la mayoría de los niños demuestren "un sentido del tiempo" al final de la educación infantil (*Ofsted*, 2000). Las orientaciones que facilita la QCA muestran que la historia puede hacerse relevante para los niños pequeños mediante el relato, la secuenciación sencilla de actividades y unas fuentes adecuadas del pasado, como objetos y fotografías familiares, y la investigación de semejanzas y diferencias, el descubrimiento de particularidades de su población y el examen de culturas y creencias (DfEE/QCA, 1998a). Hay aquí vínculos clave con los contenidos de historia de la ampliación del estudio para el primer ciclo de educación infantil, el aprendizaje sobre los cambios en su vida y en la vida de su familia y amigos y de personas de épocas y lugares más distantes, tanto en Gran Bretaña como en el mundo en general. También hay vínculos con las destrezas que los niños aprenden a aplicar a estos contenidos: poner en orden acontecimientos y objetos; utilizar el vocabulario cronológico; comprender en qué se diferenciaba el pasado; por qué las personas hacían cosas; por qué puede representarse de distintas maneras el pasado; descubrir aspectos del pasado a partir de las fuentes, haciendo preguntas.

© Ediciones Morata, S. L.

La continuidad entre las orientaciones para la educación infantil y el currículum del primer ciclo de primaria también es evidente en los principios, valores, objetivos y fines comunes que subyacen a ambos: trabajar en colaboración con las familias y la comunidad local; la promoción del desarrollo espiritual, moral, social y cultural, de la lectoescritura y la aritmética a través de todo el currículo y de la igualdad de oportunidades (DfEE/QCA, 1999a, págs. 10-23; DfEE/QCA, 2000a, págs. 11-30). La educación personal y social en el primer ciclo de educación primaria puede desarrollarse mediante la historia, a través del diálogo y la puesta en común de opiniones, la discusión sobre las razones de las opciones tomadas y el descubrimiento de particularidades de las familias y las comunidades (DfEE/QCA, 2000b, pág. 7).

También hay continuidad en cuanto a las destrezas clave que subyacen a las orientaciones para la educación infantil y el currículum del primer ciclo de primaria, que pueden desarrollarse mediante el aprendizaje sobre el pasado: oportunidades para desarrollar las destrezas de comunicación a través de la respuesta a las fuentes históricas, para aprender a trabajar con otros y a investigar cuestiones. Hay oportunidades de desarrollar una serie de destrezas de pensamiento: ordenar, clasificar, secuenciar; explicar y extraer inferencias, formar opiniones, sugerir hipótesis, evaluar información (DfEE/QCA, 2000b, pág. 11).

Los Cuadros 7.1, 7.2 y 7.3 muestran que las destrezas clave, los valores centrales y los vínculos con la comunidad, que sirven de base tanto a las orientaciones para la educación infantil como al currículum del primer ciclo de primaria, pueden desarrollarse a través de las actividades de historia que se describen en la Primera y Segunda Partes.

No obstante, hay dificultades de planificación en beneficio de la coherencia y la continuidad entre la educación infantil y el primer ciclo de primaria, con respecto al desarrollo del interés de los niños por el pasado y al descubrimiento de lo que es verdaderamente humano, ahora y en épocas anteriores. Puede deberse esto a la tensión creada por la planificación basada en áreas de aprendizaje en la educación infantil y la planificación del currículum basado en asignaturas del primer ciclo de primaria. Se explica, en parte, porque la importancia concedida a la evaluación de las destrezas básicas de lectoescritura y aritmética (tanto en las pruebas para obtener la línea base, a los 5 años, como en los tests estandarizados de evaluación, a los 7 años), puede marginar, en vez de explotar, la dimensión histórica. También puede deberse a que los niños viven la educación infantil en ambientes muy diversos: centros de juego, escuelas infantiles, aulas de educación infantil. Muchos no inician su educación hasta que ingresan en las aulas del último curso de educación infantil y es muy posible que tengan que aprender aún muchas destrezas básicas sociales y de comunicación.

El Capítulo VII contempla cómo pueden afrontarse estas tensiones en la planificación a largo plazo. El Capítulo VIII considera cómo pueden elaborarse las unidades de estudio partiendo de los planes a largo plazo.

© Ediciones Morata, S. L.

CAPÍTULO VII

Planificación a largo plazo

El objetivo del *National Curriculum* revisado consiste en proporcionar un marco de referencia en torno al cual los maestros puedan utilizar su juicio profesional para construir un currículum coherente y significativo, adaptado a las necesidades de los niños, en su localidad, de un modo creativo y flexible. Esto supone hacer juicios sobre la amplitud y profundidad de conocimientos y acerca de la forma más eficaz de emplear el tiempo. Sin embargo, existe el peligro de que la historia, que muchos maestros han comenzado a ver como materia adecuada para los primeros años de la educación, quede marginada si no se explotan sus solapamientos con otras áreas curriculares.

El primer campo que considerar es la relación entre la educación infantil y los dos primeros años de escuela primaria. En la Primera Parte, dijimos que, desde los primeros años, los niños son capaces de un pensamiento histórico embrionario y tienen conciencia del pasado en su entorno y experiencias. La Segunda Parte consideraba cómo pueden desarrollarse estas experiencias en el primer ciclo de primaria. La publicación *History for Ages 5-16* (el informe Rumbold) (DES, 1990) hacía hincapié en la importancia de la progresión que muestre que "las áreas de experiencia recomendadas para los niños menores de 5 años" (DES, 1989d) pueden desarrollarse mediante relatos y actividades como el uso del ambiente local y las visitas a lugares de interés como estímulo para el juego de representación de roles. En la Primera Parte, dimos ideas para esas actividades, basadas en la *Curriculum Guidance for the Foundation Stage* (DfEE/QCA, 2000a). El currículum constructivista *High Scope* (HOLMANN y cols., 1979) está organizado en torno a experiencias clave similares.

Es importante que, a pesar de las diferencias de estructura entre las orientaciones para la educación infantil y el *National Curriculum*, en la planificación y la evaluación, se reconoce el solapamiento del contexto de destrezas de historia, con el fin de evitar repeticiones y asegurar la progresión. Si la clase de guardería está en el mismo centro que el último curso de educación infantil y el primer ciclo de primaria, no debe haber problemas. En caso con-

© Ediciones Morata, S. L.

A

Tema o temas integrados, con un centro de atención de *historia*, basado en *contenidos históricos*

↓

Familia	*Localidad*	*Relatos*
Yo	Escuela	Cuentos de fantasía orales / de familia / de la localidad, vídeo, filme, periódicos
Cuando los padres eran niños	Calle	
Abuelos	Población (ciudad, suburbio, aldea, finca)	Recientes
Antes de los abuelos	Visita local (lugar, edificio, museo) en relación con el pasado lejano	auténticos del pasado lejano
		Mitos y leyendas

Planes detallados de secuencias de actividades para cada uno de estos temas, en un conjunto de niveles

B

Historia dentro de los contenidos integrados durante todo el curso

↓ por ejemplo

Animales	Casas	Juguetes
Comida	Granja	Transporte
Fiestas	Ropas	Vacaciones a la orilla del mar

Planes detallados de secuencias de actividades de historia, dentro de estos temas, en los niveles adecuados

© Ediciones Morata, S. L.

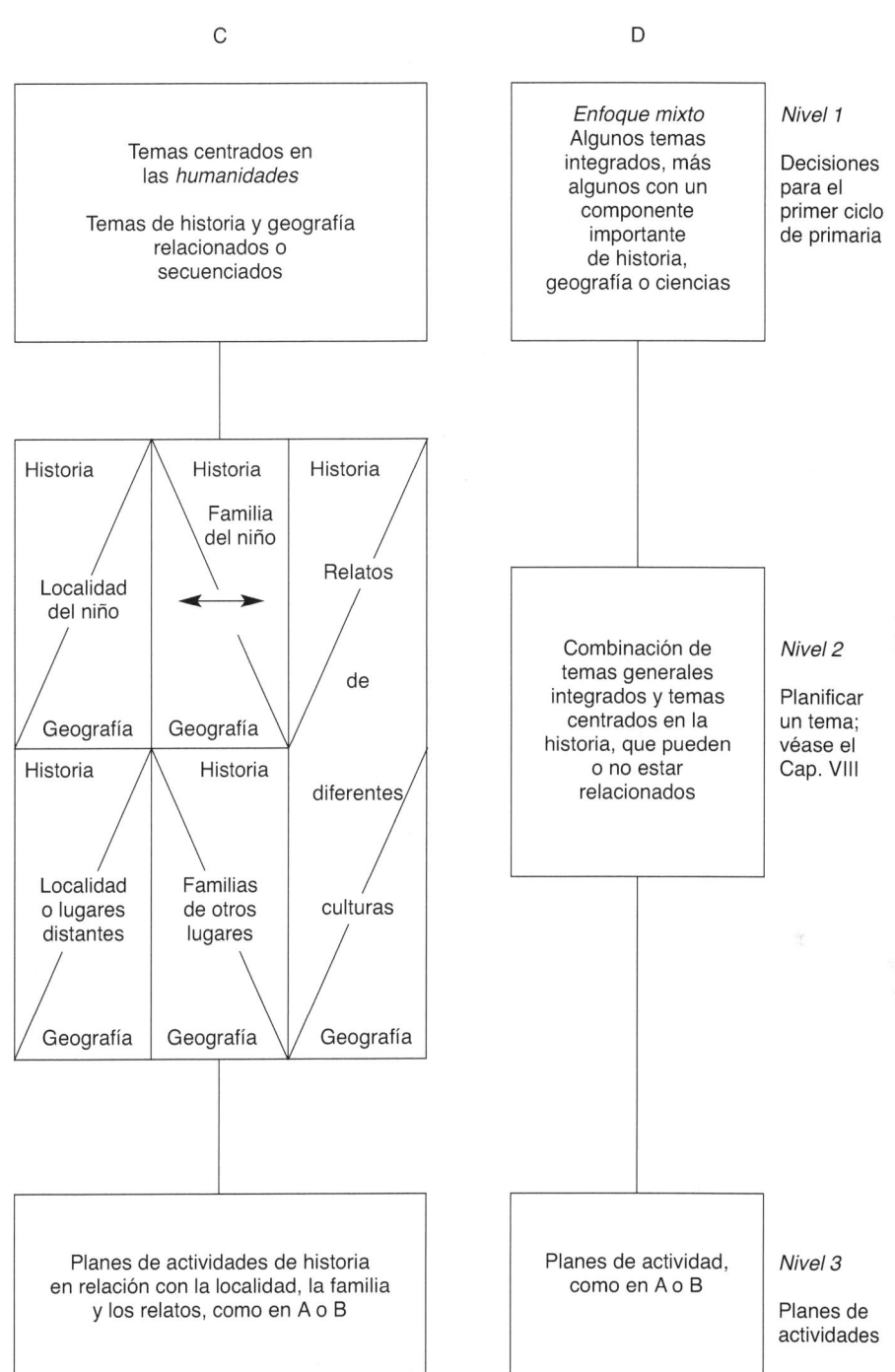

Figura 7.1. *Esquema de enfoques de la planificación que se examinan en la Tercera Parte.*

trario, es importante entablar relaciones con las guarderías y los grupos de juegos. COOPER y SIXSMITH (2002) presentan varios estudios de casos que muestran cómo entraron en contacto los maestros del primer ciclo de primaria con los profesionales de educación infantil de distintos medios, a fin de planificar juntos en beneficio de la continuidad y de la transición en historia y en otras áreas.

La planificación a largo plazo se emprende en el contexto del plan curricular general de la escuela. Debe contemplar que, siempre que sea posible, los maestros establezcan relaciones con los compañeros que actúan en otros centros preescolares. Tienen que ponerse de acuerdo para crear unidades de trabajo que reflejen los programas de estudio de la historia y las orientaciones para la educación infantil, y para secuenciar las unidades de trabajo para fomentar la continuidad curricular y el progreso del aprendizaje de los niños. También tendrán que ponerse de acuerdo sobre los vínculos que deben establecer con otras áreas curriculares.

Temas centrados en la historia

- ¿Se enseñará la historia: a través de algunos temas que tengan un fuerte componente histórico, durante el curso;
- a través de una dimensión histórica, claramente definida, dentro de temas como el vestido, la alimentación o los juguetes;
- a través de temas centrados en las humanidades, en los que se combinen o secuencien la historia y la geografía,
- o a través de un enfoque mixto de temas integrados o centrados en materias? (Véase la Figura 7.1, págs. 152-153.)

En cada curso, puede reservarse un trimestre o dos medios trimestres para temas basados en contenidos históricos, por ejemplo, la historia familiar, los victorianos, los castillos. Las matemáticas, la lengua, las ciencias naturales y la tecnología pueden relacionarse con el período estudiado. Este enfoque permite que los maestros y los niños se sumerjan en una época del pasado, para investigarla con mayor profundidad, hacer preguntas y desarrollar investigaciones durante un largo período, para familiarizarse con los procesos de pensamiento que están en el centro de la disciplina y alcanzar una comprensión coherente de otra época. Ésta sería una buena introducción a un estudio más detallado del período en el segundo ciclo de la enseñanza primaria.

Las matemáticas y el lenguaje son sistemas de investigación y de comunicación que hay que utilizar y aplicar en diversos contextos significativos y, en consecuencia, deben estar presentes continuamente en todas las áreas del currículum. Puede decirse también que la historia es una disciplina paraguas que recoge todos los aspectos de las sociedades del pasado y, por tanto, incluye el arte, la música y la educación religiosa. Hay, pues, motivo suficiente para defender un currículum basado en una serie de temas integrados,

© Ediciones Morata, S. L.

encabezados por la historia, la geografía o las ciencias naturales, en secuencia. No obstante, puede ser un inconveniente el hecho de que los niños pequeños puedan olvidar lo conseguido en cuanto a pensamiento histórico, si no se refuerza de manera continuada.

La historia dentro de los temas integrados

Tradicionalmente, en los temas del primer ciclo de primaria, no se ha primado una materia determinada; se han basado, más bien, en temas como: "Animales", "Casas" o "Juguetes". Si un tema de estos se planifica de manera que tenga una clara dimensión histórica, tanto en cuanto a sus contenidos como en cuanto al pensamiento, los niños pueden ver que el pasado es una

Cuadro 7.1. *Destrezas clave en las que se basan las orientaciones para la educación infantil y el* National Curriculum *del primer ciclo de educación primaria, que pueden desarrollarse mediante actividades de historia*

Destrezas clave	Actividades para la educación infantil (DfEE/QCA, 2000a)	Actividades para el primer ciclo de educación primaria (DfEE/QCA, 1999a)
1 (I) Destrezas de comunicación; trabajo con otros	Juego de rol, relatos, hablar y escuchar, escritura experimental con distintas finalidades	Juego dramático, historia oral, relatos, diálogo, lectura y escritura con distintas finalidades
(II) Aplicación de las destrezas aritméticas	Contar, ordenar, calcular, semejanzas y diferencias, conjuntos, pautas, espacio, forma, medidas, incluyendo el tiempo	Secuenciación (en sus propias vidas, relatos, fotos, objetos), cálculos con línea cronológica, conjuntos, semejanzas y diferencias
(III) Destrezas de pensamiento	Resolución de problemas, procesamiento de información, razonamiento, investigación, pensamiento creativo, destrezas de investigación, exploración, observación de objetos y materiales, predicción, uso del pensamiento crítico, consciencia de las diferencias	Deducciones e inferencias de fuentes, investigación de materiales y objetos, fotos

© Ediciones Morata, S. L.

Cuadro 7.2. *Valores fundamentales que subyacen a las orientaciones para la educación infantil y al* National Curriculum *para el primer ciclo de la educación primaria, que pueden desarrollarse mediante actividades de historia*

Valores fundamentales	Educación infantil	Primer ciclo de educación primaria
2 (I) Desarrollo físico	Reconocer la importancia del mantenimiento de la salud, cómo hacerlo; destrezas físicas	Cambios en la dieta, el trabajo o el juego; juego imaginativo; maquetas y construcciones, uso de las destrezas motrices gruesas y finas
(II) Educación espiritual, moral, social y cultural	Respeto a las creencias, orígenes culturales de otros; valoración de los niños como personas, sus ideas; arte, diseño, danza, juego, relatos	Valorar las ideas de los niños; biografías; relatos e ilustraciones de diferentes culturas, comprender que las interpretaciones pueden variar; relaciones transcurriculares
(III) Igualdad de oportunidades	Inclusión: caracteres étnicos, necesidades educativas especiales; cuestionamiento del pensamiento sobre el género	(Véase las págs. 193-197) Cuestionamiento de imágenes estereotipadas; relatos sobre mujeres importantes, las mujeres como narradoras de relatos

Cuadro 7.3. *Relaciones con los padres y la comunidad en las que se basan las orientaciones para la educación infantil y el* National Curriculum *para el primer ciclo de la educación primaria, que pueden desarrollarse mediante las actividades de historia*

Vínculos con la comunidad	Educación infantil	Primer ciclo de la educación primaria
3 (I) Asociación con los padres	Los padres como colaboradores; historia oral y familiar	Historia oral; los padres en las visitas a la escuela, en la escuela
(II) Vínculos con la comunidad	Equipamiento, exposiciones, materiales que reflejen la comunidad, la población y el ambiente del niño	Conceptos relacionados con las comunidades, historia local (pág. 74)

© Ediciones Morata, S. L.

dimensión importante de cualquier tema. Si el aspecto histórico se vincula a un marco cronológico de referencia claro, mediante una línea cronológica, los niños pueden empezar a construir un mapa del pasado que abarque un largo período de tiempo. *Teaching History at Key Stage 1* (NCC, 1993, pág. 11) muestra cómo puede enseñarse historia por medio de temas como: "Yo", "Juegos y fiestas", "Lugares", "Personas", "Alimento y vestido", "Viajes y exploraciones". No obstante, en el pasado, se han criticado los "temas" porque las actividades se incluían de manera aleatoria, porque su relación con el tema se establecía a través de los contenidos. Los procesos de pensamiento de cada disciplina y la progresión dentro de ellos no se reconocían como base de selección y de planificación de actividades.

Temas centrados en las humanidades

La historia y la geografía se solapan en gran medida. Ambas investigan los mismos tipos de fuentes (ilustraciones, filmes, objetos, música, relatos, fuentes orales y escritas) para descubrir cómo viven las personas, su trabajo, el ocio, sus creencias, sus hogares, el alimento y el vestido. Se basan en los mismos conceptos organizadores que están presentes en todas las sociedades: agricultura, manufactura, comercio, comunicación, estructura social y sistemas de creencias.

Entre la historia y la geografía, también hay diferencias. La historia se centra en la interpretación de las causas y los efectos de los cambios habidos en el tiempo. La geografía se preocupa más de las interacciones entre las personas y sus ambientes natural y artificial, con las influencias de las formas de la tierra y el clima en los asentamientos y en la vida cotidiana.

Sin embargo, hay buenas razones para planificar temas en los que se contemplen las dimensiones geográficas e históricas de manera simultánea o sucesiva. Como las sociedades de distintos lugares y épocas se basan en los mismos conceptos organizadores, los niños elaboran un marco de referencia para establecer conexiones, para reorganizar las semejanzas y las diferencias. Los lazos entre la historia y la geografía pueden establecerse de diversas maneras.

Los niños pueden utilizar mapas, ilustraciones y fuentes diversas para descubrir aspectos de su ciudad en la actualidad: sus iglesias, casas, centros de trabajo, transportes. A continuación, pueden descubrir cómo han cambiado y por qué. Después, pueden utilizar las mismas categorías para comparar y contrastar cómo viven las personas en una población más alejada, en Gran Bretaña, en Europa o en un país en vías de desarrollo.

- Un tema sobre la historia familiar puede llevar a descubrir aspectos de lugares en los que nacieran los padres o los abuelos o en los que vivan otros miembros de la familia.
- Un estudio de la tienda de la localidad puede llevar a descubrir más cosas acerca de la procedencia de algunas mercancías, cómo se cultivan y por qué.

© Ediciones Morata, S. L.

- Un estudio de la escuela puede llevar a la comparación con cualquier otra escuela del mundo.
- Un tema sobre "Yo" puede centrarse en la historia personal de los niños durante cinco o seis años, pasando después a descubrir cosas sobre los niños de otro lugar.
- La visita a un centro de trabajo (una granja u oficina de correos, por ejemplo) puede llevar a los alumnos a seguir sus relaciones con otros lugares, para descubrir después cómo ha cambiado y por qué.
- Un tema sobre relatos puede señalar las semejanzas y las diferencias entre temas de cuentos populares de distintos países: protagonistas, astucia, poder, celos; historias sobre el clima, los animales, los alimentos, los viajes, los mercados.

BRUNER (1963, pág. 10) creía que el estudio de las sociedades primitivas es la mejor manera de aprender aspectos de la naturaleza de la sociedad, la condición humana y la continuidad de la evolución.

Un enfoque mixto

La combinación de temas centrados en materias, dedicando, quizá, la mitad de un trimestre de cada curso en un tema centrado en las ciencias naturales, la geografía y la historia, y tres medios trimestres a "temas" permitiría evaluar los dos enfoques de la planificación curricular. Con independencia de que se planifiquen temas centrados en la historia u otros más generales, conviene reconocer los vínculos potenciales entre la historia y otras áreas del currículum.

Planning the Curriculum at Key Stage 1 and 2, de la *Schools Curriculum and Assessment Authority* (SCAA, 1997), indica algunas formas de bloquear a intervalos las unidades de trabajo centradas en la historia para relacionarlas con el trabajo continuo en las materias fundamentales, y señala también cómo pueden relacionarse con otras áreas curriculares.

Lenguaje

Aunque se enseñe historia, ésta proporciona un contexto excelente y natural para el desarrollo del lenguaje. De hecho, el *National Curriculum* de Lenguaje para el primer ciclo de educación primaria (DfEE/QCA, 1999a), la *Curriculum Guidance for the Foundation Stage* (DfEE/QCA, 2000a) y la *History Teacher's Guide* (DfEE/QCA, 1998a, págs. 16-17) establecen que deben darse oportunidades a los niños para que cuenten relatos, tanto reales como imaginarios, para el juego imaginativo y la representación dramática y para escuchar canciones de cuna. Necesitan explorar, desarrollar y aclarar sus ideas, predecir resultados y discutir posibilidades, describir acontecimientos, observaciones y experiencias, dar razones de las opiniones y acciones, manifestar su comprensión de lo que ven y oyen, participar en representaciones dramáticas y actividades mejoradas, utilizando el lenguaje adecuado en una situación de juego de representación de roles, así como responder a las representaciones dramáticas que hayan visto. Mediante los relatos, los objetos, las ilustraciones, la historia oral y las visitas a edificios antiguos, examinados a través del juego y el diálogo, la historia cumple todos estos requisitos.

Estas oportunidades se desarrollan con más detalle en *The National Literacy Strategy* (DfEE/QCA, 1998b) y pueden iniciarse dentro de la *Literacy Hour*. En realidad, es deseable enseñar los objetivos de lectoescritura en el contexto de otras materias y extender los temas más allá de los límites de la *Literacy Hour*. En el último curso de educación infantil, hay oportunidades para realizar cantos, rimas y relatos tradicionales, y en los dos cursos del primer ciclo de primaria, las hay para los signos, las etiquetas, los títulos, las listas, las instrucciones, los libros de información y los informes no cronológicos, las descripciones de observaciones, visitas y acontecimientos. Ejemplos precisos de cómo desarrollar esas relaciones se ofrecen en: COOPER, 2000b, páginas 98-119; 1997; 1998a; 1998b; COOPER y TWISLETON, 1998; 1999.

Matemáticas

Las investigaciones históricas pueden exigir cálculos numéricos y la presentación de datos. Los objetos pueden ordenarse en conjuntos de acuerdo con la edad, los materiales o las funciones y anotarse en diagramas de Carroll y de Venn. Los cuestionarios y encuestas pueden registrarse en pictogramas y diagramas de barras. Los cálculos pueden basarse en líneas cronológicas. Las investigaciones pueden suponer la observación y el registro de teselas y pautas repetidas en ventanas, tejas, ladrillos y techos, así como la decoración de objetos y telas. La observación de las estructuras de los edificios y la realización de maquetas puede implicar el vocabulario de formas bi y tridimensionales. Los mapas y los planos tienen que ver con la dirección, la forma y el espacio. Hay muchas oportunidades de medir —el tiempo (horas, días, meses, cumpleaños, estaciones, años), la longitud (la longitud o el espesor de los muros de un castillo), el peso (de objetos o de ingredientes de recetas)— y de utilizar dinero y hacer trueques (en el juego de representación de roles). En COOPER, 2000b, págs. 121-126, se hacen sugerencias con respecto a las relaciones entre la historia y la aritmética.

Ciencias naturales y tecnología

La historia tiene que ver con las formas de obtener y utilizar los materiales de las gentes del pasado: piel, lana, seda, algodón, piedra, arcilla, madera, paja, oro, plomo, hierro. Se ocupa de las formas utilizadas por las personas para cultivar, cosechar, almacenar, conservar y preparar los alimentos; de cómo se procuraban agua, luz y calor. Los cambios habidos en las herramientas, la tecnología y las fuentes de energía son causas clave de cambios más amplios en la sociedad. Los niños tienen muchas oportunidades de investigar cómo actuaban las personas de épocas pasadas para mantenerse calientes, secas y alimentadas, los trabajos que ello suponía, las herramientas utilizadas y por qué cambiaban éstas. Los relatos y las rimas presentan a los niños a los zapateros, herreros, tejedores, hilanderos, leñadores, agricultores, molineros y lecheros, los mercados y los viajes. Mediante el examen de los utensilios, aprenden sobre los materiales y cómo funcionan las cosas. Al visitar, observar y hacer maquetas de antiguos edificios, descubren aspectos de las estructuras (¿Qué altura puedes darle a la torre? ¿Qué amplitud puede tener el arco? ¿Puedes hacer el entramado de madera de una casa con tiras de madera, papel enrollado o pajitas?). Pueden aprender aspectos de la energía por medio de ilustraciones y relatos, sobre la navegación en barco, los molinos de viento, los globos, los molinos de agua, las chimeneas carboneras, los trenes de vapor, los juguetes mecánicos, los carruajes, los primeros coches y aviones. Pueden comentar su funcionamiento y cómo influían en la vida de las personas. Los niños pueden hacer experimentos: hornear arcilla para hacer cazuelas de barro, hacer tintes naturales, hilar y tejer, hacer maquetas con materiales naturales (piedra, madera, paja).

Expresión artística

La historia proporciona un contexto para que los niños puedan observar con detenimiento objetos y pinturas, aprender que éstos expresan las ideas, sentimientos y formas de vida de las personas que los hicieron. Al registrar sus observaciones de objetos en sus propios dibujos y pinturas (ampliados quizá en *collages*, labores e impresos), descubren su forma y textura. Al hacer maquetas de edificios (un castillo o una casa de muñecas victoriana) o dibujos de acontecimientos del pasado, los niños están desarrollando su imaginación histórica y haciendo sus propias interpretaciones, basadas en lo que ya saben.

Música

Una pintura, un relato o una visita pueden utilizarse como estímulo para hacer composiciones sencillas. Los niños pueden preparar música para acompañar un relato o pueden investigar, seleccionar y combinar sonidos que describan una visita a un molino de viento, un ferrocarril de vapor o un barco velero. Pueden intentar recrear los sonidos que pudieran escucharse en una escena pictórica, por ejemplo de una escena en una calle victoriana o estación de ferrocarril, una pintura sobre la cosecha, de un mercado o de una feria.

Los niños pueden entornar juntos canciones de otras épocas: canciones infantiles, populares o canciones de juegos. Pueden conjuntar canciones tradicionales con cuentos populares de otros países. Pueden escuchar instrumentos antiguos y música de otras épocas; la música medieval, por ejemplo, puede acompañar el juego de "simulación" de un castillo y las canciones marineras pueden relacionarse con aventuras en barcos de vela.

Tecnología de la información y de la comunicación

En el primer ciclo de primaria, se espera que los niños accedan a la información, la introduzcan y la recuperen de diversas fuentes: bases de datos, CD-ROM, grabaciones de audio y de vídeo, filmes y televisión. Deben utilizar estas fuentes para desarrollar sus ideas, examinar situaciones e intercambiar, compartir y revisar sus hallazgos (DfEE/QCA, 1999a, págs. 98-99). Todo esto facilita muchas oportunidades para desarrollar las tres líneas de investigación histórica descritas en la Primera y Segunda Partes.

La cinta magnetofónica, por ejemplo, puede utilizarse en las visitas a lugares de interés con el fin de recoger datos para redactar informes no cronológicos, para registrar las instrucciones de funcionamiento de alguna cosa en un museo de clase o explicaciones sobre cómo se hacía y se utilizaba algún objeto. PARSONS (1996) dice que es preferible grabar de antemano las preguntas de las entrevistas orales, con el fin de que el entrevistado no se salga del tema y evitar preguntas irrelevantes o molestas. Esto ofrece también la oportunidad de comentar la validez y los sesgos, antes de invitar al personaje de que se trate. También es posible que los niños visiten a esa persona en su casa o lugar de trabajo y puedan editar ellos mismos la cinta. La cinta de vídeo puede ser aún mejor. Puede hacerse una colección de grabaciones de entrevistas o un registro de cambios en la zona para el museo escolar. De igual manera, en las visitas, pueden utilizarse cámaras digitales y emplear las fotografías para dialogar sobre ellas en la escuela, añadiéndoles pies e imprimiéndolas, como un elemento de los proyectos individuales de los alumnos, o pueden confeccionarse con ellas libros electrónicos. Las fotografías pueden examinarse en líneas cronológicas del alumno o familiares. Con el uso de un micrófono, pueden añadirse palabras escritas o habladas que los niños activarán con el ratón.

Es posible construir bases de datos en muy diversos contextos. SMART (1999) describe cómo una base de datos de juguetes permitió considerar a los niños los conceptos de semejanza y diferencia, continuidad y cambio en tres generaciones. Lo mismo podría hacerse con los alimentos, los juegos o el mobiliario urbano. Los datos pueden presentarse utilizando un programa de manipulación de datos, como *Find It*. Los niños más hábiles pueden usar el *Front Page Extra* para registrar y comunicar sus hallazgos en formato de periódico.

Para los niños más capaces de 2.º y 3.º, *My World* es un *software* de temas históricos. Presenta pantallas de ilustraciones y pies que pueden cambiarse con el ratón para construir imágenes y adaptarles pies de fotos.

WOOD y HOLDEN (1995) escriben con entusiasmo acerca de programas parlantes, como *Pendown* y *Stylus*, que pueden utilizar los maestros para

© Ediciones Morata, S. L.

crear información y dejar que los alumnos hagan preguntas sobre el tema en el que estén trabajando. Otros programas más recientes, como *Textease* y *Talking Write Away*, permiten que los niños escriban textos que el autor u otros niños pueden escuchar. También sugieren el uso de "teclados conceptuales"* para ayudar a los niños a construir oraciones con un vocabulario cronológico o, si sus destrezas lectoras son limitadas, secuenciar información de su familia o localidad.

En la actualidad, las escuelas tienen ordenadores personales con teclados conceptuales y la mayoría de los programas de escritura para niños disponen de un banco de palabras o de listas de palabras en pantalla, que pueden crear los maestros o los mismos alumnos para utilizarlas con una clase concreta de escritos. Muchas "*clickergrids*"** tienen una orientación histórica (por ej.: www.cricksoft.com/cgfl/index.htm).

Los dibujos que suelen incluir los procesadores de textos (*clip-arts*) pueden utilizarse para proporcionar ilustraciones que faciliten la comparación entre lo antiguo y lo nuevo, aunque hace falta apoyar este ejercicio con objetos auténticos o imitaciones para que resulte significativo. En el estudio de casos sobre los juguetes y los juegos del Capítulo IX, los niños de la clase de guardería utilizaron ilustraciones de ositos de peluche para decorar epígrafes y cuestionarios en su "Teddy Bear Museum".

En la actualidad, muchas escuelas tienen sus propias páginas de internet, a través de las cuales pueden recoger y compartir datos con otras escuelas, incluso de otros países y continentes. También pueden establecer enlaces con la comunidad, ya que los padres pueden acceder a internet desde casa, así como cualquier otra persona que quiera entrar. Hace poco, los niños de 1.º de la *Ambleside CE Primary School* plantearon preguntas a los padres sobre sus juguetes favoritos e hicieron gráficos con los datos recibidos, utilizando internet. Además, hay excelentes programas de televisión. Hughes y cols. (2000, págs. 69-73) dan indicaciones muy útiles acerca de cómo utilizar con eficacia la televisión.

Los maestros también tienen acceso por internet a las organizaciones nacionales de educación histórica y a una infinita diversidad de fuentes de museos y galerías, algunas de las cuales se relacionan al final de este libro. Muchos programas utilizan escáneres mediante los cuales los maestros pue-

---

* El "teclado conceptual" es una especie de tablero de tamaño A3 ó A4, dividido en celdillas programables y sensibles a la presión, sobre el que se coloca una hoja de papel con palabras o signos que representan los conceptos que deban utilizarse. Una vez programado de acuerdo con el tema que se trate en clase, el niño no tiene más que ir pulsando sobre los "conceptos" para añadirlos a la pantalla del ordenador. *(N. del T.)*

** Las *clickergrids* son una especie de plantillas informáticas de carácter temático, para el aprendizaje de la lectoescritura. La pantalla del ordenador aparece dividida en dos. La parte superior tiene el aspecto de un procesador de textos y la inferior, de una especie de teclado. El niño marca las "teclas conceptuales", llevando el cursor hasta ellas con el movimiento del ratón y pulsando el botón del dispositivo. La palabra correspondiente aparece en la parte superior de la pantalla. Como en el caso del "teclado conceptual", puede programarse o utilizar los programas a disposición de los maestros. *(N. del T.)*

© Ediciones Morata, S. L.

den recoger información en sus ordenadores (mapas, documentos, ilustraciones o los mismos dibujos de los niños) para crear pantallas que operan como las páginas de un libro y permiten que los alumnos accedan a la información. No obstante, hay que tener presentes las cuestiones relativas a los derechos de autor.

Selección de contenidos de historia, desde la educación infantil hasta el primer ciclo de la educación primaria

La *Curriculum Guidance for the Foundation Stage* (DfEE/QCA, 2000a) y las orientaciones para la Historia de *The National Curriculum for England and Wales* (DfEE/QCA, 1999a) requieren que los niños descubran el pasado a través de relatos de diferentes períodos y culturas y mediante un conjunto de fuentes históricas. Tienen que descubrir aspectos de los cambios que se producen en la vida, el trabajo y el ocio, tanto suyos como de sus familias y de otros adultos conocidos, así como de personas que vivieron en tiempos más antiguos. Estos aprendizajes deben abarcar a hombres y mujeres de distintos orígenes y diferentes clases de acontecimientos memorables, tanto de Gran Bretaña como de otros países.

Es importante que estas áreas de conocimientos se estructuren e integren de forma significativa. Sin embargo, no hay pruebas de una pauta clara de progresión en cuanto a la estructuración de contenidos. Puede parecer lógico comenzar por la historia del niño, siguiendo después con la época en que los abuelos eran niños, para pasar posteriormente a un período del que no haya recuerdos directos. Sin embargo, no hay pruebas de que ésta sea la mejor manera de contribuir al desarrollo del concepto del tiempo o de la cronología en los niños; a los más pequeños les encantan los relatos de tiempos remotos y los que se inician con: "Hace mucho, mucho tiempo..." También puede parecer lógico empezar por el entorno inmediato del niño, la casa o la escuela, pasando después al exterior, al ámbito local, la calle o el pueblo, para avanzar más tarde hacia lugares distantes, a través de las vacaciones, los amigos y la televisión; sin embargo, a los niños pequeños, les encantan los cuentos que empiezan: "En un país muy, muy lejano..." Desde el primer momento, ellos crean sus propios lugares y tiempos imaginarios en el juego.

Poster (1973) y West (1981) decían que cuando más aprenden los niños acerca de su época y de su localidad es al verse ante comparaciones bruscas, con tiempos y lugares rotundamente diferentes, que puedan contrastar con sus propias experiencias, y que la insistencia actual en las experiencias directas, concretas y sensibles ha subestimado la fuerza de este argumento. Sin embargo, parecería lógico planear una secuencia de unidades que, o bien avanzara hacia el exterior en el tiempo y en el espacio, de la familia y la escuela a épocas y lugares distantes, o viceversa.

© Ediciones Morata, S. L.

Antes de decidir la secuencia de contenidos, quizá sea conveniente barajar los recursos de la localidad, que vincularían el programa con experiencias de primera mano y con los propios intereses de los niños, y crear una interacción valiosa entre la escuela y la comunidad y unas ideas compartidas por ambas. Ciertos recursos pueden ser más adecuados para un grupo determinado, a causa de la distancia o de las clases de actividades relacionadas que estimulen. Por ejemplo, ¿hay en los alrededores inmediatos una iglesia, casas o tiendas antiguas que puedan observar los niños pequeños en un corto paseo? ¿Hay alguna colección de un museo apta para solicitarla en préstamo para su uso en la escuela?; ¿con qué período se relaciona? ¿Sería mejor invitar a personas de la comunidad local o a narradores de cuentos para que hablaran a los niños pequeños? ¿Hay algún castillo, alguna mansión, un museo, una galería o alguna reconstrucción de "historia viva" adecuada para la visita de los niños mayores?

La Figura 7.2 indica cómo pueden secuenciarse diversos temas que abarquen un período de tiempo considerable, pasando de lo inmediato hacia lo lejano o viceversa y cómo puede señalarse el conjunto de recursos disponible para cada período amplio.

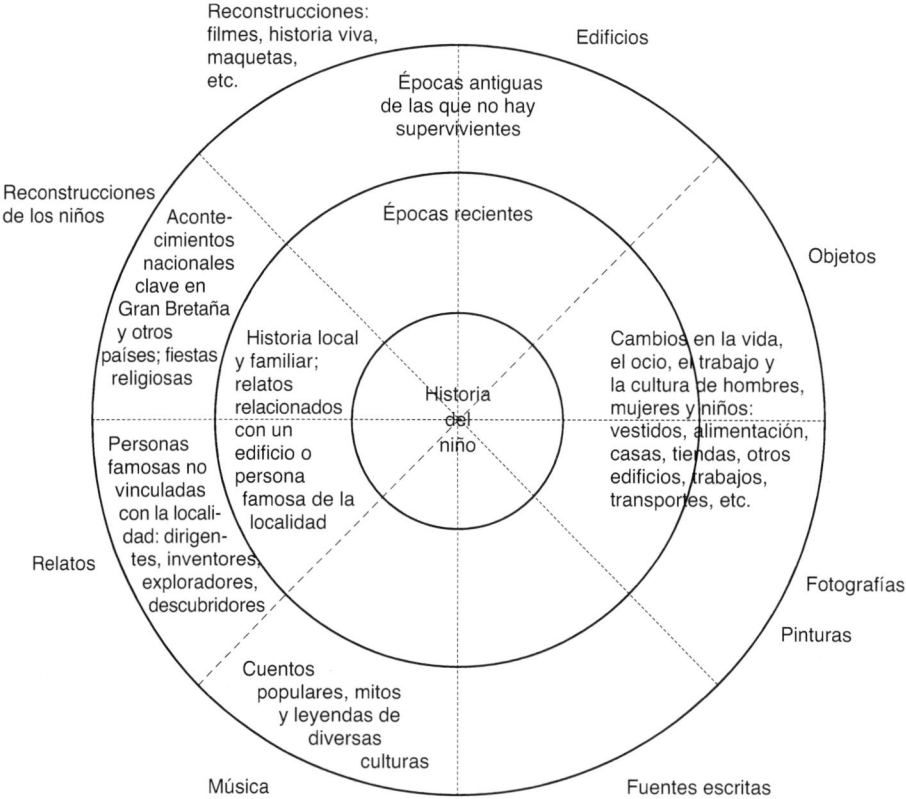

Figura 7.2. *Cómo secuenciar y relacionar los temas de acuerdo con los recursos locales.*

Planificación para el progreso

El progreso de la comprensión histórica supone la interacción entre unos conocimientos cada vez mayores sobre el pasado y el pensamiento histórico cada vez más complejo. Se desarrolla al experimentar diversas fuentes primarias y secundarias y aprender a hacer las preguntas adecuadas sobre ellas. Esto depende del desarrollo del lenguaje, de aprender a decir "porque" y "quizá", a utilizar el lenguaje cronológico y el vocabulario histórico.

La comprensión histórica aumenta también con la madurez, porque supone la comprensión de la conducta humana. Es un proceso expansivo y jerárquico. Resulta particularmente difícil planificar para el progreso de la comprensión histórica porque las variables interactúan. Es posible hacer una deducción sencilla a partir de una fuente compleja o desarrollar un razonamiento complicado sobre una fuente sencilla.

Hay una progresión de sentido común en las cosas que pueden hacer los niños pequeños. Hay una progresión amplia en los tipos de relatos que les gustan. Los cuentos sencillos, como *Los tres ositos* o *Caperucita Roja,* pueden constituir la base para comentar los motivos, las perspectivas y las interpretaciones. Los cuentos con motivos y argumentos más complejos, como *Blancanieves,* y los mitos y leyendas que presentan emociones más fuertes, vienen más tarde. Los relatos sobre historias de otras personas y sus familias, de niños conocidos, pueden preceder a los relatos sobre niños o acontecimientos de mucho tiempo atrás. Poco a poco, el juego libre, en un contexto histórico dominado por la fantasía, puede ir dependiendo más de lo que se sabe o pueda descubrirse; puede ser la base del posterior juego de representación de roles y de interpretaciones dramáticas de "entrevista en directo"* o de "plano congelado"**. Cuando se desarrollan los conocimientos y el concepto del tiempo de los niños, pueden progresar desde la formación de conjuntos de "muy antiguo" y "no muy antiguo" a secuenciar fotografías de ellos mismos; después, de sus familias y, más tarde, fotografías impersonales de diversas generaciones. Progresan desde las secuencias a las unidades normalizadas de tiempo. Los niños pueden hacer deducciones desde fuentes cada vez más impersonales y abstractas; las fuentes escritas pueden progresar desde una etiqueta de identificación de bebé, pasando por una antigua postal de la orilla del mar, hasta la descripción que hace Tácito acerca de Boadicea***. Las deducciones estarán cada vez mejor razonadas, serán más

---

* Traducimos la expresión original *hot seating* por "entrevista en directo", dado que la técnica dramática educativa conocida como *hot seating* consiste en hacer que un alumno adopte un rol y se someta a las preguntas de sus compañeros mientras interpreta ese papel: ocupa el *hot seat* ("asiento caliente"). *(N. del T.)*

** La técnica del "plano congelado" o *freeze-frame* consiste en crear una escena en la que los personajes que la interpretan se mantienen como en una instantánea, al modo de muchos "Belenes vivientes". *(N. del T.)*

*** Boadicea fue reina de los icenios, pueblo celta establecido en la zona de Norfolk y parte de Suffolk, en Inglaterra. Tácito menciona en los *Annales* la sublevación de Boadicea contra los invasores romanos hacia el año 61 d.C. *(N. del T.)*

© Ediciones Morata, S. L.

Cuadro 7.4. *Red temática para mantener la continuidad de las líneas de pensamiento histórico, desde la educación infantil hasta 2.º de primaria (los temas se describen en otra parte de este libro)*

		Educación infantil			Último curso de E.I.	1.º de primaria	2.º de primaria
		"Una tienda antigua"	"La torre Peel"	"Grace Darling"	"Castillos"	"Vestidos"	"La granja"
ELG CLL pág. 52	Volver a contar narraciones, secuenciar acontecimientos.		*	*	*		
NC pág. 1a	Situar acontecimientos y objetos en orden cronológico.				*	*	
ELG CLL págs. 52, 54	Extender el vocabulario.	*	*	*	*		*
NC pág. 1b	Usar palabras corrientes relacionadas con el paso del tiempo.				*	*	
ELG CLL pág. 50, KUW pág. 88	Escuchar relatos, rimas, canciones; preguntar por qué suceden las cosas.		*	*	*		
NC pág. 2a	Reconocer por qué las personas hicieron cosas; ocurrieron los acontecimientos.		*	*			
ELG KUW pág. 88	Observar semejanzas y diferencias.	*			*		
NC pág. 2b	Identificar las diferencias entre formas de vivir en distintas épocas.				*	*	*
ELG CCL pág. 58, ELG PSE pág. 42, DD pág. 104	Recrear roles y experiencias; comprender que las personas tienen necesidades, culturas, creencias diferentes.	*				*	
NC pág. 3	Identificar las distintas maneras de representar el pasado.					*	*

© Ediciones Morata, S. L.

		1	2	3	4	5	6	7	8
ELG KUW pág. 56	Investigar objetos y materiales.			*					
NC pág. 4a	Descubrir el pasado a partir de diversas fuentes.						*		*
ELG KUW pág. 88	Hacer preguntas y responderlas: por qué ocurren las cosas; cómo funcionan.				*		*		
NC pág. 4b	Hacer preguntas sobre el pasado y responderlas.			*	*		*		*
ELG KUW pág. 90 CLL pág. 58 CLL pág. 52 CD pág. 124 CD pág. 125	Construir y estructurar. Recrear roles. Volver a contar narraciones. Usar la imaginación en arte, música, danza.			*		*			
NC pág. 5	Comunicar de distintas maneras.			*	*		*		*
Áreas de estudio									
ELG KUW pág. 94	Descubrir acontecimientos del pasado y del presente en la vida propia y en la familia.			*		*			
NC pág. 6a	Cambios en la propia vida y en la familia.					*			
ELG KUW pág. 96	Descubrir cosas sobre el entorno.			*	*			*	*
NC pág. 6b	Formas de vida en el pasado lejano.			*	*				
NC pág. 6a	Personas y acontecimientos significativos.			*	*				

Clave
ELG   *Early Learning Goal* (DfEE/QCA, 2000a) ["Objetivo de aprendizaje precoz"].
Áreas de aprendizaje (DfEE/QCA, 2000a):
CLL   *Communication, Language and Literacy* (DfEE/QCA, 2000a, págs. 44-67) ["Comunicación, lenguaje y lectoescritura"].
KUW *Knowledge and Understanding of the World* (DfEE/QCA, 2000a, págs. 82-100) ["Conocimiento y comprensión del mundo"].
PSE   *Personal, Social and Emotional Development* (DfEE/QCA, 2000a, págs. 28-43; DfEE, 1999a, págs. 136-138) ["Desarrollo personal, social y emocional"].
CD   *Creative Development* (DfEE/QCA, 2000a, págs. 16-127) ["Desarrollo creativo"].
NC   *National Curriculum Programme of Study for History at Key Stage 1* (DfEE/QCA, 1999a) ["Programa de estudio de Historia en el primer ciclo de educación primaria del *National Curriculum*"].

© Ediciones Morata, S. L.

numerosas y, en vez de quedarse en lo descriptivo, tendrán cada vez más que ver con las ideas.

Entonces, todos los maestros tendrán que considerar si el plan a largo plazo refleja las necesidades e intereses de los niños, los recursos de la comunidad local y de la localidad y la filosofía de la escuela. También tienen que considerar si se dispone de tiempo curricular suficiente para implementarlo, si refleja todas las líneas de investigación histórica y cómo promueve la progresión en el aprendizaje de los alumnos. ¿Estimula a los niños para que hagan preguntas cada vez más complejas, para que utilicen conceptos y explicaciones cada vez más elaborados y para que se basen en una serie de conocimientos históricos cada vez más amplios? ¿Hasta qué punto las ideas de cada unidad se fundamentan en los conocimientos previos y se desarrollan las líneas de pensamiento histórico en nuevos contextos?

The History Teacher's Guide Update (DfEE/QCA, 2000b, pág. 13) presenta una útil red temática para identificar dónde se trata cada línea de pensamiento histórico y cada área de estudio histórico (pasado reciente y lejano, personas y acontecimientos históricos famosos) en la secuencia de unidades de estudio. Puede adaptarse a las unidades de estudio que una escuela diseñe por su cuenta. En el Capítulo VIII, comentaremos el diseño de unidades de estudio o esquemas de trabajo. También es útil descubrir la continuidad a través del currículum para los niños desde 3 a 8 años, mediante referencias cruzadas entre conocimientos, destrezas y comprensión de carácter histórico que se indican en el currículum del primer ciclo de primaria, dada la primera columna de la matriz, con referencias a los "objetivos de aprendizaje precoz" (DfEE/QCA, 2000b). El Cuadro 7.4 muestra cómo puede adaptarse la matriz para seguir la línea del pensamiento histórico que subyace a los temas de educación infantil que destacamos en la Primera Parte (una tienda antigua, página 43; una visita a la torre Peel, pág. 50, y Grace Darling, págs. 25) y a los temas del primer ciclo de primaria que se tratan en el Capítulo VIII (castillos, págs. 178-179; vestidos, págs. 180-181, y la granja, págs. 182-183).

CAPÍTULO VIII

Planificación de una unidad de estudio

Una unidad de estudio es una secuencia coherente de actividades con unos objetivos concretos de aprendizaje y unos resultados previstos para un período de tiempo especificado. En teoría, todos los maestros de una escuela están comprometidos en el diseño de una secuencia de unidades de estudio que promuevan el progreso, en colaboración, siempre que sea posible, con las compañeras y compañeros de las guarderías y de los grupos de juego. El Cuadro 7.4 (págs. 142-143) puede servir de base de discusión, al identificar y evaluar la continuidad para los niños de 3 a 8 años, en el contexto de los centros de atención de las unidades de estudio que parezcan más apropiados, de acuerdo con las necesidades de una escuela concreta, que reflejen los recursos de su localidad y sean relevantes y significativos para sus alumnos. Se han publicado modelos de esquemas de trabajo (DfEE/QCA, 1998a). Éstos representan cambios en la vida familiar (juguetes, casas, vacaciones en la playa), un acontecimiento importante (el gran incendio de Londres*) y un personaje destacado (Florence Nightingale**). Son útiles para los fines que pretenden: apoyar a las escuelas cuando se observa que falla la planificación. Se muestran las relaciones con los aprendizajes previos, el vocabulario relacionado y los recursos. Se señalan las secuencias de objetivos de aprendizaje, actividades de enseñanza y resultados. Hay tres grandes

---

* Se refiere al incendio que se inició el 2 de septiembre de 1666, en el que ardieron cerca de 2 km² de la ciudad de Londres. *(N. del T.)*

** Florence Nightingale nació en Florencia el 12 de mayo de 1820. Se hizo famosa por haber participado en Crimea, con su equipo de enfermería de guerra, con el ejército británico. Allí contrajo la enfermedad que la dejaría postrada. A ella se debió la creación de la *Royal Army Medical School*, que tuvo un destacado papel en la mejora de las condiciones de salud de los cuarteles británicos. Fue la primera mujer admitida como miembro de la *Statistical Society* por sus trabajos estadísticos relacionados con el ejército y la sanidad. Sus trabajos en el campo sanitario van desde la creación de su escuela de enfermeras hasta la planificación y gestión de hospitales. Murió en 1910. *(N. del T.)*

© Ediciones Morata, S. L.

niveles de previsiones sobre lo que se espera que hayan conseguido los niños al final de la unidad.

Existen vínculos claros entre la estructura de estos esquemas y la correspondiente a las orientaciones para la educación infantil: una escala de objetivos de aprendizaje hacia unas metas del aprendizaje, con ejemplos de actividades relacionadas y de cómo apoyar la realización de las mismas. En consecuencia, utilizando la matriz del Cuadro 7.4, que señala los vínculos entre los objetivos de aprendizaje, dentro de las líneas de pensamiento histórico en la educación infantil y el primer ciclo de primaria, es posible diseñar unidades de trabajo para la educación infantil utilizando los mismos modelos que los esquemas de la QCA: objetivos de aprendizaje, actividades y resultados del aprendizaje con ayudas para el profesional (véase el estudio de casos, págs. 203-207).

Se pretende que estos esquemas sirvan de modelos. Pueden modificarse para que reflejen las bases culturales de los niños: en vez de Florence Nightingale, la persona famosa puede ser Mahoma o Mary Seacole (NULTY, 1998, página 116). Las casas de épocas antiguas pueden estar representadas por alguna mansión o castillo de la zona (*English Heritage*, págs. 218-219), y el gran acontecimiento puede ser algún evento local, en vez del gran incendio de Londres.

No obstante, para que la educación sea significativa y relevante y para que satisfaga las necesidades globales de los niños, en los planos intelectual, personal, social y emocional, de acuerdo con los principios de la educación infantil (DfEE/QCA, 2000a, pág. 11), debe ser impartida por profesionales que sean creativos, innovadores y tengan suficiente confianza profesional en sí mismos para planificar unidades imaginativas para los alumnos y la localidad, en consonancia con las orientaciones genéricas y los requisitos establecidos. Han de tener en cuenta los recursos existentes en la comunidad y en su escuela o centro de educación infantil. El proceso descrito en la Figura 8.1 es adecuado para la planificación de una unidad de trabajo para educación infantil o el primer ciclo de primaria.

Perspectiva general sobre los recursos

Fuentes primarias

En los planes del conjunto de la escuela, se revisaron los recursos locales: museos, galerías, emplazamientos de interés, iglesias, mansiones, edificios municipales, teatros, cines. Se seleccionaron temas para las unidades de estudio que tuvieran relación con aquéllos. Antes de planificar en detalle las unidades de estudio, es importante hacer una visita preliminar para ver (si es posible, hablando con el personal del lugar) cómo planear la preparación de la visita y el trabajo de seguimiento, de manera que refleje las líneas de pensamiento histórico. Se ofrecen algunas indicaciones al respecto en los

Planificación de una unidad de estudio

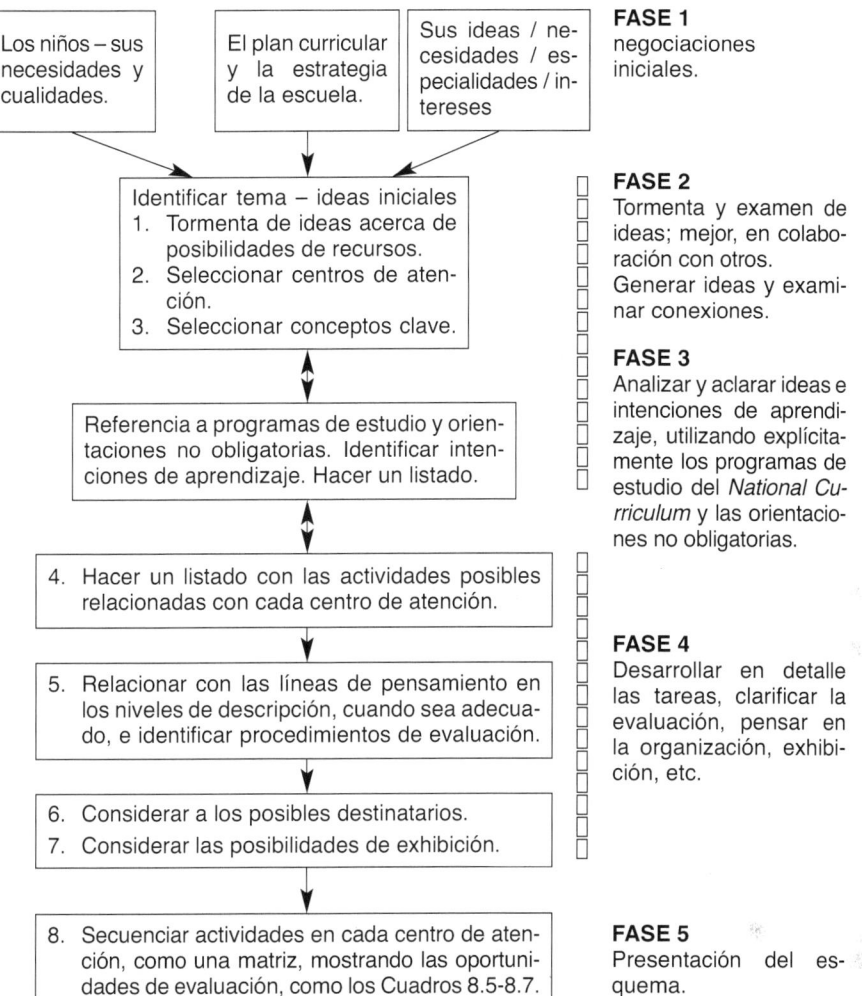

Figura 8.1. *El proceso de planificación.*

Cuadros 8.1-8.3, que muestran (en la primera columna) las preguntas históricas que pueden hacerse a los niños y (en la segunda columna) cómo pueden relacionarse éstas con cada tipo de recurso histórico.

La comunidad local

¿Qué oportunidades puede ofrecer la biblioteca local para el estudio de la historia de la localidad (mapas, callejeros, datos del censo, periódicos, fotografías)?; ¿cómo pueden contribuir a la historia oral los centros comunitarios, los lugares de trabajo, los padres y los amigos?

© Ediciones Morata, S. L.

Cuadro 8.1. *Una galería de pinturas*

¿Tienen relación las pinturas con el tema? ¿Tendrán interés para los niños? ¿Hay pinturas de niños, hombres y mujeres, de orígenes culturales y sociales diferentes?	
¿Pueden tomar conciencia de que el pasado se representa de distintas maneras?	¿Hay cuadros sobre personas reales y personajes imaginarios?
¿Hay ocasión de contar episodios a partir de las historias?	¿Hay más de un cuadro sobre el mismo lugar, acontecimiento o persona? ¿Hay cuadros que cuenten una historia?
¿Hay oportunidades para hacer la distinción entre el pasado y el presente?	¿Es posible comparar el pasado y el presente a tenor de las ropas, los objetos, los edificios, la vida cotidiana?
¿Hay oportunidades de descubrir cosas sobre el pasado y de hacer preguntas sobre el pasado, partiendo de las fuentes?	¿Qué preguntas sobre el pasado pueden suscitar los cuadros? ¿Qué pueden descubrir los niños en las pinturas?

Cuadro 8.2. *Un museo*

¿Cómo podrán reconocer los niños las semejanzas y las diferencias entre el pasado y el presente y entre distintos períodos del pasado?	¿Hay colecciones de vestidos u objetos del mismo tipo de períodos diferentes? ¿Pueden comparar o identificar los niños las diferencias entre el pasado y el presente, partiendo de los objetos? ¿Pueden explicar por qué han cambiado?
¿Podrán ver cómo están hechas las representaciones del pasado?	¿Hay alguna reconstrucción en el museo?
¿Qué preguntas podrían investigar los niños utilizando los artículos expuestos? ¿Pueden indicar razones por las que las personas actuaran como lo hicieron?	Partiendo de los artículos expuestos, ¿qué pueden descubrir los niños sobre cómo se hacían y utilizaban y cómo afectaban a la vida de las personas?

© Ediciones Morata, S. L.

Cuadro 8.3. *Un lugar arqueológico, castillo, molino de viento, iglesia, mansión*

¿Serán capaces los niños de escuchar los relatos de los acontecimientos relacionados con el lugar, descubrir cosas sobre ellos, contarlos y reconstruirlos?	¿Hay alguna historia relacionada con el lugar? ¿Por qué se construyó el objeto de la visita?
¿Pueden considerar los niños por qué se construyó aquí el edificio, carretera, etc. y por qué ya no se utiliza o por qué ha cambiado su finalidad?	¿Qué diferencias pueden descubrir los niños entre el pasado y el presente? ¿Cómo ha cambiado el lugar con el tiempo? ¿Por qué?
¿Cómo se vivía y se trabajaba aquí? ¿Cómo pueden aprovechar los niños el lugar para responder a preguntas sobre el pasado? ¿Qué pregunta pueden investigar?	¿Qué preguntas podrían hacer los niños sobre el lugar? ¿Qué podrían descubrir sobre la vida y el trabajo de las personas que vivieron aquí?

Objetos

Pueden coleccionarse o pedirse prestados a amigos, un museo o biblioteca.

Extractos de escritos de época

Se utilizan libros infantiles antiguos, anuncios, carteles o, incluso, extractos cortos (por ej., de Julio César), diarios (por ej., el de Pepys* o el diario de una niña de 10 años de Kent —*Kent Archive Office*, 1986) o narraciones de niños victorianos (ADAMS, 1982).

---

* Samuel Pepys (1633-1703) redactó un monumental diario que abarca desde 1659 a 1669, que se ha convertido en la fuente de información probablemente más amplia del período inglés de la *Restauración*. Los manuscritos ocupan seis volúmenes escritos en letra pequeña (la misma que utilizara Newton en sus trabajos), en inglés y en otros tres idiomas (quizá, latín, griego y francés). El diario completo, publicado por primera vez por la *University of California Press* en 1970 ocupa 10 volúmenes. Su primo, el almirante Edward Montagu, lo escogió como secretario en 1654, cuando fue nombrado Consejero de Estado y Comisario del Tesoro en el Protectorado de Cromwell. En 1660, Montagu nombró a Pepys tesorero de la flota, ocupando desde entonces puestos muy destacados en torno al Almirantazgo británico. Fue amigo de personajes muy destacados, como Newton, Wallis y Wren, y presidente de la *Royal Society* desde 1684 hasta 1686. *(N. del T.)*

Grabaciones de vídeo

Coleccionar noticias antiguas sobre acontecimientos clave o extractos de películas antiguas emitidas por televisión que ilustren aspectos de la vida cotidiana en el pasado: casas, vestidos, calles, tiendas.

Música

Coleccionar partituras y grabaciones de música relacionadas con el período.

Simulaciones y reconstrucciones

Coleccionar extractos de películas u obras representadas en televisión relacionadas con el período. ¿Hay algunas "Reconstrucciones de Historia Viva"? (Véase: *English Heritage Events Diary.*)

Relatos

Coleccionar libros infantiles —cuentos situados en el pasado, narraciones sobre acontecimientos reales (mitos y leyendas, si es conveniente), libros infantiles antiguos— para utilizarlos como fuentes primarias y comparar las distintas versiones.

Fuentes secundarias

Coleccionar libros infantiles de información, tanto de publicación reciente como antiguos libros de historia, para comparar las distintas interpretaciones en el texto y en las ilustraciones.

Enfoques transcurriculares

También es importante decidir las relaciones que convenga a cada maestro tener en cuenta a la hora de planificar las unidades de historia y las de otras áreas curriculares. En este capítulo, se dan ideas acerca de posibles enlaces entre temas centrados en la historia y otras áreas del currículum (*vestidos:* Cuadro 8.4, Cuadro 8.6; *castillos:* Cuadro 8.3, Cuadro 8.5; *la granja:* Cuadro 8.3, Cuadro 8.7). Estas redes transcurriculares son ejemplos de algunas conexiones posibles. Hay orientaciones (SCAA, 1997; DfEE/QCA, 1998b) sobre la forma de vincular bloques de trabajo de historia con el trabajo continuo sobre el lenguaje, por ejemplo, u otras materias fundamentales. En el *National Curriculum for England and Wales* (DfEE/QCA, 1999a, página 104) y en la *History Teachers Guide* (DfEE/QCA, 1998a, págs. 16-18) se dan ideas para establecer conexiones entre lenguaje, matemáticas y tecnología de la información y la comunicación. Los estudios de casos han examinado con mayor detalle las formas adecuadas de relacionar la historia con la *Literacy Hour*, la *Numeracy Hour* y la tecnología de la información y la comunicación (por ej.: COOPER, 2000b, págs. 94-137). En consecuencia, las redes transcurriculares señalan posibles relaciones que pueden desarrollarse con mayor detalle entre grupos seleccionados de temas.

En la educación infantil, las redes transcurriculares pueden constituir también un buen punto de partida de la planificación. Un tema desarrollado durante varias semanas, por ejemplo, "Los juguetes" (págs. 203-207), puede organizarse identificando posibles enlaces entre una secuencia de actividades de historia y objetivos de aprendizaje precoz de cada una de las seis áreas de aprendizaje: desarrollo personal, social y emocional; comunicación, lenguaje y lectoescritura; desarrollo matemático; conocimiento y comprensión del mundo; desarrollo físico y creativo. Otra posibilidad consiste en hacer una tormenta de ideas sobre un tema más general, como los cambios, desde distintos puntos de vista, en el área de conocimiento y comprensión del mundo (ciencias naturales, historia, geografía), ligado cada uno de ellos con las otras cinco áreas de aprendizaje, dedicando dos semanas a las ciencias naturales, dos a la historia y dos a la geografía, siempre de manera transcurricular.

Selección de centros de atención

Tras conocer los recursos a disposición de la escuela, los maestros pueden seleccionar los centros de atención de un tema de historia. Cada centro puede reflejar una determinada línea de investigación histórica: fuentes, tiempo y cambio o interpretaciones (Cuadro 7.1, pág. 155). Esto garantizará la cobertura suficiente de cada línea, haciendo más manejable la evaluación y el mantenimiento de los registros personales. Por ejemplo, el trabajo sobre los castillos puede centrarse en la visita a uno de ellos, los castillos en los cuentos y el castillo hoy y en el pasado (Cuadro 8.5, págs. 178-179). Un tema sobre los vestidos puede centrarse en las ropas que aparecen en los relatos sobre el pasado y en las que muestren fotografías (Cuadro 8.6, págs. 180-181). La dimensión histórica de un tema sobre una granja (Cuadro 8.7, págs. 182-183) puede centrarse en las inferencias sobre las fuentes, en las diferencias entre el pasado y el presente, tal como ilustran los relatos y los objetos, y en distintas interpretaciones de la vida en las granjas en el pasado, como muestran las narraciones y las pinturas. Diversos grupos de niños pueden trabajar sobre distintos centros de atención y presentarse unos a otros sus respectivos trabajos. Otra posibilidad, la de organizar el trabajo en una serie de centros de atención, le impone un ritmo y le da coherencia: a intervalos, pueden reunirse los trabajos, hacer presentaciones y extraer conclusiones.

© Ediciones Morata, S. L.

Cuadro 8.4. *El componente de historia de un tema integrado: "Vestidos" [los centros de atención son: 1) "Mis vestidos"; 2) "Vestidos de otros lugares"; 3) "Vestidos de otras épocas"]*

Ciencias naturales

- Clasifica según los materiales: verano / invierno, natural / artificial.
- Diseña y realiza pruebas de las posibilidades de lavado, durabilidad, calor, resistencia al agua.

(Educación para la salud: necesidad de conservarnos calientes, limpios y secos. Vestidos protectores de acuerdo con los trabajos).

Historia: Tiempo y cambio

- Contar historias auténticas o situadas en la década de 1930, en la de 1900 y antes.
- Coleccionar fotografías, secuenciarlas y describirlas, y tratar de explicar los cambios de una pieza de ropa.
- Clasificar fotografías de periódicos de estos períodos en "gente corriente" y "famosos".
- Investigación: "¿Los vestidos eran más fáciles de mantener limpios / más elegantes que los actuales?"

Educación religiosa

- Los visitantes de iglesias explican las vestiduras especiales que llevan los sacerdotes en sus iglesias y lo que simbolizan.

Expresión artística

- Colecciona tejidos de diversos países, adornados mediante diferentes técnicas (p. ej., estampado africano occidental, estampado javanés, motivos tejidos, bordados, diseño mediante teñido con la prenda atada). Comentar cómo estaban hechos. Coleccionar ilustraciones de libros.
- Estampar una tela con crayones de cera para tejidos, suciedad, patatas; estampar mediante teñido, tejer, hacer punto.

Geografía

- Coleccionar ilustraciones de personas en climas cálidos, fríos, templados. Clasificarlas en conjuntos. ¿Qué tiene en común cada conjunto? ¿Por qué? Identificarlos en una esfera o mapa.
- Invitar a un visitante que conozca una localidad que tenga un clima diferente del británico para que explique y enseñe vestidos tradicionales y las modificaciones modernas.
- ¿El vestido muestra una ocupación laboral o una categoría social? ¿Por qué son adecuados para las personas que viven en este lugar? ¿Para el clima? ¿De qué están hechos? ¿Cómo?

Matemáticas

- Encuestas (p. ej., tipos favoritos de zapatos).
- Investigaciones sobre tiempos (por ej., ¿qué tipos de cierres se abrochan antes?).
- Medidas: forma y espacio: hacer un conjunto para un osito de peluche; dinero (tienda de confección).
- Álgebra: diseña una secuencia para una gargantilla de abalorios y anótala; haz una gargantilla siguiendo el dibujo de un amigo. ¿Es correcto el patrón?
- Recuento de números (por ej., para la prueba de durabilidad; ¿cuántos restregones hay que dar antes de que aparezca un agujero?

Tecnología

- Diseña y haz un equipo para un osito de peluche o muñeca muy sucio / raído / frío / caliente o mojado.

Temas transversales

- Ciudadanía: colecciona ilustraciones: ¿Quiénes son estas personas? ¿Qué hacen? ¿Por qué? ¿Por qué llevan vestidos especiales? (por ej., la reina abriendo el parlamento, lores, baronesas, obispos, jueces, alcalde, concejales, miembros de organizaciones de voluntarios, policías, bomberos, enfermeras).
- Concienciación económica y comprensión de la industria: rincón de juegos: una tienda de ropa.
- Igualdad de oportunidades: (a) vestidos tradicionales de diversas culturas; (b) trabajos que hacen las mujeres que no hacían en el pasado y ropas que llevan, por ej., bomberos, policías, pilotos, conductoras de autobús, ingenieras, científicas.

Lenguaje

- Hablar y escuchar. Entrevistar a un visitante sobre los trajes tradicionales de otro país (geografía).
- Lectura: rótulos de tejidos (arte) o de fotografías (historia); relatos (por ej.: *El vestido nuevo del Emperador;* véase AGARD, 1992).
- Escritura: una historia (dibujo) sobre un osito de peluche que acaba muy sucio / raído / frío / caliente o mojado.

Selección de conceptos

Para los maestros, es importante seleccionar el vocabulario clave de un tema, por lo que, en su planificación, pueden decidir cuándo y cómo presentar a la clase los nuevos conceptos históricos; después, cómo animar a los niños para que los utilicen por su cuenta en rótulos escritos, pies de ilustraciones, en sus diálogos y en el juego. Los maestros deben tener muy claras las oportunidades que hayan creado para supervisar hasta qué punto aprenden los niños esos conceptos nuevos. Los conceptos pueden estar relacionados con el tema (oscurecimiento de la ciudad para evitar la aviación enemiga, máscara antigas, cartilla de racionamiento) o con el proceso de la investigación histórica (prueba, quizá, puede ser, porque). Pueden incluir el concepto de tiempo (ahora, entonces, antes, después) o el vocabulario abstracto fundamental en todas las sociedades (comercio, poder, defender, atacar).

Actividades posibles

Con el fin de planear diversas actividades mediante las que los niños puedan examinar cada centro de atención, quizá convenga revisar las posibles oportunidades de aprendizaje activo, antes de decidir cuáles son las más adecuadas para una clase y tema determinados. He aquí algunas actividades posibles:

© Ediciones Morata, S. L.

Cuadro 8.5. *Ejemplo de tema centrado en la historia que muestra cómo se planifican actividades que reflejen descripciones de nivel histórico y cómo pueden evaluarse. Primer ciclo de primaria: "Castillos"*

Centro de atención	Línea histórica	Recursos
Visita a un castillo	**Deducciones e inferencias de las fuentes** *Nivel 1:* descubrir cosas del pasado en las fuentes de información. *Nivel 2:* responder a preguntas sobre el pasado utilizando fuentes de información. *Nivel 3:* seleccionar información de las fuentes para responder a preguntas específicas sobre el pasado.	Visita a un castillo. Dejar constancia en fotografías, dibujos. ¿Qué sabemos? ¿Qué suposiciones razonables podemos hacer? ¿Qué nos gustaría saber? Fuentes secundarias: libros de referencia. Información sobre otros castillos (por ej., *Red Fort*, Agra, las miniaturas de Mughal*, *Victoria and Albert Museum*, castillos de Europa).
Castillos en relatos	**Interpretaciones** *Nivel 1:* (**a**) contar episodios de historias del pasado; (**b**) comprender que los relatos pueden referirse a personas reales o a personajes imaginarios. *Nivel 2:* (**a**) contar historias sobre personas y acontecimientos y utilizar expresiones relacionadas con el paso del tiempo para ordenar los sucesos; indicar posibles razones de la forma de actuar de las personas; (**b**) demostrar conciencia de que el pasado está representado de diferentes maneras. *Nivel 3:* (**a**) demostrar los conocimientos de los acontecimientos, personas y lugares que hayan aprendido; comentar las causas y consecuencias de una elección y los resultados; (**b**) poner de manifiesto el desarrollo de la conciencia de por qué se representa el pasado de diferentes maneras.	Extractos de películas (por ej.: *Ivanhoe, Robin Hood*). Cuentos ilustrados (por ej.: *Rapunzel, Cenicienta, El gato con botas*). Historias auténticas sobre el castillo visitado.
Ahora y entonces	**Comprensión del tiempo y el cambio** *Nivel 1:* conciencia de las diferencias entre el pasado y el presente. *Nivel 2:* pueden hacer distinciones entre sus propias vidas y las épocas pasadas. *Nivel 3:* pueden reconocer semejanzas y diferencias entre diferentes períodos del pasado.	Fuentes secundarias: libros de referencia. Recetas antiguas (por ej.: RENFREW y cols., 1993), tarjetas de imágenes (postales o tarjetas hechas de folletos) del castillo en diferentes períodos (por ej., normando, medieval, Tudor, siglo XVIII, actualidad). (Continúa)

* El *Red Fort* o *Lal-Qal'a*, llamado así por el color de la piedra utilizada en él, fue construido en Delhi (India) e inaugurado en 1648 por el emperador Mughal. Es una enorme ciudadela que reemplazó a la del mismo nombre —*Red Fort*— de Agra (India), edificada en 1565, cuando la capital se trasladó de Agra a Delhi. En la actualidad, alberga un museo de miniaturas a las que alude el texto. *(N. del T.)*

Cuadro 8.5. *(Continuación)*

Conceptos	Actividades	Métodos de evaluación
Ataque Defensa Foso Torre Sala Mazmorra Puente levadizo Banquete Armadura Justa	Hacer una maqueta; rotularla y explicar las partes. Redactar un folleto o cartel para otros visitantes. Hacer dibujos de partes del castillo; rotularlos, explicarlos.	Partiendo de la maqueta, el folleto o la ilustración, pueden: *Nivel 1:* describirlo. *Nivel 2:* hacer preguntas; remitirse a otras fuentes para descubrir más cosas. *Nivel 3:* hacer sugerencias razonables, basadas en pruebas, acerca de cómo se hizo el castillo, cómo se utilizó y por qué.
	Juego libre (por ej., hacer banderas, un "puente levadizo", un "foso", convertir el rincón del hogar en la torre del castillo; torneo con caballitos de juguete). Redactar proclamaciones; invitaciones al banquete. El maestro observa las preguntas, comprueba anacronismos, proporciona recursos para descubrir más cosas, ampliar. El juego sigue basándose en nueva información. Escribir historias.	*Nivel 1:* (**a**) contar un relato; (**b**) hablar sobre si los relatos son auténticos. ¿Cómo lo sabemos? *Nivel 2:* (**a**) comentar el juego de diferentes grupos de niños, basado en las pruebas vistas en el castillo o en "relatos auténticos". *Nivel 3:* (**a**) pueden contar "historias auténticas"; (**b**) pueden usar un vocabulario como: "Creo", "quizá" y "no lo sabemos porque..."
Ahora El presente Hoy día Nuevo	Pintar un fondo de la maqueta del castillo en la actualidad y otro de cuando era nuevo. O hacer una grabación de las cosas que se podrían haber oído entonces y de las que se pueden oír hoy día en el castillo. O cocinar comida que se podría comer entonces y ahora, o escuchar música que pudiera haberse oído entonces y ahora. Ordenar o hacer dibujos del castillo en distintos períodos.	*Nivel 1:* pueden aportar pinturas de fondo de forma adecuada. *Nivel 2:* pueden describir diferencias entre lo antiguo y lo nuevo y tratar de explicarlas. *Nivel 3:* pueden ordenar imágenes del castillo en diferentes períodos; indicar razones de los cambios; nombrar períodos.

© Ediciones Morata, S. L.

Cuadro 8.6. *La dimensión histórica de un tema integrado: "Vestidos"*

Centro de atención	*Comprensión de los cambios en el tiempo, utilizando las fuentes*	*Recursos*
Vestidos de otros tiempos	*Nivel 1:* (**a**) contar episodios de historias del pasado; (**b**) manifestar conciencia de las diferencias entre el pasado y el presente; descubrir cosas del pasado partiendo de las fuentes.	Relatos auténticos ilustrados situados en la década de 1930, en la de 1900 y en tiempos más antiguos.
	Nivel 2: hacer distinciones entre la vida propia y los tiempos pasados. Ordenar objetos; señalar razones por las que las personas del pasado actuaron como lo hicieron; responder a preguntas sobre el pasado utilizando las fuentes.	
	Nivel 3: reconocer semejanzas y diferencias entre distintos períodos del pasado. Seleccionar información de las fuentes para responder a preguntas específicas sobre el pasado. Pueden identificar las razones y los resultados de los cambios. Conciencia de que el pasado está dividido en períodos.	Fotografías de tres generaciones (y de épocas anteriores).
	Interpretaciones *Nivel 2:* comenzar a mostrar conciencia de que el pasado se representa de distintas maneras.	Coleccionar fotografías de periódicos de la misma fecha, de personas trabajando (gente corriente) y estrellas del cine, políticos, etcétera.

(Continúa)

Cuadro 8.6. *(Continuación)*

Conceptos	Actividades	Método de evaluación
Antiguo, nuevo. Antes, entonces, a continuación, después, al final.	En un grupo, cada niño cuenta, por turno, el siguiente paso de un relato.	*Nivel 1:* pueden secuenciar acontecimientos correctamente. *Nivel 2:* pueden referirse a conocimientos concretos de personas y acontecimientos en detalle.
Eduardiano, Victoriano, Tudor. Tejidos: lana, algodón, piel, seda, cuero, paja, encaje. Adornos, joyas. Otro vocabulario especial, cuando sea preciso.	Coleccionar fotografías de los padres, abuelos, bisabuelos, retratos de personas más antiguas. Exponerlas en sucesión. Escribir pies para las fotos que digan: "Llevo... porque..." Seleccionar un objeto (por ej., sombrero o zapatos) y copiarlo de cada foto. Presentar la secuencia como un comentario de modas al público, describiendo los cambios y señalando las razones de los cambios de los vestidos.	*Nivel 1:* pueden describir los vestidos en las fotografías. *Nivel 2:* pueden describir las diferencias, pueden secuenciar las fotografías. Pueden indicar por qué llevaba la gente estos estilos de ropas. *Nivel 3:* pueden identificar las diferencias entre determinadas piezas de ropa en distintos períodos. Pueden seleccionar información de ilustraciones para responder a preguntas específicas (por ej., ¿crees que esta mujer tiene algún trabajo?, ¿por qué?) Pueden señalar posibles razones de los cambios y los efectos sobre la vida de las personas. Pueden calificar las ropas por su estilo, por ej., victoriano, Tudor, romano.
	Clasificar fotografías de "gente corriente" y de "famosos" en conjuntos. Por grupos, describir lo que cada conjunto nos dice sobre este período.	*Nivel 2:* Pueden explicar por qué las deducciones a partir de los conjuntos de "gente corriente" y "famosos dan versiones diferentes del período.

© Ediciones Morata, S. L.

Cuadro 8.7. *La dimensión histórica de un tema centrado en las humanidades: "La granja"*

Centro de atención	Línea histórica	Recursos
	Hacer deducciones e inferencias a partir de fuentes históricas *Nivel 1:* descubrir aspectos del pasado a partir de las fuentes de información. Contar episodios de relatos del pasado. *Nivel 2:* responder a preguntas sobre el pasado, utilizando fuentes de información. *Nivel 3:* seleccionar información de las fuentes para responder a preguntas específicas.	Fotografías y dibujos hechos por los niños sobre la visita (por ej., puertas del granero suficientemente amplias para los carros, aro de hierro en la pared para atar a los animales, abrevadero, escala para saltar la cerca, la fecha sobre la puerta, el nombre de la granja). Colección de aperos antiguos. Fotografías antiguas. Extractos de diarios, por ej.: *Ordinary Times: A Hundred Years Ago* (ADAMS, 1982); *Lark Rise to Candleford* (THOMPSON, 1989: la cosecha, págs. 132-137; juegos infantiles, págs. 87-120). PHILIP (1993) documenta las privaciones de los niños rurales. Pinturas antiguas sobre la vida rural, tanto idealizadas (por ej., *Willie Lot's Cottage*, de CONSTABLE) como realistas (por ej., *Bird Scaring*, de George CLAUSEN).
	Tiempo y cambio *Nivel 1:* manifestar la conciencia de las diferencias entre el pasado y el presente. Contar episodios de historias sobre el pasado. *Nivel 2:* hacer distinciones entre aspectos de sus propias vidas y las épocas pasadas. Ordenar objetos. Señalar razones por las que las personas del pasado actuaron como lo hicieron.	*The Tale of Jemima Puddleduck, The Tale of Sally Henny Penny* y THOMPSON (1989, págs. 132-137, 87-120), contados por el maestro. Secuenciar objetos, por ej., carro de reparto de leche, lechera, botella de leche, cartón de leche.
	Interpretaciones *Nivel 1:* comprender que los relatos pueden versar sobre personas auténticas o sobre personajes imaginarios. *Nivel 2:* mostrar conciencia de que diferentes historias pueden dar versiones distintas del pasado. *Nivel 3:* mayor conciencia de que el pasado se representa de formas diferentes.	Cuentos populares de diversas culturas sobre el cultivo y la venta de los productos del campo (por ej., *The Great Big Enormous Turnip, Jack and the Beanstalk, Shaker Lane* (PROVENSEN y PROVENSEN, 1992). Coleccionar imágenes de la vida en las aldeas del pasado, por ej., fotografías de personas vestidas con ropas antiguas (reconstrucciones), fotografías antiguas, ilustraciones de canciones infantiles, pantomima, pinturas.

(Continúa)

Cuadro 8.7. *(Continuación)*

Conceptos	Actividades	Método de evaluación
Heno, paja, trigo, cebada, gavillas, granja, cultivar, arado, siembra, siega, cosecha, cultivos, silo, almiar, piara, rebaño, domesticar, seleccionar, criar (*agricultura*) Comprar, vender, mercado, beneficio (*comercio*) Yunta, carro, carromato (*transporte*) Patrones, blusón. Arado, rastrillo, guadaña, hoz, horca, mantequera (*herramientas*) Lechería, granero, establo.	Hacer minuciosos dibujos de observación. Redactar etiquetas explicativas. Cada niño escribe una pregunta sobre una de las fuentes recogidas para competir (se muestran las preguntas a continuación de las fuentes). Dejar la grabadora al lado de la muestra del concurso. Los niños investigan preguntas específicas planteadas por el maestro o un visitante (por ej., ¿cómo sería un niño de pueblo hace 100 años?). Los niños graban todas las pruebas que encuentren en la cinta. Se reproduce la cinta para la clase. Comentarios sobre los hallazgos.	*Nivel 1:* pueden escribir rótulos (o explicar a los demás) acerca de cómo podría haberse utilizado el objeto / edificio. Pueden contar un episodio de un diario. *Nivel 2:* pueden hacer preguntas interesantes sobre las fuentes, para concurso. Pueden sugerir o descubrir posibles respuestas. *Nivel 3:* pueden utilizar una serie de fuentes para responder a la pregunta.
Primero, después, a continuación. Antiguo, más antiguo, nuevo, más nuevo.	Representar uno de los relatos u ordenar las páginas ilustradas. Dibujar objetos en orden cronológico.	*Nivel 1:* pueden utilizar pruebas de las ilustraciones para comentar en qué sentido era diferente el pasado. Pueden ordenar los acontecimientos. *Nivel 2:* pueden explicar cómo se obtenía la leche, ahora y en el pasado; por qué y cómo habría afectado esto a la vida de las personas. Pueden ordenar objetos.
	Comentar si estas historias se refieren a personas reales. ¿Son extractos de diarios sobre personas reales? ¿Cómo lo sabemos? Juego en el rincón del hogar estimulado por las pruebas encontradas en la visita sobre la agricultura en el pasado (motivos, por ej., puerta del establo, caballito de juguete, carro de reparto de leche, pradera). Por parejas, ordenar ilustraciones en conjuntos: "verdadero", "posible" y "no verdadero".	*Nivel 1:* pueden clasificar en conjuntos los nombres de personajes escritos en tarjetas: "vivió realmente" y "no es un personaje real"; explicar las razones. *Nivel 2:* distintos grupos pueden decir cómo han utilizado los "motivos" en su representación para contar distintas historias. *Nivel 3:* pueden dar razones para la colocación, apoyar argumentos, escuchar otros puntos de vista.

© Ediciones Morata, S. L.

En entornos de educación infantil

- Coleccionar información hablando con alguna persona anciana o escuchando relatos situados en el pasado (págs. 24, 36, 51);
- coleccionar objetos antiguos, un paseo por la localidad, hablar sobre la manufactura y uso de las cosas, por qué han cambiado, causas y secuencias de acontecimientos (págs. 43-46, 50);
- examinar el pasado mediante el juego libre y el estructurado (págs. 41-46);
- recopilar información.

Primer ciclo de primaria

- Recoger información mediante el uso de encuestas, cuestionarios, entrevistas, bases de datos (registrando una investigación sobre lápidas, por ejemplo, utilizando la base de datos NUESTROS DATOS), fuentes primarias y secundarias;
- considerar las causas y efectos del cambio (por ej., haciendo y explicando conjuntos y líneas cronológicas);
- hacer deducciones e inferencias;
- escribir informes de arqueólogos o historiadores y etiquetas explicativas para exposiciones y museos de clase;
- llegar a interpretaciones mediante el juego libre, el juego de representación de roles, maquetas, dibujos;
- presentar resultados de investigaciones en interpretaciones dramáticas, exhibiciones y presentaciones orales, grabadas en vídeo y de diapositivas.

Evaluación

En la planificación a largo plazo también deben contemplarse las oportunidades de evaluación. Si se planean actividades que reflejen líneas de pensamiento histórico en niveles especificados, la evaluación del trabajo resultante es continua y formativa durante toda la unidad de estudio. El trabajo debe planificarse con unos resultados de aprendizaje claros y previstos que puedan registrarse. La evaluación forma parte de la planificación. Puede basarse en la redacción de un rótulo explicativo de una línea cronológica, un rótulo de museo, un informe "de arqueólogo", un relato o poema. Puede hacerse observando el juego imaginativo o escuchando el diálogo de los niños en un grupo mientras hacen una maqueta o una pintura, dialogan sobre una fuente o clasifican en conjuntos de "antiguo" y "nuevo". Esto podría relacionarse con la autoevaluación de los niños sobre su propio trabajo, escrito u oral. Es extremadamente importante hacer explícitas a los niños (y a los padres) la finalidad de las actividades, de manera que participen en la decisión sobre la medida en que se consiga. Muchas secuencias de actividades incluyen las tres líneas de pensamiento histórico, pero se puede simplificar la evaluación si, en cada centro de atención, se evalúa una línea en concreto (Figura 8.2).

Planificación de una unidad de estudio

Matemáticas

- Vocabulario relacionado con la forma y el espacio, la dirección y la comparación (debajo, encima, esquina, a través de, etc.).
- Medidas (en el emplazamiento): estándar y no estándar (p. ej., anotar en pasos la longitud de los muros, la anchura del foso, etc.).
- Cálculos relacionados con las ciencias (p. ej., girar la rueda 10 veces y subir el cubo) y con investigaciones de Concienciación económica y comprensión de la industria y Educación ambiental.

Lenguaje

- Hablar y escuchar: relatos, diálogo durante las actividades, presentación a un público, entrevistas y cuestionarios (Concienciación económica y comprensión de la industria, Educación ambiental).
- Leer: libros de información (ilustraciones o texto), relatos, invitaciones al baile / torneo en el castillo.

Expresión artística

- Coleccionar y ampliar postales de pinturas de castillos de distintos estilos y comentar el color, el estilo, las pinceladas.
- Pintura o dibujo imaginativo, basado en lo visto en la visita y en relatos.
- Dibujos observacionales de detalles (p. ej., una ventana) del emplazamiento, fotografiados, desarrollados en maquetas, pinturas al pastel, labores de costura, etc.

Temas transversales

- Concienciación económica y comprensión de la industria.
  ¿Cómo se custodia el castillo? ¿Quién lo custodia? ¿Por qué? ¿Qué tareas realizan? ¿Quién lo paga? ¿Qué vende la tienda? Haced una tienda de castillo en la escuela, con postales, etc. o exponed la maqueta del castillo como una miniempresa, con entradas, folletos.
- Educación ambiental: ¿El exceso de visitantes puede estropear el lugar? ¿Cómo se puede proteger? ¿Por qué?

Ciencias naturales y Diseño y tecnología

- Materiales: ¿Qué partes del castillo quedan en pie? ¿Por qué?
- Fuerzas y estructuras, p. ej., ¿cómo se puede hacer un muro más fuerte? Prueba de ladrillos de distintos anchos; soplar con pajitas.
- Palancas y poleas: maquetas funcionales de puente levadizo, rastrillo, asta de la bandera.
- Diseñar y hacer, p. ej., un casco, el tocado de una dama de acuerdo con una ilustración, caballitos de juguete para un torneo.

Educación religiosa

- Valores y actitudes.
- Mitos y leyendas del pasado lejano, de distintas partes del mundo.
- ¿Por qué cosas creen las personas que merece la pena luchar? ¿Tienen razón?

Historia

- Hacer una maqueta de castillo basada en las pruebas, hacer preguntas, referencias, utilizar libros de referencia.
- Juego estimulado por la visita y los relatos. Distinguir entre lo que se conoce y lo que se imagina.
- Considerar las diferencias entre "entonces" y ahora.

Geografía

- Usar mapas, imágenes, observación para descubrir por qué escogió el emplazamiento (¿abastecimiento de agua, defensa?).
- Dibujar un plano secreto para explicar las defensas del enemigo.
- Dibujar un plano del interior de un castillo, tal como pudiera haber sido.
- Hacer una maqueta con ladrillos o construcciones de juguete. Destruirla en una lucha fingida. Reconstruirla utilizando el plano.

Figura 8.2. *Trabajo en otras áreas curriculares con enlaces con un tema centrado en la historia: "Castillos".*

© Ediciones Morata, S. L.

Posibles destinatarios

Es conveniente decidir en la fase de planificación quiénes sean los posibles destinatarios de cada centro de atención de un tema y cómo pueden presentarles los niños su tarea. Esto dará una finalidad al trabajo, para los alumnos y para su maestro, y estimulará la motivación, la calidad y la cantidad. También establece lazos entre la escuela, el hogar y la comunidad, y da ocasión para que las personas que no estén necesariamente involucradas en la educación descubran y valoren lo que se hace en la escuela. Los posibles destinatarios pueden ser otra clase, la escuela en su conjunto, los padres, las bibliotecas y periódicos locales, los centros de maestros, los centros de trabajo y las organizaciones locales o nacionales (por ejemplo, el *Young Historian Scheme* de la *Historical Association**). Las investigaciones pueden presentarse a través de canciones, música y danza en juegos de representación de roles, en contextos históricos, mediante exhibiciones, muestras, libros hechos a mano, presentación de los niños con diapositivas, grabación en vídeo de una visita (con un trabajo previo de preparación y otro posterior de seguimiento) o grabación magnetofónica hecha por los niños para explicar una muestra o exposición.

Exposición

Es importante considerar en la fase de planificación cómo pueden desarrollarse, durante el proyecto, unas exposiciones o muestras, que formen parte del proceso de aprendizaje y del entorno dinámico de la clase (en consecuencia, los maestros pueden añadir a la matriz de planificación una columna de "oportunidades de exposición"). La exposición puede desarrollar y reflejar el aprendizaje como algo activo e interactivo. Es importante pensar los estímulos iniciales al principio de una unidad de estudio que interesen, atraigan y susciten preguntas; quizá sea suficiente con un objeto grande relacionado con el tema. Después, los niños pueden ir haciendo suyo su entorno añadiendo nuevas aportaciones, no sólo de su trabajo, sino de juguetes antiguos, objetos encontrados en "una excavación" o fotografías antiguas, según convenga. Estos artículos estimularán inevitablemente las preguntas y los trabajos posteriores de otros niños. Las exposiciones sobre la marcha pueden recoger la creación de maquetas o dibujos en colaboración, que evolucionan a consecuencia de los comentarios que provocan, las preguntas que suscitan y

---

* La *Historical Association* se ocupa en el Reino Unido de las cuestiones relativas a la enseñanza de la historia en la educación no universitaria. Durante algunos años mantuvo en vigor el plan denominado *Young Historian Scheme* ("Plan de jóvenes historiadores"), subvencionado en parte por la *Royal Historical Society*. La *Historical Association* ha dado por finalizado el *Young Historian Scheme* y la subvención de la *Royal Historical Society* se dedica ahora a las labores de promoción de la historia en la educación secundaria que realiza la *Historical Association*. (*N. del T.*)

© Ediciones Morata, S. L.

Planificación de una unidad de estudio

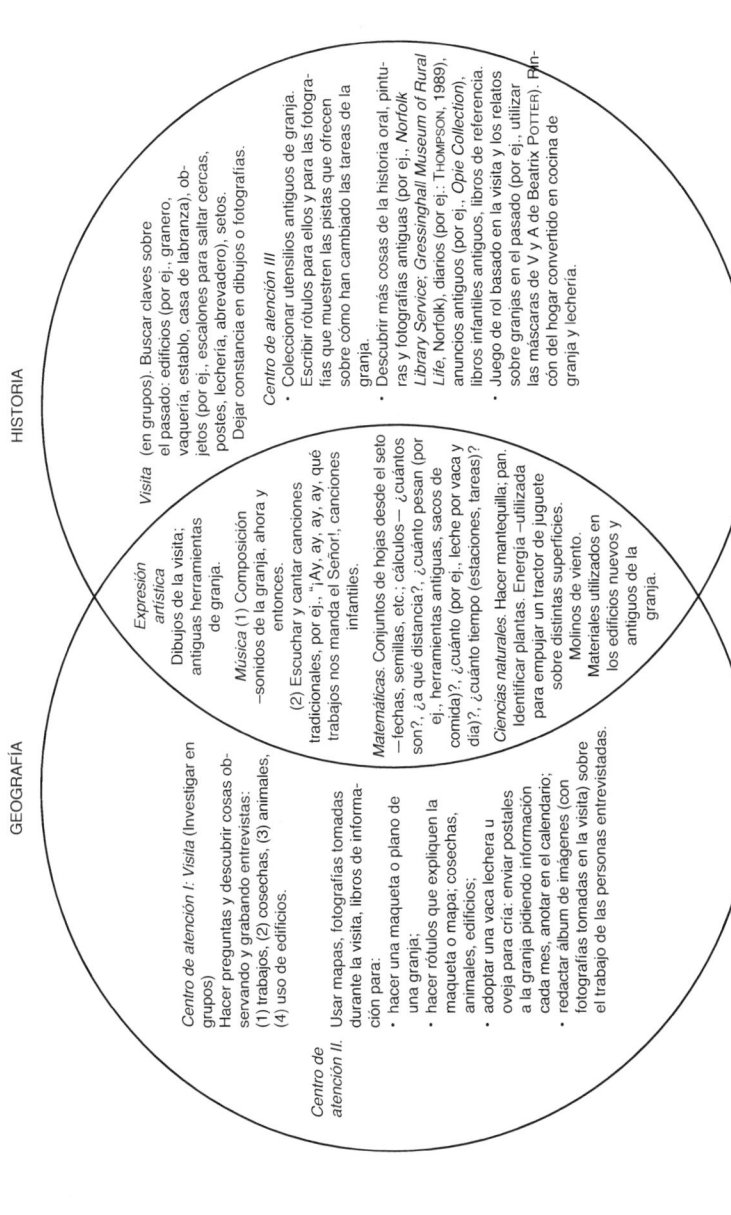

Temas transversales. Igualdad de oportunidades: tareas que, en el pasado, hacían las mujeres en las granjas (diarios y cuadros).
Educación ambiental. Experimentos con la tierra vegetal: ¿qué hace que una tierra sea buena? (pequeños animales, humus). ¿Por qué fumigan y abonan los agricultores? Setos: ¿qué vive en un seto?
Concienciación económica y comprensión de la industria. Juego simbólico: una tienda de granja.

Figura 8.3. *Cómo la expresión artística, las matemáticas y las ciencias naturales establecen conexiones entre los componentes de historia y geografía en un tema centrado en las humanidades: "La granja".*

© Ediciones Morata, S. L.

la investigación resultante de los niños. El entorno de aprendizaje puede seguir cambiando a medida que se faciliten "accesorios" para las áreas de juego de representación de roles basadas en las propias ideas de los niños mientras se desarrolla el juego, por ejemplo, en un castillo, cueva o museo. Las cada vez mayores oportunidades de los niños de adueñarse de su entorno lo hacen flexible y constantemente cambiante y desafiante. Convierten el entorno del aprendizaje en un componente del enfoque constructivista del aprendizaje que hunde sus raíces en PIAGET, VYGOTSKY y BRUNER.

De los planes a largo plazo a la planificación semanal y diaria

Primero, partiendo de la red temática, puede confeccionarse un planificador semanal, que muestre la parte de la unidad de estudio que debe abarcarse cada semana, en cada área curricular. Esto garantiza que la cantidad de trabajo planificada sea factible y que se mantenga el equilibrio curricular, aunque no haya que incluir todas las áreas curriculares en todas las semanas. Es también un enfoque probado y comprobado, ¡que impide que los maestros se vuelvan locos, tratando de hacer demasiado! Por ejemplo, las dos primeras semanas de una unidad, o "castillos", puede planearse como en el Cuadro 8.8, pág. 190.

Segundo, las actividades planificadas pueden ajustarse entonces al horario de la clase al principio de cada semana. Es probable que haya que modificar los planes, dependiendo de cómo se desarrollen éstos en la práctica. El horario semanal puede codificarse mediante colores, que muestren las actividades de grupo concurrentes, como en el Cuadro 8.9, pág. 191.

Tercero, los maestros experimentados quizá no necesiten redactar planes detallados para cada actividad, pero no tienen más remedio que recordar los objetivos de aprendizaje y las oportunidades de evaluación establecidas en la matriz de planificación a largo plazo y tener en cuenta cómo iniciar y organizar las actividades y las sesiones de toda la clase, la secuencia de preguntas que planteen, su propio papel en la ampliación de las actividades centradas en un tema y las oportunidades de intervención.

Cuarto, por regla general, los maestros experimentados no hacen una detallada evaluación por escrito de cada actividad, porque este proceso se convierte en una parte intrínseca de la reflexión profesional. Este proceso es esencial para informar y modificar la planificación a la luz de las respuestas de los niños. A veces, esto formará parte del diálogo formal con los colegas y, con más frecuencia, de los intercambios informales que se producen aprovechando tiempos muertos. A falta de otra cosa, lo más corriente es el diálogo interior, en el coche o ¡en el baño! En todo caso, forma parte de un ciclo (véase la Figura 8.4).

No obstante, incluso los maestros más experimentados necesitan anotar las actividades clave emprendidas por todos y cada uno de los niños, y lo con-

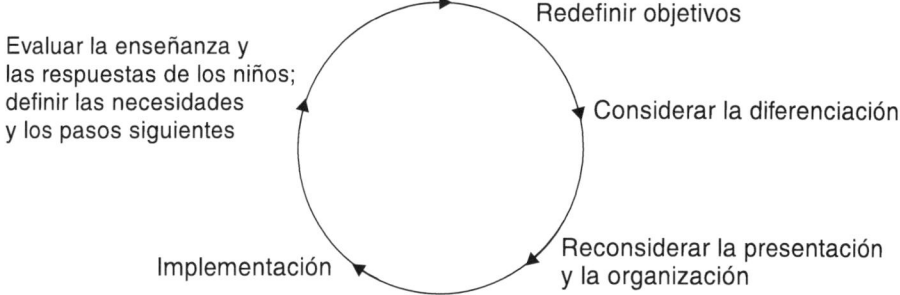

Figura 8.4. *Ciclo de autoevaluación de los maestros.*

seguido por ellos, en algún tipo de lista de comprobación diaria o semanal (véase el Cuadro 8.10, pág. 192).

Por último, los maestros recopilarán y registrarán evaluaciones más detalladas de los grupos centrados en temas con los que hayan trabajado con regularidad. Esto da oportunidad de evaluar otra área curricular además de la historia: historia y matemáticas, historia y lenguaje o historia y ciencias naturales. Desde la introducción del *National Curriculum*, la evaluación se ha considerado a menudo como colocar el carro antes que los bueyes. Sin embargo, cuando forma parte de la planificación, cuando la coincidencia curricular está incluida en la planificación, cuando se reconoce que la evaluación formativa es un aspecto informal y continuo del inevitable y constante juicio profesional del maestro, que sólo se refleja a intervalos en los registros, la evaluación perfecciona el trabajo de los docentes de una manera económica; les da confianza porque tienen la prueba de que los niños van alcanzando progresivamente una rica variedad de objetivos en cuanto a destrezas, actitudes y conocimientos. Con frecuencia, esto se consideraba antes incuantificable. Esa posibilidad de rendir cuentas potencia a los maestros. Les proporciona un lenguaje para valorar, definir, defender y compartir sus conocimientos y destrezas profesionales.

Historia y educación holística

El *National Curriculum* nos ha ayudado a identificar las cuestiones centrales y los métodos de responderlas que se sitúan en el núcleo de cada materia y a traducirlas en actividades que pueden comenzar a abordar incluso los niños más pequeños; así como a poner en práctica el concepto de currículum espiral de BRUNER:

> Lo que hemos aprendido sobre el aprendizaje... es todo menos trivial. Incluso en las condiciones menos favorables —psicológica, física, educativamente—, aún podemos conseguir dar a algunos niños el sentido de sus propias posibilidades. Lo hacemos llevándolos (y, a veces, a sus padres) a colaborar en una comunidad potenciadora.
>
> (BRUNER, 1996, pág. 76.)

© Ediciones Morata, S. L.

Cuadro 8.8. Planificación de una unidad

Semana	Historia	Lenguaje	Matemáticas	Ciencias y tecnología	Geografía	Expresión artística	Educación religiosa	Música	Educación física y danza
5-9 Sept. Clase de matemáticas: FORMA Clase de lectura y escritura: Rótulos y pies	Visita al castillo	Rotular partes; relato sobre el castillo	Dibujar plano	Empezar la maqueta		Dibujar (castillos)		Escuchar música medieval; preparar danza	Basada en el relato o la visita al castillo
12-16 Sept. Clase de matemáticas: MEDIDAS Clase de lectura y escritura: Observaciones de una visita	Usar pruebas de la visita para empezar folleto o cartel	Juego de representaciones de roles	Medir en pasos en el patio	Continuar la maqueta			Comentar motivos y valores en el relato sobre el castillo		

© Ediciones Morata, S. L.

Planificación de una unidad de estudio

Cuadro 8.9. *Ejemplo de horario*

	8:50–10:30	10:50–12:15		1:20–3:15	Notas
Jueves 8 Sept.	Comentar visita (miércoles) Presentar grupo de trabajo: Clase de lectura y escritura	X o # *		Clase de matemáticas	4 actividades X Dibujar y rotular partes o Dibujar planos # Comenzar maqueta * Juego libre: área del castillo Pueden destacarse los grupos centrados en el tema para la evaluación
	PASAR LISTA	JUEGO		COMIDA	
Viernes 9 Sept.	X o # *	Clase de lectura y escritura	Educación física	Música	
				X o # *	
				Clase de matemáticas	

Cuadro 8.10. *Lista del profesor para comprobar el rendimiento de cada alumno*

Semana	Registro de progreso individual		
Intenciones de aprendizaje	Referencia	Iniciales de los niños	Notas de acción urgente o especial

De todos modos, el *National Curriculum*, a pesar de sus pretensiones de amplitud y profundidad, continuidad y progresión, tendía a fragmentar el currículum y a perder de vista el desarrollo del niño en su integridad. Por eso, ahora se insiste, tanto en la educación infantil como en las escuelas, en que se descubran formas en las que las experiencias de aprendizaje creadas a través de las relaciones entre el hogar, la escuela y la comunidad puedan aumentar la autoestima, el bienestar emocional y el sentido de identidad de los alumnos, así como ayudarles a desarrollar unas buenas relaciones, la conciencia espiritual y moral y la comprensión de las culturas. Se prevé que los enfoques docentes se basen en los intereses y experiencias de los niños y les proporcionen unos contextos ricos y variados para que reflexionen creativa y críticamente (DfEE/QCA, 2000, págs. 10-11).

Al planificar, conviene destacar formas en las que el trabajo centrado en la historia refleje estas dimensiones: vínculos con la familia, con la localidad y con la comunidad; educación personal y social; educación para la ciudadanía; educación espiritual, moral y cultural; igualdad de oportunidades con respecto a la capacidad, el género, el carácter étnico y toda clase de necesidades educativas especiales. Esto puede hacerse mediante una codificación de colores en un plan a medio plazo, los aspectos de la educación personal y social que pueden desarrollarse por medio de una actividad centrada en la historia. Por ejemplo, en la educación infantil, destacar una actividad que se centre en el aprendizaje de los niños para trabajar en grupo, con el fin de que respeten su turno para contar un cuento o dialogar sobre un objeto. En el primer ciclo de primaria, un relato seleccionado para cuestionar los estereotipos de género (pág. 196) puede codificarse con el color correspondiente a la "igualdad de oportunidades". Si queremos conseguir un currículum fundado en unos principios, integrado y orientado a los valores, podemos tomar como punto de partida los principios previos de la educación durante los primeros años:

> La escuela no es un simple comercio de enseñanza. Debe transmitir valores y actitudes. Es una comunidad en la que los alumnos aprenden a vivir, primero y ante todo, como niños y no como futuros adultos... La escuela pretende deliberadamente crear el ambiente adecuado que les permita ser ellos mismos y desarrollarse de un modo y a un ritmo adecuados para ellos. Hace especial hincapié en el descubrimiento individual, en la experiencia de primera mano y en las oportunidades de trabajo creativo. Insiste en que el conocimiento no se inscribe en compartimentos estancos y que el trabajo y el juego no son opuestos, sino complementarios.
>
> (DfE 1967, párrafo 505.)

La importancia que ahora se otorga a una educación socialmente inmersa en las relaciones en el hogar, la escuela y la comunidad tiene sus raíces en el muy mal entendido y raramente puesto en prática informe Plowden (DfE, 1967). Esa educación proporciona un entorno estimulante y un conjunto de experiencias que anima a los niños a aprender sin intermediarios, de forma holística, atravesando las barreras entre materias y entre el trabajo y el juego.

Antes de codificar con colores en la planificación los enlaces entre historia y aspectos de la educación personal y social, quizá sea mejor pasar por alto el peso muerto de la rendición de cuentas, que está alejando la creatividad del aula, y, en cambio, definir lo que identifica a los maestros creativos. La enseñanza creativa, que conduce al aprendizaje creativo, cambia a los niños y es la que les da el control de su propio aprendizaje. Woods (1995, Cap. 1) caracteriza a los maestros creativos como los que:

- son innovadores y se preocupan por el proceso, no por el producto;
- dominan lo que enseñan y cómo lo enseñan y son capaces de ver alternativas;
- tienen control, a causa de su fuerte compromiso con los valores que potencian;
- hacen relevante el aprendizaje, mediante su percepción holística de los niños y el currículum.

Woods describe dos escuelas en las que los maestros estaban decididos a interpretar el *National Curriculum* en sentido significativo para sus alumnos. En una escuela de 135 niños de 4 a 9 años, de los que el 75% era de origen étnico del norte de la India y hablaba *punjabí* como primer idioma, los maestros, mediante una "cultura de colaboración", se pusieron de acuerdo sobre sus valores básicos y las consecuencias de los mismos para sus creencias educativas y enfoques docentes. Durante dos años, articularon estas creencias y las ilustraron con ejemplos prácticos.

© Ediciones Morata, S. L.

Definieron sus visiones del aprendizaje como "proceso" que ocurre en el interior del niño y establecieron un sistema de visitas a casa y una sala para padres y amigos. Determinaron el papel del maestro como "perfeccionador, corrector, depurador y consolidador en un proceso de aprendizaje en colaboración". Consideraban que el rol del docente consistía en desarrollar la confianza de los alumnos en sí mismos y su autoestima, haciendo que lo que se ofrece en el *National Curriculum* sea algo que los niños puedan hacer suyo, trabajar sobre ello y desarrollarlo, y animándolos a aceptar riesgos. Definían sus métodos de enseñanza como medios de destacar el contexto y la finalidad reales en el esquema de las cosas del alumno, estableciendo unas relaciones de confianza con el fin de examinar con los niños sus propias percepciones e ideas. Incluso aprendieron algo de *punjabí* para invertir los papeles, de manera que los niños pudieran ayudarles a leer relatos, contar acontecimientos y hacer rótulos para objetos relacionados con otras culturas y creencias, tiempos y lugares.

El director de otra escuela describía el ambiente exterior como "un recurso rico que podemos aprovechar si nos preparamos para hacerlo así". Esta parte de la filosofía de la escuela, en la que el aprendizaje, el juego y los sueños se unifican de manera que cada elemento inspira a los demás y excita la imaginación y el interés, se definía como:

Participación

- Aprendemos algo tocando, aprendiendo, viendo y respondiendo emocional y espiritualmente.
- Reforzamos la experiencia hablando, leyendo, escribiendo en las áreas de expresión artística y música.
- Pretendemos hacer el aprendizaje más abstracto y simbólico mediante unos puntos de partida concretos.

Holismo

- Se reconoce la interconexión de la vida, el ritmo y los ciclos de creación
- mediante la celebración de las estaciones y las fiestas;
- mediante el respeto por el cuidado y el orden;
- mediante la celebración y conmemoración de nacimientos y defunciones.

Currículum integrado

- Integración de contenidos y experiencias de la vida escolar.

Los inspectores informaron que: "Hacéis mucho más que impartir el *National Curriculum*. En realidad, lo utilizáis como una especie de trampolín..."

© Ediciones Morata, S. L.

Parece que la mejor manera de establecer un currículum marcado por los valores consiste en acordar un conjunto de principios y desarrollar formas adecuadas de implementarlos que sean relevantes para la escuela concreta:

- los niños: sus intereses, orígenes, necesidades, estilos de enseñanza, percepciones del aprendizaje;
- la comunidad y sus recursos: las personas, los edificios, los lugares, los centros de trabajo, las bibliotecas, las galerías, los museos;
- el entorno escolar: la distribución, las áreas, el mobiliario, la organización de los recursos para facilitar las opciones, la selección, la independencia; la organización del currículum y del tiempo; las zonas exteriores de juego;
- y lo último, pero no lo menos importante, el personal: sus intereses, valores y experiencias.

Historia y educación personal, social, moral, espiritual y cultural

Todo el mundo reconoce que la historia fomenta el desarrollo de una mayor conciencia y el crecimiento social y emocional, así como el cognitivo, al estimular a los niños para que hagan preguntas, dialoguen y especulen sobre las razones de la conducta, las actitudes y los valores de las personas de otras épocas y de otros lugares y no mediante la enseñanza didáctica y las historias ejemplares. JONES (1968), cuyos trabajos se basan en las teorías psicodinámicas de ERIKSON (1965), creía que se puede y se debe estimular a los niños para que se comprendan a sí mismos y comprendan las conductas, las ideas y los sentimientos de las personas de diferentes sociedades y que las humanidades constituyen el medio ideal para hacerlo. Consideraba esencial que el desarrollo cognitivo se relacionara con el crecimiento emocional e imaginativo. "Es necesario que los niños sientan el mito y lo comprendan" (JONES, 1968, pág. 49). *History in the Primary and Secondary Years* (DES, 1985) reconoce que es probable que los grandes mitos de Norteamérica, África y Asia, así como los de Europa, desempeñen una parte importante en la experiencia de los niños pequeños. Dice también que los niños de edades comprendidas entre 4 y 7 años son capaces de relacionar juicios sobre personas con pruebas, y de identificarse con las situaciones y los puntos de vista de los otros. Contempla la historia como una parte del conocimiento de sí mismo y del desarrollo de la conciencia moral. Supone hacer preguntas como: "¿En qué consiste ser otra persona?" y: "¿Cómo sé que es verdadero?" Estas preguntas son afirmaciones de independencia intelectual.

Hay muchas oportunidades de desarrollar los primeros objetivos de aprendizaje de la educación personal y social en contextos históricos (DfEE/QCA, 2000a, págs. 28-43). Es posible que el diálogo sobre cómo puedan haber sido hechos y utilizados los objetos antiguos y la audición de historias del pasado de otras culturas supongan iniciar, escuchar y compartir

© Ediciones Morata, S. L.

ideas, intervenir por turno, repetir las ideas y sentimientos de otros. A través del juego de representación de roles en contextos históricos, los niños pueden aprender a ser independientes, entablar buenas relaciones, considerar las consecuencias de palabras y acciones, tanto en mundos imaginarios como en el real, y, por último, aunque de no menor importancia, ¡a vestirse y desnudarse solos! Mediante la historia oral, las visitas y los visitantes de la comunidad y al hablar de historias y fotografías familiares, los niños desarrollan una conciencia creciente de los grupos sociales más amplios, tanto del pasado como del presente, a los que pertenecen.

En el primer ciclo de primaria, puede construirse sobre estas ideas (DfEE/QCA, 1999a, págs. 19-20; 2000b, pág. 7). Los niños pueden hablar de lo justo y lo injusto, lo correcto y lo equivocado en el contexto de todo tipo de historias sobre el pasado, aprender a identificar y respetar las diferencias y las semejanzas entre las formas de vida de distintos lugares y en diferentes épocas y considerar por qué las personas pudieron optar como lo hicieron. Al hacer inferencias sobre los objetos, aprender cómo pueden haberlos hecho y utilizado y cómo influyeron en la vida de la gente. Pueden aprender a organizar y defender sus opiniones.

Historia e igualdad de oportunidades: género, carácter étnico, necesidades educativas especiales

Los principios de inclusión subyacen al continuo de la educación de los primeros años. Es importante trabajar con los padres para garantizar que todos los niños se sientan seguros y valorados y que ninguno se encuentre en peor situación por su carácter étnico, su cultura o su religión, ambiente de casa, origen familiar, necesidades educativas especiales, discapacidad, género o capacidad (DfEE/QCA, 1999a, págs. 30-37; 2000a, pág. 11). Estos principios subyacen a la planificación en todos los niveles. La historia, en particular, es una materia que puede fomentar las actitudes estereotipadas desde la infancia. Es también una materia que puede cuestionar las actitudes tradicionales respecto al género y el carácter étnico, si se planean las oportunidades y se seleccionan de manera adecuada los recursos y actividades necesarios para hacerlo así.

Género

Es importante incluir relatos sobre mujeres famosas del pasado junto a otros dedicados a hombres, así como interpretar las historias desde puntos de vista femeninos (POUNCE, 1995), para incluir las vidas de hombres y mujeres corrientes y comentar cómo se retrata a las mujeres (OSTLER, 1995). Las interpretaciones de los niños en el juego de representación de roles pueden dar oportunidades de cuestionar los supuestos. Por ejemplo, al jugar sobre castillos, pueden mostrar las fuentes medievales con ilustraciones de mujeres que defienden las almenas asediadas (CLARE, 1993), como la historia de Margaret Paston, que defendió su castillo en ausencia de su esposo (DAVIS, 1983) y, más tarde, ella, como muchas viudas de su época, dirigió sus negocios, o la historia de Anne Clifford, que mantuvo una vasta red de castillos en el norte de Inglaterra durante el siglo XVII (CLIFFORD, 1992). Los roles de género de los piratas pueden discutirse con los relatos sobre las reinas piratas (por ej.: MARTIN, 1980; MAHY, 1987). El juego estereotipado sobre los soldados puede discutirse con relatos de mujeres como Phoebe Hesse, que fueron a la guerra en el pasado lejano (MOORHOUSE y RANDALL, 1994) y compararse con el juego que trate sobre las mujeres militares y pilotos de caza de la actualidad.

A menudo, los maestros tienen que buscar y contar historias de textos para adultos porque estas mujeres no están suficientemente representadas en los libros escolares. MILES (1989) nos advierte que no nos basemos en los conocidos ejemplos de mujeres que fueron como hombres, como Juana de Arco o Boadicea, a las que se refiere una imagen muy manida, de la historia de las mujeres. Nos habla de una reina que planeó la irrigación de Babilonia, de Aspasia, la "primera dama de Atenas", que enseñó a Sócrates y a Aristóteles, y de una mujer llamada Aristoclea, que enseñó matemáticas a Pitágoras.

Una clase de 1.º y 2.º desarrolló una investigación excelente y un juego de representación de roles basado en fotografías de Amy Johnson, la famosa aviadora, y en libros informativos sobre los primeros aeroplanos. Los compararon con fotografías de aeroplanos y artículos de periódicos sobre mujeres actuales que pilotan aviones de caza, aunque esto requirió la iniciativa de la alumna de magisterio en prácticas que lo planeó.

Los carteles publicitarios antiguos que se utilizaron en un juego de representación de roles de tienda, obtenidos gracias al *History of Advertising Trust*, comparados con sus equivalentes modernos, proporcionan unos puntos de partida sólidos para hablar sobre los papeles cambiantes de las mujeres. El *National Trust* ha editado libros como *Scrub-a-dub Nellie* (WOODHOUSE, 1992), mediante el que los niños pequeños pueden examinar la vida real de mujeres corrientes del pasado, relacionándola quizá con una visita a alguna "mansión" y con el rincón del juego de representación de roles, utilizando diversas técnicas lectoescritoras, secuenciando tareas de la jornada de Nellie como sirvienta, haciendo listas y entradas de diario. No obstante, también es importante recordar que es posible que los niños y niñas disfruten con aspectos diferentes de la historia y opten por responder a ellos de forma distinta. Los niños pueden pasarlo muy bien leyendo y creando textos informativos (diagramas, planos, instrucciones, pies de fotos, rótulos), en vez de relatos. Si esto estimula sus destrezas de lectura y escritura, que suelen ir por detrás de las de las niñas (HAYES, 1998; SUKHNANDAN y cols., 2000), éste será otro aspecto de discriminación positiva.

© Ediciones Morata, S. L.

Carácter étnico

CLAIRE (1966, págs. 39-79) muestra, mediante ejemplos prácticos, que las historias sobre el pasado pueden promover la ética de la igualdad y la diversidad. La autora facilita excelentes referencias y orientaciones sobre cómo utilizar la historia sobre las familias, los objetos y las fotografías del pasado para ayudar a los niños pequeños a alcanzar la esencia de las cuestiones de igualdad en relación con la raza, la clase social y el género. Aprenden a valorar las relaciones entre generaciones, a hacer conexiones y a descubrir el cambio y la continuidad. También ofrece unos consejos excelentes sobre cómo ayudar a los niños pequeños a comprender, por medio de la representación dramática, el juego de representación de roles y la entrevista en directo, por qué pueden cambiar las interpretaciones de la vida de los famosos. Hace referencia a un conjunto de biografías sencillas y otros recursos que evitan los sesgos y el sexismo.

Necesidades educativas especiales

El *Code of Practice* (DfE, 1994; DfEE/QCA, 2000c) exige a los maestros y a otros profesionales que, cuando sea conveniente, descubran las dificultades específicas de aprendizaje, las capacidades o discapacidades de los alumnos, y trabajen con el niño, los padres y otros adultos que sirvan de apoyo para preparar, supervisar y revisar planes individuales de educación que permitan al alumno trabajar en los mismos temas que sus compañeros, pero en los niveles apropiados y de maneras adecuadas para ellos. Es posible atender a esta enorme cantidad de necesidades en historia porque las fuentes históricas son variadas: pueden ser escritas, pero también visuales, táctiles, orales (música o hablar con una persona); a las fuentes se puede responder en muchos niveles y de muchas maneras: cantando, tocando, jugando y mediante diversas tecnologías de la información. He aquí tres ejemplos de clases de distintas escuelas.

Elizabeth es síndrome de Down. Padece una pérdida oscilante de audición. Puede ser terca y mandona. Habla con oraciones, aunque no siempre con claridad, le gusta mirar libros y ayudar. La maestra pide a su ayudante de apoyo, la Sra. A, que observe su juego en el área de la cocina victoriana y que intervenga de vez en cuando para ayudarle a desarrollar sus conceptos de "antiguo" y "nuevo", descubriendo cómo se usaban los objetos.

La Sra. A observaba a Elizabeth mientras jugaba, diciendo a veces, por ejemplo: "es una cocina muy antigua... así es como se usaban las cosas..." Después, la Sra. A mostraba a Elizabeth un cuadro de una "cocina antigua" similar. Elizabeth estuvo mucho tiempo jugando en la cocina. La Sra. A la observaba mientras calentaba la plancha en el fuego. Elizabeth invitó a la Sra. A a una taza de té y la Sra. A le enseñó a Elizabeth a utilizar la parrilla de tostar para (simular) tostar un trozo de pan en el fuego. Más adelante, en esa misma semana, la Sra. A y Elizabeth hablaron sobre otros utensilios de la cocina, sus nombres, usos, formas y materiales, y Elizabeth decidió dibujar la plancha, colorearla y recortar su dibujo para la exposición del aula.

Ben tiene problemas de visión. Cuando su clase visitó una iglesia de la localidad, los niños descubrieron que había unos dibujos muy hermosos que explorar mediante el tacto, muchos con historias que interpretar: en el púlpito y en la pila bautismal, lápidas, estatuas, placas mortuorias, losas. Algunos niños hicieron dibujos, otros realizaron un plano de la planta. El grupo de Ben calcó losas que estaban debajo de la pila bautismal. De vuelta en la escuela, con un dibujo de la fachada oeste se hizo un gran *collage* táctil, con cuerda de colores brillantes, cerillas pintadas y palillos de caramelos y otros materiales de desecho. Con sus calcos de losas, el grupo de Ben hizo losas de cerámica, que se vidriaron y hornearon. Escribieron un libro sobre la iglesia. La entrada de Ben, en letra grande, dice: "La iglesia tiene una pila bautismal con una tapa de madera. La pila tiene dibujos. Debajo hay un suelo con dibujos".

John está en su primer trimestre en la clase del último curso de educación infantil. Está clasificado en la fase 5 de necesidades conductuales especiales. Lee está en la fase 2. Ambos disfrutan viendo con el resto de la clase un vídeo *"Magic Grandad"** sobre una cocina antigua, y John pudo señalar, al trabajador que tiene asignado, algunas de las cosas que estaban en la casa que había visto en el vídeo. Tanto John como Lee estaban dedicados a su trabajo en el *circle time***, circulando alrededor de objetos antiguos y nuevos y describiéndolos. Con un apoyo individual considerable durante el trabajo en grupo de seguimiento, también fueron capaces de clasificar objetos en antiguos y nuevos.

---

* Literalmente: "Abuelo mágico". Vídeo educativo de la BBC sobre épocas pasadas. *(N. del T.)*

** *Circle time*: espacio dentro del aula en el que cada estudiante goza de una aceptación incondicional para expresar sus ideas y sentimientos sobre algo que le resulte significativo; un espacio en el que comprender y responder a los sentimientos de otros compañeros y compañeras. Éste no es el lugar para las críticas, los castigos o las coacciones. Es un espacio que también proporciona una oportunidad de aprender de un modo más participativo y con mayor autonomía. *(N. del R.)*

© Ediciones Morata, S. L.

CUARTA PARTE

Tres estudios de casos

Esta parte está constituida por tres estudios monográficos, que ilustran distintos enfoques de la planificación y la evaluación, así como diferentes contenidos curriculares y estrategias docentes.

El estudio de casos n.º 1 (Capítulo IX) describe un trabajo planeado en colaboración en las clases de guardería y del último curso de educación infantil de la unidad de educación infantil integrada en una escuela primaria. La historia se centra en el tema de "Juguetes y juegos, ahora y entonces", basado en los objetivos de aprendizaje inicial relativos al conocimiento y comprensión del mundo (DfEE/QCA, 2000a), y desarrollado durante cuatro semanas, utilizando el enfoque *High Scope**. Se solicitó la ayuda de los padres, que se implicaron mucho en el tema, tanto dentro como fuera de la escuela. Sus hijos los animaron a "no ser tímidos". Tanto para los padres como para los alumnos, fue una experiencia motivadora y compartida. Las oportunidades de evaluación señaladas en los planes a medio plazo se basaban en la observación y en el diálogo centrados en el tema.

El estudio de casos n.º 2, "Castillos" (Capítulo X), describe el trabajo en una clase de 1.º, que constituía la dimensión histórica de un tema integrado sobre "Edificios", que abarcaba sesiones de trabajo de toda la clase, por grupos e individual. El plan a largo plazo se muestra en el Cuadro 10.1, págs. 208-209. Se planeó una secuencia de actividades que reflejara las líneas de pensamiento histórico, dentro de los descriptores de nivel, y la evaluación se basaba en las notas del maestro en conversaciones con toda la clase, con los grupos y con cada alumno. Los extractos de estas notas ponen de manifies-

---

* El enfoque *High Scope* es una forma de trabajar con los niños que se basa en el principio de que ellos son aprendices activos y que, por tanto, la mejor forma de enseñarles consiste en proponerles actividades que puedan planear y ejecutar por su cuenta, para reflexionar después sobre lo realizado. Se resume, por tanto, en la secuencia: planear, hacer, revisar. (*N. del T.*)

© Ediciones Morata, S. L.

to que las tareas de carácter abierto reflejan la complejidad del pensamiento de los niños y, por tanto, la necesidad de volver una y otra vez a los mismos enunciados de objetivos de aprendizaje en diferentes contextos.

El estudio de casos n.º 3 (Capítulo XI) describe cómo una clase de 2.º creó un museo de aula. Era un tema centrado en la historia que duraba un trimestre. La maestra tenía ideas muy claras de los tipos de pensamiento histórico que quería desarrollar, pero el trabajo evolucionó y la diferenciación se produjo a través de la observación de las respuestas de los niños a las actividades y de permitirles que desarrollaran sus propias ideas. Cuando la maestra observaba y evaluaba, señalaba posibles alternativas y extensiones para la clase siguiente. Al final del trimestre, los mismos niños eran capaces de indicar diversas maneras de responder a una actividad. La evaluación era continua y formativa, basada en observaciones, diálogos, escritos y dibujos.

CAPÍTULO IX

Estudio de casos nº 1: Una clase del último curso de educación infantil y de guardería: "Juguetes y juegos, ahora y entonces"

En este estudio de casos, se enseñaba, durante cuatro semanas, un tema centrado en la historia a niños de 3 a 5 años en una unidad de educación infantil integrada en una escuela primaria. La clase de guardería estaba a cargo de Elizabeth Hart y la del último curso de educación infantil al de Sarah Spink, ambas estudiantes de 4.º de BA (QTS) en su período final de prácticas. Juntas elaboraron un plan a medio plazo para cada área de aprendizaje. El Cuadro 9.1 muestra el plan de historia en el área de Conocimiento y comprensión del mundo.

Partiendo de estos planes a medio plazo, Elizabeth redactó planes semanales integrados para la clase de guardería y Sarah preparó planes de cada lección, relacionados con los contenidos para el último curso de educación infantil. Los planes de ambas clases estaban llenos de relatos de ositos de peluche (por ejemplo: WADELL, 1990, 1991, 1992, 1994a, 1994b, 1996, 1999a, 1999b).

La unidad se organizó en torno a las áreas de aprendizaje, sobre la base del enfoque *High Scope*. Al principio de la sesión, cada niño escogía tres tarjetas que representan las áreas en las que quiera trabajar; cuando un niño terminaba su tarea en una de las áreas, se marcaba en la lista correspondiente. Elizabeth y Sarah dibujaron una matriz que mostraba las actividades disponibles cada semana en un eje y los adultos de apoyo en el otro, sombreando los recuadros que mostraran las actividades en las que estaba colaborando cada uno. A todos los adultos, los que trabajaban en la escuela y los padres que participaban de forma voluntaria, se les facilitaban unas notas con el objetivo de su actividad, las posibles preguntas y las oportunidades de intervención y de evaluación. Al final de la tercera semana, los niños se mostraron encantados de recibirme como visitante del museo del osito de peluche. Explicaron la información que habían recopilado sobre cómo utilizar el museo, adornado con profusión de ositos hechos con ordenador. "Puedes mirar los ositos, abrazar los ositos, mirar sus nombres, enseñar a tus amigos

© Ediciones Morata, S. L.

Cuadro 9.1. *Plan a medio plazo (semanas 1-4) de Conocimiento y comprensión del mundo —Guardería y último curso de educación infantil ("Juguetes y juegos, ahora y entonces")*

Semana	Objetivos de aprendizaje	Actividades	Relación con los objetivos de aprendizaje inicial de "Conocimiento y comprensión del mundo"	Oportunidades de evaluación
1	Mantener una escucha atenta, respondiendo a lo que han aprendido con comentarios, preguntas o acciones relevantes	Cada día, los niños describen un juguete favorito, explican por qué está hecho, por qué les gusta, demuestran cómo funciona. El conjunto de juguetes abarca, por ejemplo, juegos de ordenador, juguetes de construcción, muñecas que hablan, marionetas, cochecitos de juguete.	Mostrar interés por el mundo en el que viven. Investigar objetos usando todos los sentidos, si hace falta. Descubrir y señalar los usos de la tecnología cotidiana.	(Los niños) pueden hablar con confianza en sí mismos, demostrar que tienen conciencia de ser los destinatarios, esperar el turno de palabra.
2	Desarrollar y estimular el interés por la conciencia del pasado; de los cambios en el tiempo y las razones de los cambios, y de la continuidad.	Cada día, un padre o un adulto que trabaje con la clase muestra y describe un juguete favorito de su infancia; invita a hacer preguntas y responde a ellas. Se incluyen, por ejemplo, ositos de peluche, muñecas, bloques cúbicos, cochecitos de juguete, fuerte del oeste o casas de muñecas.	Hablar sobre las semejanzas y diferencias entre los juguetes favoritos de los niños y los juguetes favoritos de los padres. Suscitar preguntas y señalar razones de las diferencias.	(Los niños) hacen preguntas, identifican semejanzas y diferencias entre sus juguetes favoritos y los juguetes favoritos de sus padres.

© Ediciones Morata, S. L.

3	Trabajar como parte de la clase, compartiendo de verdad, comprendiendo la necesidad de unos valores y códigos aceptados de mutuo acuerdo por adultos y niños para trabajar juntos en armonía. Ampliar el vocabulario. Usar palabras cotidianas para indicar posición; más/menos; tamaño; conjuntos.	Recoger información sobre los ositos de peluche de los padres. Recoger información sobre los juguetes favoritos de los padres. Crear un "museo de ositos de peluche" de ositos "antiguos" y "nuevos", utilizando los ositos de peluche de los padres y de los niños. Acordar reglas y rótulos para el museo. Hacer un banco de palabras para describir los ositos antiguos y nuevos.	Descubrir aspectos de acontecimientos del pasado y del presente de sus propias vidas y de las vidas de las personas de sus familias.	Los niños y los padres trabajan juntos para rellenar hojas informativas sobre los juguetes favoritos y los ositos de peluche. Los niños utilizan el museo de acuerdo con las reglas aceptadas. Utilizar los adjetivos adecuados para describir los ositos antiguos y nuevos. Los padres visitan el museo con los niños.
4	Moverse con confianza, control y coordinación; usar la imaginación en música, danza (juego de representación de roles).	Los niños aprenden y participan en diversos juegos antiguos de exteriores en la zona de juegos al aire libre: tejo, aros, canicas, *oranges and lemons**, *Poor Mary lies a-weeping*, *The Farmer's in his Den*, *The Grand Old Duke of York*.	Descubrir aspectos del pasado y del presente; semejanzas y diferencias.	Los niños comprenden que estos juegos los realizaban los niños de hace mucho tiempo. Los niños participan. Desmuestran que comprenden los papeles que se desempeñan en los juegos.

* *Oranges and Lemons, Poor Mary lies a-weeping, The Farmer's in his Den* y *The Grand Old Duke of York* son conocidas canciones infantiles que, como muchas otras, sirven de motivo para otros tantos juegos infantiles de movimiento en grupo. Como nota curiosa, cabe señalar que Orwell menciona *Oranges and Lemons* en 1984, como símbolo de un pasado deseable e inalcanzable. En español tendríamos: *Antón pirulero, Al corro chirimbolo, Dónde están las llaves...* (N. del T.)

tu osito". Los ositos antiguos de las estanterías superiores había que bajarlos con mucho cuidado, "porque son muy antiguos". Leemos las etiquetas atadas con lazos alrededor de sus cuellos: "Oso del papá de Heather", "Oso del papá de Emma", "Oso del papá de Simon y Jamie". Examinamos las pruebas de su antigüedad y fragilidad: "El oso de la mamá de Lauren tiene un parche y un zurcido donde hubo que arreglarlo", "El oso de la mamá de Jodie tiene agujeros; es algo más antiguo y su pelo se ha roto".

Los ositos nuevos no sólo dieron abundantes pruebas de su juventud relativa, sino también de su existencia en el mundo contemporáneo: camisetas de fútbol, anuncios de Coca-Cola, bisutería. Un banderín anunciaba que el osito de Ryan procedía de Canadá y el osito de Lauren de la "Millennium 2000 Collection". Daba la sensación de que su existencia era más colorista y compleja que la de la generación anterior de ositos de peluche. De hecho, su grupo social era mucho más amplio, abarcando *La La*, un *Teletubby*, el corderito de Laura, el perro de Liam, un koala de Canadá y el osito polar de Kieran. Los ositos nuevos también llevaban etiquetas: "Osito de Ryan O'Sullivan", "Ése es mi nombre. Ése es mi osito", explicaba Ryan. "Es un osito nuevo. Por eso lo he traído. Se llama Eddy". "El de Mine se llama Thomas —se leía en la etiqueta. Es suave porque es joven".

Cuando señalé las diferencias que había deducido entre la vida de los ositos de ahora y la de los pertenecientes al pasado, me invitaron a que leyera más cosas sobre los cambios producidos en las vidas de los ositos de peluche.

"Dales con cuidado la vuelta a los ositos y mira los libros", decía el rótulo. Leímos lo relativo a los antiguos ositos de peluche descubiertos en el transcurso de la historia y sobre la recogida de ositos para hacer con ellos un museo (BRYANT-MOLE, 1996), consejos que, según me dijeron los niños, les habían venido muy bien para hacer su museo. También descubrimos más cosas sobre otros tipos de juguetes, nuevos y antiguos (LEMANS, 1992; PURKIS, 1991; BLYTH, 1991).

Después, los niños me mostraron los libros de información que redactaron para su museo. Había una gran carpeta de cartas escritas por sus padres para ellos (rellenando los espacios en un formulario), dando más detalles del osito que había llevado cada niño. El papá de Ian le ayudó a explicar que Ian tenía su osito desde que nació y, por tanto, el osito tenía 4 años y 10 meses. Se llama Mark y a Ian le gusta "porque fue un regalo de su abuelito y su abuelita cuando Ian nació". A pesar de su juventud, no había tenido una vida sin nada que contar: "su oreja se había roto y mamá la arregló". El osito Mark hace visitas a Scarborough para ver a los abuelos y a los primos de Ian.

Después, los niños me enseñaron una segunda carpeta de hojas llenas de fotografías que habían reunido con la ayuda de sus padres, comparando sus juguetes favoritos con los preferidos por ellos. Jodie encontró los suyos y explicó: "Este escrito dice que me gusta Harry porque es suave y adorable y tiene 3 años, y aquí dice que a mi mamá le gustaba el cochecito de sus muñecas porque puedes poner cosas encima y dar paseos y cosas". "A todas las mamás les gusta venir a mirar los libros y hablar sobre ellos", dijo Bethany. "Y

© Ediciones Morata, S. L.

a los papás", dijo Ryan, "pero todos dicen que no ponga el mío y se ríen, ¡pero nosotros lo hacemos!"

Después, era la hora de que los niños de la guardería hicieran el corro para el *circle time* del viernes por la tarde. El plan semanal de Elizabeth para "lenguaje, comunicación, lectoescritura y desarrollo personal, social y emocional" establecía que los objetivos de aprendizaje eran: respetar a los otros y sus propiedades; respetar el turno para poner en común en el grupo los propios sentimientos y experiencias, y desarrollar la autoestima. Los niños pasaban alrededor de uno de los ositos nuevos y le daban un gran abrazo porque, como decían a su vez, es "suave", "verdaderamente peludo", "amoroso". Después, estuvieron de acuerdo en que la Srta. Hart debía ser muy amable con el osito muy antiguo porque "es viejo", "le tiembla la cabeza", "tenemos que cuidarlo", "parece triste". A continuación, un niño buscó la página de *Teddy Bears* (PURKIS, 1991) con una foto del "osito de peluche más viejo del mundo", que, como su *Old Ted*, parecía muy triste. El *circle time* acabó con el desfile alrededor del osito antiguo, diciendo cada niño por qué le gustaba *Old Ted* y por qué les gustaba que hubiera alguien en el círculo.

CAPÍTULO X

Estudio de casos nº 2: Primer curso de educación primaria: "Castillos"

Este estudio monográfico ilustra la dimensión de historia de un tema integrado, de un trimestre de duración, sobre los "Edificios", que incluía trabajos en grupo de clase, en pequeños grupos y trabajo individual. El plan a largo plazo se muestra en el Cuadro 10.1. La maestra de la clase era Julie Giles.

Cuadro 10.1. *Plan a largo plazo para las actividades de historia, con indicación de las oportunidades de evaluación*

Actividades	Pensamiento histórico	Oportunidades de evaluación
Actividad 1: interpretación de una ilustración *Actividad 2:* relato en clase *Actividad 5:* collage	*Deducciones de las fuentes* Descubrir aspectos del pasado partiendo de las fuentes de información.	Hablar sobre la ilustración de un castillo. Escuchar a los niños mientras hablan al hacer su *collage*, para ver cómo aplican la información de la historia de la ilustración y de los libros de referencia al *collage*. Tomar notas.
Actividad 3: reforzar el vocabulario seleccionado	*Tiempo y cambio* Identificar las diferencias entre el pasado y el presente.	Escuchar a los niños mientras hablan al descubrir las diferencias entre edificios, y la vida cotidiana en "las casas de ahora" y "los castillos de entonces".

Estudio de casos nº 2: Primer curso de educación primaria: "Castillos"

Actividad 4: dibujar ejemplos de "casas de ahora" y "castillos de entonces" (por ej., puertas, ventanas, cocina, alumbrado).		
Actividad 6: escuchar un relato sobre Robin Hood	• *Interpretaciones* Empezar a manifestar conciencia de que el pasado se representa de diferentes maneras.	Preguntar a los niños, en pequeños grupos: • ¿Creéis que Robin Hood es una historia verdadera?
	• *Tiempo y cambio* Poner en sucesión los acontecimientos de una historia.	• ¿Recordáis lo que ocurría en la historia?
	• *Motivo* Señalar las razones por las que, en el pasado, las personas actuaron como lo hicieron.	• ¿Por qué creéis que Robin Hood mató a Guy de Guisborne? ¿Por qué arrestaron a Little John? ¿Por qué rescató Robin Hood a Little John?

Las actividades permiten que los niños demuestren, hablando entre ellos y con la maestra, que han alcanzado el nivel 1 de cada objetivo de rendimiento (y que están trabajando para alcanzar el nivel 2).

Los planes de actividades van seguidos por notas de las conversaciones de los niños, mantenidas durante su desarrollo, tomadas para la evaluación. El vocabulario seleccionado, presentado y utilizado recogía las siguientes palabras:

puente levadizo, torre de entrada, foso, establos, almacenes, cuerpo de guardia, letrinas, aljibe, flechas, tajos, señor.

Actividad 1: Interpretación de una ilustración (actividad de toda la clase)

Objetivos:
• Identificar las diferencias entre el pasado y el presente.
• Comunicar la información adquirida en una fuente histórica.
• Hacer deducciones.
• Desarrollar el concepto de un castillo.

© Ediciones Morata, S. L.

Método:
- Enseñar a los niños un gran cartel turístico de personas que visitan un castillo en la actualidad.
- Preguntarles qué pueden descubrir en la ilustración.
- Escribir sus comentarios en el margen de la ilustración; cada niño pone su nombre al lado del comentario.
- ¿Alguno de los niños ha visto un castillo? ¿Dónde? ¿Era como éste? ¿Diferente? ¿Cómo?

Actividad 2: Relato en clase: Una historia imaginaria situada en el pasado

Objetivos:
- Ayudar a los niños a imaginar cómo sería la vida en un castillo hace mucho tiempo.
- Comprender que los relatos pueden referirse a personas reales o a personajes imaginarios.
- Colocar en sucesión los acontecimientos de un relato.

Método:
- Leer *The Castle* (ROWE, 1991). Es un relato ilustrado sobre la vida en un castillo, desde el punto de vista de un pinche de cocina que descubre que "Zorro Gris" está planeando atacar.
- Usar información en imágenes para comentar las diferencias entre un castillo y una casa y cómo pudiera ser la vida en un castillo.

Actividad 3: Los niños trabajan por parejas

Objetivo:
- Reforzar el vocabulario seleccionado y especializado, presentado al comentar la ilustración, el relato y los libros de información.

Método:
- Se entregan a los niños los planos fotocopiados o la fotografía de un castillo y un juego de tarjetas. Cada tarjeta lleva escrito un concepto especializado, presentado con anterioridad y utilizado para comentar la ilustración, el relato y los libros de información.
- Los niños, trabajando por parejas, van cogiendo tarjetas por turno y tratan de relacionarlas con partes del plano o de la fotografía del castillo.
- Comentan sus rótulos con el maestro y los modifican, si es preciso.
- Usar las tarjetas para rotular su dibujo de un castillo.

Actividad 4: Trabajo individual

Objetivos:
- Ayudar a los niños a identificar las diferencias entre el pasado y el presente.
- Aprender y utilizar un vocabulario especial.

Método:
- Los niños escogen una o varias tarjetas. En cada tarjeta está escrita una característica común a un castillo y a una casa (por ej., puerta, ventana, pared, luz) o una actividad que se realiza en un castillo y en una casa (por ej., cocinar, lavar la ropa, coger agua).
- Los niños hacen un dibujo que ilustre su tarjeta "ahora" y "en un castillo".

Actividad 5: Los niños trabajan en grupos sucesivos como lo permita la organización de la clase

Objetivos:
- Usar información de la fotografía, el relato y libros de referencia para comunicar información de una fuente histórica. Esto lleva consigo también realizar preguntas sobre el pasado, hacer deducciones y tomar conciencia de que los añadidos informativos para rellenar las lagunas hacen posible las distintas interpretaciones en la reconstrucción del pasado.

Método:
- Utilizando lo que han aprendido a partir de la ilustración, el relato y los libros de referencia, el primer grupo comenta con el maestro el emplazamiento de un castillo (necesidad de una posición defensiva —en un acantilado o colina— y de agua para el foso y para el uso cotidiano). Esquematizar con tiza sobre un papel muy grande, con ayuda del maestro. Pintar a esponja el fondo.
- El segundo grupo usa libros y sus conocimientos previos para hallar, con ayuda del maestro, materiales para construir un castillo (por ej., madera, piedra, paja) y los complementos necesarios para el castillo (por ej., murallas defensivas, torre del homenaje, puente levadizo, rastrillo, troneras, almenas). Los niños deciden cómo representar los materiales en un *collage* (por ej., madera de balsa por madera, poliestireno por piedra, hierba seca por paja). Esbozar el castillo sobre el fondo, con la ayuda del maestro. Hacer un *collage* del patio de armas, las murallas y la torre del homenaje.
- El tercer grupo habla con el maestro y busca en los libros las personas que vivirían en el castillo, sus ropas, las tareas que harían; dibuja a las personas para el *collage*.

© Ediciones Morata, S. L.

Actividad 6: Relato narrado a toda la clase, seguido por un diálogo entre el maestro y pequeños grupos

Objetivos:
- Ayudar a los niños a secuenciar los acontecimientos de un relato sobre el pasado.
- Señalar razones por las que las personas del pasado actuaron tal como lo hicieron.
- Comprender que los relatos pueden referirse a personas reales o a personajes imaginarios.

Método:
- Leer a la clase un relato sobre Robin Hood.
- Los niños crean una historia en dibujos (o hacen un libro *zigzag**) para reflejar el relato.
- Mientras lo hacen, el maestro comenta la historia con cada niño o con pequeños grupos y anota sus comentarios.

Las notas sobre las conversaciones con los niños se toman con fines de evaluación.

Ejemplo 1: Comunicar información adquirida en una fuente histórica

Actividad 1: Interpretación de una ilustración

K: El castillo está hecho de piedra.
M: Las ventanas son estrechas.
C: Eso es para detener las flechas que dan en ellas.
M: Las ventanas son rectángulos.
K: No tienen cristales.

Deducciones:

K: Esto puede ser una isla. Hay agua.
M: Es una fotografía. Una pintura no sería tan suave y tan clara.

Actividad 5: Los niños hablan mientras hacen un collage de un castillo, basado en la información de la ilustración, el relato y los libros de referencia

D: Los hombres suben allí para proteger a la gente (los malos subirían hasta allí). Llevan cosas en la cabeza para protegerla.

---

* Especie de libro de ilustraciones en papel continuo que se pliega en zigzag. *(N. del T.)*

© Ediciones Morata, S. L.

E: Sí, cascos.
D: La puerta está para que la gente que vive allí y los visitantes puedan entrar.
E: Pero si un enemigo trepara por la escala, podrías empujar la escala.
M: Se caen al foso. El agua rodea todo el castillo.
J: Yo tengo un fuerte en casa. Es un verdadero castillo. Y puedes trepar por las paredes. Y yo he visto un castillo de verdad... con un foso...
D: Sí, por eso sube el puente. La gente va subiendo y si está en el puente se cae al agua.
E: Y si trepan, puedes echarles agua hirviendo y se queman.
M: Tenían una puerta que sube y baja. Es un... un, sí, un rastrillo. Hay ventanas para que salgan las flechas y la gente de fuera no puede alcanzar a los de dentro porque son demasiado estrechas.
D: Y hay agua en los cántaros que hay en la parte de abajo de la torre y harina en los sacos.
E: En el piso siguiente, hay fuego para calentar el sitio y para cocinar.
D: Y hay una cosa que da vueltas. Es un... un... un... ¡un asador!
E: Y hay un pinche que se encarga de dar vueltas a la rueda.
D: Y comen animales.
E: Matan una vaca.
M: Y ovejas. Tienen comida para toda la gente de las casas que están dentro del castillo.
D: En casa, yo tengo soldados, y luchan... ¡hasta cuando no los *muevo*! Y el puente subía, ¡y ellos se caían al río!... (no es un río de verdad, ¡está *duro*!)... ¡Cuando estuve allí, me quedé aplastado contra el puente! ¡Y le aplastó la cabeza a uno de mis soldados! Yo dije: "¡Oh!, está lleno de sangre!..."

(Éste es un buen ejemplo de cómo interactúan las pruebas y la imaginación en el caso de los niños pequeños).

Ejemplo 2: Identificar las diferencias entre el pasado y el presente

Actividades 3/4: Usar el vocabulario seleccionado para identificar las diferencias entre "las casas de ahora" y "los castillos de entonces"

Los niños hablan mientras dibujan ventanas, muros y puertas, etc.

L: No tenían cristales.
J: Tenían cosas protectoras de madera.
L: Tenían cosas para las flechas... Se llamaban troneras para las flechas.

J: No, L. Las troneras estaban en las paredes.
D: Los cristales son más grandes en nuestras ventanas.
L: Las ventanas del castillo estaban para proteger a la gente.
J: El cristal se puede romper. Tendríamos una ventana rota.
L: Sí, un ladrón robó la radio del coche de mi mamá; rompió la ventana.
D: En un castillo, hay muchas ventanas, pero no hay cristales ni cortinas...
J: En vez de puerta, tenían un puente levadizo.
L: Si no querían que entrase alguien lo levantaban para protegerse. Querían el castillo y no querían que nadie se lo quitase.
E: Ya no tenemos enemigos. Los castillos pueden ser peligrosos... ya nadie vive en castillos... Ya no se utilizan. Ahora, la gente puede ver los castillos.
L: Ni la reina vive ahora en un castillo.
T: ¿Cómo lo sabes?
L: He estado allí; es un gran jardín...
J: En sus muros hay troneras.
D: Nuestras paredes son de ladrillo. Los ladrillos los han inventado ahora. Los castillos son de piedra.
J: Piedras y cemento. Los dos tienen cemento.
D: Los ladrillos son rectangulares; las piedras sólo son trozos de roca.
J: En un castillo, los muros son muy grandes...

Actividad 1: Interpretación de la ilustración

Los niños escriben sus enunciados alrededor del cartel y los firman:

La foto es reciente.
Lo sabemos porque hay coches.
Y casas.
Y autocares.
Y caravanas.
Y barcas.
El aparcamiento es grande porque todos los visitantes quieren explorar el castillo...

Ejemplo 3a: Comprender que los relatos pueden referirse a personas reales o a personajes imaginarios

Maestra: ¿Creéis que la historia de Robin Hood es verdadera?
C: Yo creo que Robin Hood es verdadero porque no parece una persona real en los libros. He estado en Disneyland y me parece que vi allí a Robin Hood. *Y* Little John y Maid Marian son verdaderos porque son personajes *buenos* y se adaptarían al equipo de Robin Hood...
[después de escuchar a *E*]

Robin Hood *puede* ser verdadero, pero la película puede no ser como era Robin Hood.

A: *Es* verdadero, porque hubo un hombre llamado Robin Hood. Porque se dice en la historia.

K: Sí, porque cuando Robin Hood estaba vivo, cuando el rey John era rey. Podía haber estado luchando con el príncipe Richard. La Sra. G nos dijo que era un príncipe Richard de verdad.

E: Creo que la historia *no* es real porque la persona que hizo el libro no viviría cuando estaba Robin Hood.

C: No sé. Puede que Robin Hood siga vivo ahora.

E: *Y también* no creo que Robin Hood sea real porque sólo está en películas; y no creo que Robin Hood sea tan bueno como lo ponen los libros.

Este diálogo ilustra los conocimientos que necesitan los niños para discutir si una persona de un cuento popular vivió en realidad. La cuestión les habría resultado más fácil en el contexto del castillo de un gigante o de Cenicienta. Sin embargo, la calidad de sus razonamientos y el intercambio de ideas es impresionante.

Los niños que decían que la historia era verdadera intentaban apoyar sus afirmaciones con un argumento: *porque... creo* que lo vi; *porque...* ellos se adaptarían; *porque* así se decía en la historia; *porque* la Sra. G. dijo que otros acontecimientos de la historia eran reales. Es interesante que, dentro de estos argumentos, haya distintos niveles de razonamiento: "así se decía en la historia" encierra un razonamiento menos perfeccionado que los argumentos de C, y, en realidad, K establecía referencias cruzadas con acontecimientos que sabía que eran históricos. Aunque E pueda tener razón y parezca que trata de expresar la idea de que el relato es una leyenda o cuento popular, ya que da a entender que Robin Hood es un personaje idealizado, el argumento de que el autor no podría ser contemporáneo suyo y, por tanto, que la historia no puede ser verdadera, aunque manifieste una conciencia del tiempo, es menos válido que el argumento planteado por K de que, si el príncipe Richard es verdadero, también puede serlo Robin Hood.

Es interesante que los niños entablaran una auténtica discusión. C estaba reevaluando sus argumentos después de escuchar a E, aunque decidiera después mantenerlos, mientras que E, al ser cuestionado, buscó nuevas justificaciones para su punto de vista.

Ejemplo 3b: Colocar en sucesión los acontecimientos de un relato

Maestra: ¿Recordáis lo que ocurría en este relato? [Robin Hood]

C: Robin Hood estaba en un bosque. Little John fue capturado. Iba a ser colgado por el cuello. Después, Robin cortó la cuerda y escapó.

© Ediciones Morata, S. L.

A: Robin Hood reunió a muchos hombres, y hay arcos y flechas y está Maid Marian y ella monta a caballo, y hay un ciervo y Robin cabalgó en el bosque con Little John y Little John iba a ser colgado, pero Robin lo salvó.

La historia tiene un argumento complejo, subargumentos y un conjunto de personajes. Robin Hood mató a Guy de Guisbourne porque decía que había llegado para matar a Robin. Little John fue capturado. Iban a matarlo. Robin, vestido como Guy de Guisbourne, le dijo al alguacil que había venido a matar al criado de Robin y lo rescató.

Es interesante que ambos niños seleccionaran a los personajes y la secuencia de acontecimientos clave (Little John fue capturado y estuvo a punto de que lo colgaran, pero Robin lo salvó). No dieron explicaciones causales. Sin embargo, fueron capaces de hacerlo cuando se les hicieron preguntas más detenidamente.

Ejemplo 3c: Señalar las razones por las que las personas del pasado pueden haber actuado como lo hicieron

Actividad 6: Relato para la clase: Robin Hood

Maestra: ¿Por qué creéis que Robin Hood mató a Guy de Guisbourne?
E: No creo que lo estuviese *planeando*. Él simplemente tiró con el arco y la flecha y le dio en el hombro.
C: No creo que deseara hacerlo. Lo que quería era que no volviera a hacerlo más... quitarle la comida a la gente pobre...
K: Era malo. Porque estaba buscando a Robin Hood.
Maestra: ¿Por qué fue arrestado Little John?
E: Él mató al soldado.
C: Porque él tiró a demasiados hombres suyos. Ya no tenía gente; no le quedaba equipo.
K: Disparó a uno de los hombres del rey.
Maestra: ¿Por qué rescató Robin Hood a Little John?
C: Era su amigo; uno de su equipo.
E: Se vistió como uno de su equipo y dijo que el cuerpo de Robin Hood estaba en el suelo, pero, en realidad, no era él.
K: Little John era bueno y, si lo cuelgan, va a morir.

Aunque estas respuestas sean materialmente correctas, revelan diferentes niveles de respuesta. E y C son conscientes de la casualidad como causa de los hechos; A da a entender que Robin Hood no podía ser malvado a causa de otras pruebas de la historia; E cuenta las circunstancias que explicaban el rescate. Otras respuestas se basaban simplemente en "buenos" y "malos" como explicación suficiente de motivos y acontecimientos.

CAPÍTULO XI

Estudio de casos nº 3: Segundo curso de educación primaria: "Un museo de clase"

Era éste un tema centrado en la historia, de un trimestre de duración, impartido por Angela Kinsett. Abarcaba secuencias de actividades en las que se investigaban objetos, fotografías y fuentes orales y escritas que evolucionaban por medio de indagaciones iniciadas por los niños y que fueron desarrolladas por la maestra.

En toda la escuela el trabajo era de carácter temático. Aunque este tema tenía un centro de atención histórico, otros no tenían un centro de atención curricular claro (por ej., el aire, diseñar una casa, seguridad en la carretera). El espíritu de la escuela se centra en la colaboración y en la enseñanza y el aprendizaje cooperativos; se estimula a los alumnos para que planeen su propio trabajo. Los niños trabajan en grupos o por parejas sobre cada tarea; los grupos se seleccionan de acuerdo con la capacidad de los alumnos para afrontar una tarea concreta. En el transcurso del día, la clase se reúne para poner ideas en común.

Este estudio de casos no se planificó en detalle antes de que comenzara, pues el trabajo se desarrollaba en respuesta a preguntas y a pruebas nuevas. No obstante, la maestra dejó muy claros los aspectos del pensamiento histórico que quería desarrollar, y las actividades se centraban en ellos.

Tras conversar sobre las formas en que las personas descubren cosas del pasado, los niños decidieron por unanimidad hacer un museo. Aunque la maestra había pensado que el museo se desarrollara sobre los padres cuando eran jóvenes, los niños, que tenían poca experiencia de trabajo sobre la historia personal, estaban mucho más interesados por su propio pasado y decidieron recoger información sobre "Nosotros de bebés". Pronto estuvieron inundados de fotografías y objetos, que dieron lugar a preguntas, a buscar diferencias y a hacer comparaciones, utilizando gran cantidad de palabras del vocabulario temporal.

Los niños se encargaron de poner en la exposición todas las fotografías y objetos y de rotularlos. Se responsabilizaron del museo, de mantenerlo lim-

© Ediciones Morata, S. L.

pio, de cambiar los expositores, de cuidar que los objetos se manipularan con cuidado y de explicarlos a los visitantes.

El interés de los niños por su propio pasado les llevó a hacer preguntas sobre la infancia de sus padres y abuelos, y trajeron diversos objetos y fotografías más antiguos.

Ebony y Sarah escribieron rótulos explicativos de las fotografías de sus padres cuando eran niños. Todos demostraban tener conciencia del cambio en el tiempo y comunicaban información derivada de las fotografías. La fotografía de Sarah suscitó preguntas que iban más allá de la información de la foto. Los escritos de los niños describen las diferentes experiencias del pasado de los padres.

"Éste es mi Papá con mi Aguelita. Mi papá es joven. La Abuelita tiene 35 años en esta Foto. Mi papá tiene 1 mes en eSta foto. Es verano."

(Emily.)

"Cuando mi Mamá era joven, vivía en Jamaica CoN su aBuela y sus dos heRmanos. Tenía dOs foTos Hechas en JaMaica. En Dos De lAs foTos mi Mamá está disTinta. En una de las fotos, es pequeña y en la otra, Es mayor."

(By Ebony.)

"Cuando mi mamá era joven
Yo vivía en el campo. La Leche se repartía con un caballo y un carro las grandes lecheras iban en la parte de atrás Del carro. Salíamos a la puerta con una jarra y walter conducía el un carro. Medía la leche [que echaba] en la garra con un cucharón. el caballo se llamaba dolly. Cuando yo tenía 10 años, iba a la escuela secundaria. Iba en autobús por las pistas del Campo y taradaba Alrededor de una hora. Todos los años, se Desbordaba el río..."

"Cuando mi papá era joven
Yo Vivía en una finca. Al final demi jardín, pasaba unavía del tren y un río. Todos los días, cuando Iba a la Escuela, pasaba por un molino de algodón llamado hardmans en el Que trabajaban muchos de nuestros vecinos. los sábados por la mañana, iba al cine Odeón con mi hermano y nuestros amigos."

(Sarah.).

Después, la maestra planeaba secuencias de actividades relacionadas con otras fuentes: objetos, fotografías y tarjetas postales, fuentes orales y escritas.

Objetos

Actividad 1: Comunicar información sobre una fuente histórica (nivel 1)

Se entregó a los niños una selección de objetos. Los miraron, los manipularon, hablaron sobre ellos y pusieron en común sus ideas (se utilizó una grabadora para registrar las descripciones y con fines de evaluación). Cuando se familiarizaron con los objetos, los dibujaron. Los niños tenían que manipularlos para desarrollar las destrezas observacionales. Esta actividad se repitió varias veces para estimular ese desarrollo.

Actividad 2: Utilizar las fuentes para promover preguntas sobre el pasado (nivel 2)

Cuando los niños se acostumbraron a manipular, observar y hablar de los objetos, se les pidió que prepararan una hoja de preguntas relacionadas con la investigación de los objetos. Era una actividad de grupo. Un niño de cada grupo tenía el cometido de tomar nota de las preguntas y de dirigir al grupo, estimulando así la participación activa en el diálogo y evitando dolores de cabeza a los menos diestros a la hora de escribir. Las hojas se sometían al examen de los demás grupos, a lo que seguía un diálogo y la elaboración de una hoja de la clase para utilizarla durante el proyecto. Ésta estaba siempre abierta a revisión.

Actividad 3: Seleccionar información de las fuentes para responder a preguntas específicas sobre el pasado (nivel 3)

Un grupo de niños recibió un conjunto de objetos relacionados entre sí. Una caja llena de utensilios de cocina de la década de 1950 suscitó preguntas y llevó al diálogo y a tratar de adivinar sus funciones (se podría haber desarrollado para comparar las cocinas actuales con las de los años cincuenta). Cuando los niños se familiarizaron con los objetos, los dibujaron y escribieron observaciones.

Las preguntas de los niños sobre las fuentes, los llevaron a utilizar libros de información que les ayudaran a responder a sus preguntas. Emily, de 6 años, trajo una botella antigua. La mostró a la clase y dijo a los niños lo que sabía sobre ella. Los niños manifestaron sus ideas y sugerencias. Después, Emily fue a la biblioteca a investigar sobre la botella y volvió con un libro que mostraba una botella idéntica y alguna información que comunicó al resto de la escuela en una asamblea.

Actividad 4: Reunir información de distintas fuentes (nivel 3/4)

Una maleta con objetos que envió una madre se convirtió en una actividad muy satisfactoria. Todo su contenido estaba relacionado con su infancia. La maleta contenía dos certificados de natación, una tarjeta de identidad, una llave, dos pulseras de distintos tamaños, un pequeño monedero de piel marrón con algunas monedas y una cámara fotográfica de cajón. La tarea de investigación se encargó a un grupo de niños de capacidades no uniformes. Se les entregó la maleta para que la abrieran y hablaran sobre ella pidiéndoles que anotaran lo que había en el interior, pues no era de ellos y tenían que conservarlo. Entre ellos, los niños decidieron lo que harían. Pensaron que podrían descubrir cosas sobre la Sra. C, haciéndole preguntas relacionadas con los objetos de la maleta y la mejor manera era escribirle cartas. Los niños se pusieron a redactarlas una y otra vez. Las preguntas no siempre eran útiles, pero se manifestaba un agudo sentido de querer conocer.

A los pocos días, la Sra. C respondió a todos los niños. En realidad, contestó con detenimiento a todas las preguntas, les proporcionó la información que querían, de manera que ellos pudieron reunir una pequeña porción de su pasado.

Las cartas escritas por la Sra. C a los niños eran una fuente de información, pero también podían haberse utilizado como base para distinguir entre datos y puntos de vista, y esto podría haber constituido un área de desarrollo.

Actividad 5

Cuando los niños visitaron el *Reminiscence Centre**, dirigido por *Age Concern* en Blackheath (nivel 3/4), tuvieron ocasión de hacer preguntas sobre muy diversas fuentes.

El centro está dividido en la tienda del aceite, el día de la colada y el salón de té. Los niños pudieron investigar en estas tres áreas, responder a preguntas de los ancianos, escuchar sus recuerdos, hacer dibujos mediante observación directa y rellenar fichas de trabajo, cuando procedía. Presentaron a los padres y a otros alumnos sus hallazgos, mediante una representación dramática, en el contexto de sus fiestas de Navidad.

Natalie se convirtió en Margaret, una de las señoras que habían hablado con ellos. Se sentó con otros niños a su alrededor, que le hacían preguntas acerca de la Navidad cuando ella era joven.

P: ¿Tenían adornos de Navidad?
R: Éramos demasiado pobres para comprar adornos, pero recuerdo haber hecho guirnaldas con papel de periódicos.

---

* El *Reminiscence Centre* es un centro regido por la entidad sin ánimo de lucro *Age Exchange*, coordinadora de la red *European Reminiscence Network*. Su objetivo consiste en mejorar la calidad de vida de las personas ancianas, haciendo hincapié en el valor de sus recuerdos, tanto para los jóvenes como para los mayores, y organizando actividades artísticas, educativas y de bienestar. El *Reminiscence Centre*, como tal, cuenta, entre otras cosas, con un museo de la vida cotidiana de la primera mitad del siglo xx y con un lugar de encuentro para actividades intergeneracionales y educativas. *(N. del T.)*

Un libro de recuerdos navideños del *Reminiscence Centre* también constituyó una fuente de información. Sería un recurso útil para desarrollar la capacidad de comprender las interpretaciones de la historia. La actividad "Feliz Navidad: Saludos en la lengua materna de nueve grupos minoritarios" (véase MEGSS en la pág. 246) hubiera añadido una dimensión bilingüe a la actividad.

Actividad 6

Un adulto que visitó la escuela dejó una pizarra escolar y un tablero de lectura de aula. Esto fue el comienzo de una investigación sobre "El aula de la escuela victoriana". Un gran grupo de niños emprendió esta tarea y, entre todos, descubrieron lo diferentes que eran las escuelas en el pasado. Crearon su propia aula, se sentaban en filas, mirando todos hacia adelante, y se ponían de pie para dirigirse a la maestra. Descubrieron cosas acerca de la ropa que hubiesen llevado y el trabajo que hubieran hecho, utilizaron plumillas y tinta para escribir (¡sin borrones!), probaron a hacer algo de punto de cruz, se acercaron a las mesas de aprendizaje y descubrieron lo difícil que resulta hacer las cosas que hacemos hoy cuando estamos confinados a un pupitre.

Actividad 7: Hacer deducciones a partir de fuentes, señalando las diferencias entre el pasado y el presente y colocando los objetos en orden cronológico

Los objetos favoritos fueron las cámaras fotográficas y los ositos de peluche.

Cámaras fotográficas

Los grupos comentaron las semejanzas y diferencias entre ellas e hicieron una lista de numerosas preguntas que necesitaban respuesta: ¿cómo haces una foto con una cámara antigua? ¿Dónde va la película? ¿Cómo se abre?

Fotografías o postales antiguas

Constituyeron la base de la observación y los cuestionarios sobre lo que había cambiado: tipos de tiendas, moda, mobiliario urbano, vehículos por la calle. Los niños emprendieron las actividades, en general por parejas. Si dos niños de aptitudes diferentes trabajaban juntos, el más capaz escribía, animando al compañero para que le ayudara con los sonidos iniciales y para dar

© Ediciones Morata, S. L.

ideas. Querían elaborar sus propias secciones de trabajo. Esto daba la oportunidad de hablar sobre las razones de colaborar y cooperar en nuestro trabajo, de qué podíamos ganar combinando ideas, conocimientos y destrezas.

Al trabajar con postales, las primeras destrezas que se desarrollaban eran la observación y el diálogo. Cada actividad suponía un paso más para los niños. Éstos podían saltar hasta la fase más apropiada para ellos, de manera que unos progresaban más que otros. Se les orientaba hacia un enfoque histórico de las preguntas. Tuvieron ocasión de poner en común su trabajo con el resto de la clase en uno de los momentos en los que se reunieron.

Actividades relacionadas con las postales

Actividad 1: Comunicar información oral de una fuente histórica.

Los alumnos formaban parejas y a cada una se le entregaba una postal para que la mirase. Cada niño comentaba con su compañero lo que veía. Después, compartían sus observaciones con otro grupo o con la clase.

Actividad 2: Comunicar información por escrito de una fuente histórica.

Los niños formaban parejas y a cada una se le entregaba una postal para que la mirase. Hablaban sobre lo que veían y escribían una lista de observaciones. Después ponían en común sus anotaciones.

Actividad 3: Reconocer que las fuentes pueden estimular preguntas sobre el pasado.

Por parejas, los niños miraban una postal, hablaban sobre ella y escribían las preguntas a las que quisieran que les respondiesen. Compartían sus preguntas con la clase, y los demás empezaban a pensar en la contestación a las preguntas.

Actividad 4: Reconocer que las fuentes pueden ayudar a responder preguntas sobre el pasado.

Se encargó a los niños la tarea de que intentaran hallar contestación a sus preguntas. También podían ayudar a encontrar respuesta a las cuestiones de los demás. Esto condujo a un diálogo sobre cómo hallar las respuestas.

Actividad 5: Identificar diferencias entre el pasado y el presente y describir los cambios en el tiempo.

Una progresión natural hubiese sido tomar un tema —edificios, moda o transporte— y haber dado a los niños una selección de ilustraciones relacionadas con un período determinado. Podrían haber buscado así los estilos, semejanzas, diferencias entre ricos y pobres, sobre todo en cuanto a la moda. Si distintos grupos de niños se hubiesen hecho cargo de períodos diferentes, podrían haberse suscitado otros diálogos acerca de los desarrollos y los cambios con el tiempo. El trabajo podría exponerse sobre una línea cronológica.

Actividad 6: Hacer preguntas sobre una fuente.

Unas fotografías de la zona constituyeron la base del diálogo sobre lo ocurrido en Lee Green durante la II Guerra Mundial. Las fotografías mostraban escenas callejeras, personas de fiesta, un refugio antiaéreo en segundo plano, la bandera británica en la ventana, el cráter de una bomba. Estas fotos suscitaron muchas preguntas.

Documentos escritos

Un grupo de niños, de elevada capacidad, investigó la carta escrita por un antiguo residente en la zona. Su primera tarea consistió en descifrar el escrito (¡no era una tarea menor, precisamente!) y extractar la información relevante. Fueron capaces de clasificar la información, según se refiriera a la zona o a la II Guerra Mundial. Un paso más consistió en reunir los objetos, las imágenes y las informaciones relevantes sobre la II Guerra Mundial y presentarlas como una sección aparte en el museo. Podría haberse investigado más sin dificultad.

> *"Información sobre la zona*
> La Alberca estaba llena de patinadores.
> Salíamos al parque en cuanto teníamos un MOmento libre.
> Tenían un parque al lado de su casa.
> Tenían unas castañas de Indias enormes.
> Espero que volvieran a plantar el cerezo.
>
> *Información sobre la guerra*
> Descubrir cosas sobre la guerra.
> Bob acababa de venir de Lavarse y afeitarse en el fregadero, una bomba cayó no muy lejos y fue directa al fregadero. Si hubiera estado allí lo haBría matado. Tenían el refugio antiaéreo en el campo grande. Estaban bajo Tierra. Eso era lo que hacían cuando venían aviones. Trataban de bombardear el arsenal de Woolwich, porqe allí almacenaban bombas y armas. La gente debe haber estado asustada".
>
> (Extractos de la carta de la Sra. C.)

Historia oral

Una parte muy interesante de este proyecto consistía en entrevistar a personas acerca de su infancia. Diversas actividades que tuvieron lugar antes de las entrevistas animaron a los niños a pensar cuidadosamente las preguntas, a tener en cuenta a la persona entrevistada y a aprovechar al máximo la ocasión.

Era necesario considerar a quién se invitaba para ser entrevistado: hombres y mujeres de distintos grupos y orígenes étnicos. Los adultos que habían crecido en distintos países podían dar una nueva dimensión, ampliar la perspectiva de los niños con respecto a un mundo más extenso, de culturas y formas de vida diferentes. Esto proporcionaba una excelente oportunidad de comentar las semejanzas y las diferencias. Era necesario considerar lo que el adulto dijera sobre la infancia, en relación con un tema específico: el día de la colada, la evacuación o un objeto concreto —"Mi juguete favorito". ¿Comprenderían los niños al visitante? ¿Les oiría el visitante? ¿Habían planeado los alumnos las preguntas que querían hacer? ¿Cómo se registraría el interrogatorio? ¿Se pretendía hacer una grabación permanente de la entrevista?

Actividad 1: Una actividad de clase

Una vez decidido que se invitara a una determinada persona, se pidió a los alumnos que redactaran una carta, dando cierta información básica sobre el tema. La tarea de redactarla se encomendó a un grupo de niños.

Actividad 2: Una actividad de clase

¿Qué preguntas habría que hacer? Se pidieron ideas a los niños, que las escribieron. Decidieron hacer una lista de sus ideas, con títulos como: la casa, la escuela, los juguetes, lavado de ropa, cocina, transporte. Los alumnos hacían las preguntas de manera espontánea, pero era una buena idea tener a mano la lista para consultarla si hacía falta.

La Sra. C, una de las madres, llevó una tabla de lavar la ropa, una plancha antigua, un salvamanteles y un sacudidor, que fascinaron a los niños. Su interés por todo lo antiguo se tradujo en que tuviera a mano información y pudiera responder a las preguntas preparadas por los alumnos. Después, los grupos de niños se dedicaron a hacer dibujos observacionales, escribir rótulos para el museo e investigar más los objetos.

La Sra. O, una madre de Ghana, llevó una olla y contó a los niños que se utilizaba para cocinar y los tipos de comida que se hacían en ella. Ellos lo compararon con cocinar en una barbacoa. Volvió poco después y les habló de su infancia en Ghana. Les encantó escuchar que vivía en una gran casa, tenía una piscina y sirvientes y que su madre era directora de una escuela. Después de describir la vida de su familia, la Sra. O también explicó cómo otras personas habían vivido en circunstancias completamente diferentes de las suyas y aún seguían así.

La Sra. B era una "amiga de la escuela"*. Tenía 70 años y parecía recordar todos los detalles de su infancia. Los niños pasaron un rato maravilloso

---

* En el Reino Unido, son frecuentes las "asociaciones de amigos de las escuelas", personas que se prestan voluntariamente a colaborar con las escuelas de su zona. *(N. del T.)*

formulando preguntas. Le hicieron un árbol genealógico. Ella recordaba al panadero con los molletes; cuando sacudía su alfombra en la cuerda de la ropa todas las mañanas; la primera vez que llevó polvos de maquillaje, y ¡las muchas maneras de cumplir el "hágalo usted misma"!

De estas visitas, surgieron muy diversas actividades:

- Los niños estaban deseando utilizar el procesador de textos y el programa de autoedición para publicar sus trabajos y, con mucha frecuencia, trabajaban por parejas en esta tarea.
- Los alumnos intentaban elaborar sus propios árboles genealógicos.
- Algunos niños estaban fascinados con el cuento del panadero de los molletes* y descubrieron cosas acerca de otras canciones infantiles.
- Otros niños hicieron una exposición de los objetos que la Sra. B habría utilizado de joven y buscaron información en libros relevantes.
- Otro grupo representó el día de la colada, tal como habría sido cuando la Sra. B era una niña.

Antes de desmontar el museo de la clase, los niños tuvieron oportunidad de invitar a algún amigo para que lo visitase. Se redactaron y escribieron cartas y se recibieron contestaciones. Los niños de 2.º tuvieron el placer de compartir su museo, su trabajo, con los demás.

recuerdo que, cuando la señora era joben, no le dejaban llevar maqillaje y le dejaron llevar polvos no tenía alfombras no luz eléctrica tenía que fregar los suelos y la mesa. no tenía cuarto de baño tenía cocina de carbón. en el mejor de los casos, el salón sólo se abría el domingo tenía una tetera antigua nunca tuvo un frigorífico cuando tenía 14 años, fue a *wobleworths* a comprar algunos vestidos y algunos zapatos su padre había cultivado algunas hortalizas y tomaron un cocido ella tenía muñecas de plástico mataron a su perro para comer.

Evaluación

La evaluación del trabajo de los niños era continua. Los conceptos e ideas comprendidos en el diálogo se anotaban para incluirlos en los perfiles individuales junto con trabajos especiales, que se fotocopiaban.

---

* Los panaderos ambulantes que vendían los molletes de las bandejas que llevaban en la cabeza eran personajes habituales de las calles de Londres hasta la década de 1950. Como suele ocurrir, los *muffin men* aparecen en las canciones infantiles: *Have you seen the muffin man, / The muffin man, the muffin man, / Have you seen the muffin man that lives in Drury Lane? / Yes I've seen the muffin man, / The muffin man, the muffin man / Yes I've seen the muffin man who lives in Drury Lane* ("¿Has visto al panadero... que vive en el callejón Drury? Sí, he visto al panadero..."). Por eso, los niños investigan otras canciones infantiles. *(N. del T.)*

© Ediciones Morata, S. L.

Autoevaluación de los niños

El proyecto contemplaba muchas oportunidades de trabajo individual, por parejas, por grupos y de toda la clase, facilitando que colaboraran juntos niños de todas las capacidades y que, en ese proceso, conversaran, pusieran temas en común y evaluaran sus ideas y las de los demás. La evaluación del museo y de las actividades en curso era continua. Se pedían y se consideraban las opiniones de los alumnos; a fin de cuentas, se trataba de su museo.

Evaluación del proyecto a cargo del maestro

Los niños comenzaban a dialogar, comparar, ordenar y clasificar, a preguntar, investigar, planear y comunicar, a registrar de muy diversas maneras. Tomaban conciencia de la historia, de un tiempo anterior, de que unas cosas son más antiguas que otras, de la sucesión cronológica, de que se producen cambios, de que las cosas pueden ser iguales o diferentes. Se percataban de la necesidad de respetar la "antigüedad" y de la importancia que las personas tienen en la historia, de que hay muchos tipos de pruebas que pueden utilizarse para cuestionar y desarrollar la comprensión del pasado.

El museo de clase suscitó un sentido de curiosidad acerca del pasado, la cooperación entre los niños, la perseverancia y la independencia al desarrollar su trabajo y un agudo sentido de respeto por su museo y todo lo que lleva consigo. Los niños se mostraban muy abiertos y con ganas de descubrir cosas. Estaban construyendo sobre su conocimiento histórico a través de su participación y su creciente capacidad de preguntar.

El desarrollo de un museo de clase fue un gran éxito, quizá porque todos los niños participaron con independencia de su capacidad. Hubo áreas que no desarrollaron por falta de tiempo. Si se hubiese preguntado por los discos favoritos, quizá se hubiera provocado una investigación sobre la música hasta la misma década de 1920. En caso de que se hubiese dirigido la atención a los edificios de las fotografías, es posible que hubiesen llegado a un estudio de las casas victorianas locales. Los libros que se llevaron podrían haber encaminado el trabajo hacia las interpretaciones de la historia. La lista es interminable.

QUINTA PARTE

Seminarios de formación permanente

Los seminarios que se describen en este apartado se basan en informaciones aparecidas en las secciones anteriores del libro. Los niños llegan a la escuela con una conciencia del pasado y con capacidad de un auténtico pensamiento histórico. La psicología evolutiva puede informar el desarrollo del pensamiento de los niños sobre la historia. Éste debe ser el fundamento de la planificación y la evaluación de las actividades de historia. La historia puede formar parte de un amplio y rico currículum de los "primeros años", basado en experiencias significativas, de primera mano. Los estudios monográficos de casos muestran cómo puede conseguirse.

Los seminarios que se describen capacitan a los maestros para utilizar estos conocimientos con el fin de elaborar sus propios currícula, basados en las necesidades y virtudes de sus escuelas, en los recursos de sus poblaciones y en sus propios intereses y los de los niños y sus familias. De este modo, los maestros pueden introducir la historia en el contexto de la adecuada práctica docente ya vigente, ampliar sus conocimientos y destrezas profesionales y contribuir aún más a nuestra comprensión de la forma de aprender cosas sobre el pasado de los niños pequeños.

Mediante la participación en los seminarios, los maestros pueden trabajar juntos para redactar un documento normativo que defina:

1. La naturaleza de la historia y su importancia en el currículum del primer ciclo de la educación primaria.
2. Actividades que reflejen aspectos del pensamiento histórico.
3. Recursos:

    • organizaciones locales, emplazamientos de interés, personas;
    • fuentes primarias; categorías configuradas con los criterios de selección y los procedimientos para el cuidado y almacenamiento de objetos;
    • fuentes secundarias; criterios de selección.

© Ediciones Morata, S. L.

4. Planificación, evaluación y mantenimiento de registros:

- fundamentos para estructurar los temas de historia, con temas con centros de atención de carácter histórico o de humanidades o como temas integrados;
- fundamentos y plan escolar de los temas;
- planes de enseñanza y evaluación a largo plazo de los temas seleccionados;
- procedimientos de mantenimiento de registros;
- ejemplos de trabajo de los niños, resultantes de algunas actividades, en una serie de niveles.

A los coordinadores de historia del primer ciclo de educación primaria les resultará muy útil la lectura inicial de los documentos siguientes: *Primary History 1* (1992, págs. 6-7), *Primary History 5* (1993, págs. 12-13) y *Teaching History at Key Stage 1* (NCC, 1993, págs. 4-5).

© Ediciones Morata, S. L.

CAPÍTULO XII

Seminarios de formación permanente: Algunos ejemplos

Seminario 1

Objetivo: • Escribir una introducción a un documento normativo de la escuela que defina la naturaleza del pensamiento histórico.

Recursos: • Fotocopias de artículos (por ej., extractos adecuadamente seleccionados de artículos de *Teaching History* o de *Remnants, Journal of the English Heritage Education Service*, el *National Trust Education Supplement* o *Primary History**) sobre cuestiones relacionadas con diferentes aspectos de la investigación histórica: hacer deducciones de las fuentes; imaginación histórica; diferentes perspectivas (clase social, raza, género).

Método: • Lectura individual o en pequeño grupo de uno de los artículos (durante o antes de la reunión).

---

* *Teaching History* es la revista trimestral de la *Historical Association*, dirigida a maestros y profesores de alumnos de edades comprendidas entre 11 y 19 años. *Remnants, Journal of the English Heritage Education Service* era el título de la revista de *English Heritage* para los docentes de enseñanzas no universitarias relacionados con la historia desde 1986 hasta el otoño de 1994; desde septiembre de 1994 hasta la fecha se titula *Heritage Learning.* El *National Trust Education Supplement* es una revista semestral editada por el *National Trust* y dirigida a los miembros de los "grupos de educación", entidades sin ánimo de lucro, integradas por personas dedicadas a la educación con dedicación completa: alumnos y docentes. Por último, *Primary History Journal* es la revista de la *History Association* dedicada a la enseñanza de la historia en los dos ciclos de primaria, dirigida a los maestros no especialistas en historia y publicada a razón de un número por cada trimestre lectivo. En España hay diversas revistas que publican artículos de este tipo: *Cuadernos de pedagogía, Kikiriki, Conciencia social, Aula de innovación educativa, Clij, Revista de Educación...* (N. del T.)

© Ediciones Morata, S. L.

- Presentar a todo el grupo una breve sinopsis del artículo.
- Comentar por qué es importante cada uno de estos aspectos de la investigación histórica (conservar las hojas del bloque de presentaciones).
- Redactar la introducción colaborativa al documento normativo, completando las oraciones clave, por ejemplo:
  - Descubrimos cosas del pasado mediante...
  - La imaginación histórica forma parte de este proceso porque...
  - No hay una única visión del pasado porque...

En un seminario de introducción a un cursillo de historia de 20 días, se utilizaron con mucho éxito los artículos que se mencionan a continuación. Permitieron que los docentes hablaran acerca de la naturaleza de la historia como disciplina.

- Hacer deducciones a partir de las fuentes: "Evidence in the classroom" (DICKINSON y cols., 1978).
- Imaginación histórica: "What is historical imagination? (LITTLE, 1983).
- Perspectivas diferentes —clase social, raza y género—: "Whose class is it anyway?" (JONES, 1985); "A way of looking at history: local, national, global" (COLLICOTT, 1993); "Deconstruction to reconstruction: an approach to women's history through local history" (WELBOURNE, 1990).

Comentando los artículos, los docentes llegaron a la conclusión de que, aunque los datos sean importantes, en sí mismos, no son historia; que las descripciones del pasado se hacen seleccionando e interpretando los datos; que la imaginación basada en lo que se conoce constituye una parte importante de este proceso, y que las descripciones se escriben desde perspectivas diferentes. A consecuencia del seminario, varios participantes dijeron, con una mirada ilusionada, que nunca hasta entonces habían pensado de ese modo en la historia y que, por supuesto, ¡el curso había tenido un comienzo genial!

Seminario 2

La finalidad de este seminario consistía en experimentar el proceso de investigación histórica en diversos contextos, relacionarlos con las descripciones del nivel del *National Curriculum* y considerar cómo pueden planearse actividades similares para los niños pequeños.

En pequeños grupos, los participantes seleccionan y emprenden una de las actividades preparadas y, más tarde, informan a todo el grupo.

© Ediciones Morata, S. L.

Fuentes orales

Objetivo: • Considerar cómo pueden utilizar los niños una fuente oral para describir, descubrir cosas del pasado, hacer preguntas y efectuar deducciones.

Método: • Escuchar una grabación magnetofónica de una persona anciana hablando, por ejemplo, de su infancia o de su formación y primeros años de ejercicio docente.
• Considerar cómo puede organizarse la historia oral en la escuela.
• Decidir un tema para niños pequeños que pueda incluir historia oral.
• Redactar el plan de clase para una sesión de historia oral, relacionada con el tema.

Edificios

Objetivo: • Considerar cómo utilizar un edificio antiguo como fuente histórica con niños pequeños: comunicar información, hacer preguntas, efectuar deducciones.

Método: • Ver el vídeo de *English Heritage*: "The Key Stage 1 Curriculum", haciendo hincapié en los preparativos de los maestros, la organización de la visita y el trabajo de seguimiento.
• Señalar unos preparativos, una organización y un trabajo de seguimiento similares para una visita a un edificio que se conozca bien.
• Redactar el plan de clase para una actividad relacionada con esta visita.

Objetos

Objetivo: • Considerar cómo pueden descubrir los niños cosas del pasado describiendo, haciendo preguntas y haciendo deducciones a partir de objetos.

Método: • Describir uno de los objetos (en palabras o dibujándolo en su totalidad o en parte).
• Comentar, como grupo, cómo se hizo cada objeto, cómo se utilizaba, quién lo utilizaba y cómo afectaba a la vida de la gente que lo hacía y usaba.
• Hacer una lista de ideas en tres columnas: lo que conocemos, lo que podemos adivinar y lo que nos gustaría conocer.

© Ediciones Morata, S. L.

- Redactar un plan de trabajo para un juego o actividad que ayude a los niños a investigar una pregunta sobre el pasado mediante estos objetos.

Imágenes

Objetivo:
- Considerar cómo puede utilizarse una pintura o fotografía como fuente histórica con niños pequeños, para ayudarles a describir, hacer preguntas y efectuar deducciones sobre el pasado.

Método:
- Seleccionar una de las imágenes. Pueden ser fotocopias ampliadas, en color de diversos tipos de imágenes, por ejemplo, postales de:
    - carruaje y caballos de juguete (*Bethnal Green Museum of Childhood**);
    - interior de la carnicería (*Blists Hill Open Air Museum*, Shropshire);
    - la cocina de la casa de D. H. Lawrence (*The Breach House*, Eastwood);
    - *A Woman Peeling Apples* (Pieter de Hooch, *The Medici Society*, Londres).

    Ilustraciones de libros para niños mayores:
    - reconstrucción de la vida en el interior de la casa de un mercader medieval (CLARE, 1992, págs. 14-15);
    - el nacimiento de Sikri en 1569 (ROBERTS, 1992, págs. 22);
    - mujeres músicas en una feria de la China imperial (GLEISNER, 1993, pág. 39).

Secuenciar fotografías familiares

Objetivos:
- Experimentar el proceso de secuenciar fotografías familiares como contexto para considerar los motivos, describir las diferencias entre el pasado y el presente y explicar las razones de los cambios en el tiempo.

---

* El *Benthal Green Museum of Childhood* de Londres alberga la mayor colección de juguetes, juegos y objetos infantiles del Reino Unido y desarrolla actividades de carácter educativo con los niños y grupos de niños que lo visitan. En España el Museo Valenciano del Juguete de Ibi (c/ Aurora Pérez Caballero, 4 - 03440 - IBI - Alicante) o el Museo del Juguete de Valencia (Escuela Universitaria de Ingeniería Técnica Industrial, Universidad Politécnica, Camino de Vera, s/n - 46002 Valencia), o el Museo Castellano-Manchego del Juguete (45576-Mohedas De La Jara - Toledo), o el Museo del Juguete de Cataluña (Sant Pere 1, 17600 - Figueres - Girona), tienen materiales de mucha utilidad. Asimismo hay editoriales con fondos de libros muy útiles: Alfaguara (Col. Altea), SM (Col. Saber), Molinio, La Galera, Juventud, Libsa, etc. *(N. del T.)*

© Ediciones Morata, S. L.

- Hacer una lista de los conocimientos e intereses que aplicar en el proceso.
- Considerar cómo puede planearse una actividad similar para los niños pequeños.

Método:
- Por parejas:
  - intercambiar juegos de fotografías;
  - secuenciar en una línea cronológica las fotografías del compañero;
  - describir al compañero lo que el interesado sabe, lo que puede adivinar y lo que le gustaría saber sobre su secuencia de fotografías;
  - el compañero confirma, corrige y completa la información, cuando sea posible.
- ¿Qué necesitas saber para formar la secuencia? ¿Qué te interesa más?
- ¿Cómo se puede planear un ejercicio similar para niños pequeños?

El tiempo y el cambio a través de los relatos

Objetivo:
- Considerar cómo las historias imaginarias contemporáneas sobre la vida cotidiana pueden ayudar a los niños pequeños a examinar y comprender los cambios en el tiempo.

Método:
- Seleccionar uno de los relatos.
- Utilizar el formato dado en el Cuadro 12.1; mostrar cómo puede utilizarse como base para presentar el pensamiento histórico.

Secuenciar los acontecimientos de un relato

Objetivo:
- Pensar cómo pueden utilizarse las historias imaginarias situadas en el pasado para ayudar a los niños a considerar la interacción de los factores impersonales y personales en la configuración de la vida de las personas.

Método I:
- Leer *Minnie and Ginger: A Twentieth-century Romance* (SMITH, 1990).
- Poner en sucesión las imágenes (fotocopiadas en hojas separadas) y volver a contar la historia ante la secuencia con las palabras del narrador.

© Ediciones Morata, S. L.

Cuadro 12.1. *Presentar el pensamiento histórico mediante relatos*

Categoría	Título	Autor	Editorial	Fecha	ISBN
Historia familiar	When I was Little	Marie WILLIAMS	Walker Books	1991	07445 1765-6

Nivel de lectura:	Tipo grande (alrededor de 15 palabras por página, con bocadillos sencillos).
Ilustración:	Humorística, del estilo de las tiras de historietas de periódico, con mucho detalle.
Pensamiento histórico	La abuelita tiene recuerdos agradables de su infancia, cuando los helados sabían a crema y los bebés no lloraban nunca.
Usar fuentes primarias y secundarias para considerar:	Comparar ilustraciones: "No teníamos estos... pero teníamos estos". ¿En qué difieren? ¿Por qué?
• semejanzas y diferencias entre el pasado y el presente	• Haz conjuntos de cosas que la abuela dice que son verdaderas y de cosas que pueden no serlo (los niños podrían hacer esto escogiendo cada uno un ejemplo para dibujar y escribir un rótulo en tarjetas distintas).
• cómo y por qué se representa el pasado de distintas maneras	• Ordena las cosas que podrían no ser verdaderas (por ej., clima, datos, sentimientos, reglas, juego, advertencias, comida). ¿Por qué crees que tu abuelita dijo esas cosas? Por ejemplo, pregunta a tu abuelita acerca del clima cuando ella era pequeña; después, pídele fotografías de cuando ella era pequeña. ¿Cuentan la misma historia? Haz tu propio libro "La abuelita viene de visita". Haz una página que diga: "Ella no tenía éstos, pero tenía éstos..." Compara con los libros "La abuelita viene de visita" de otras personas. ¿Todas las abuelitas cuentan la misma historia?

Extensiones transcurriculares

Ciencias naturales
• Clima: conservar registros: "¿Nunca llovía en verano?"
• Energía: vapor, electricidad.
• ¿Cuánto duran los pirulíes? ¿Cómo se hace el helado?
• Viaje espacial: el primer hombre en la Luna: la Luna...
• Materiales (nosotros no teníamos éstos, pero teníamos estos otros...).

Matemáticas
• Viajes a la escuela: "Caminábamos 6 km y medio para ir a la escuela".
• Matemáticas: ¿lo *hacemos* así?

Geografía
• Viaje a la escuela.
• Comidas, ahora y entonces.
• Abuelitas que vivían en otros lugares.

Lenguaje
• Juego de "representación": cuando la abuelita era pequeña.
• Cuestionarios y entrevistas.
• Elaboración de un libro.

- ¿Cuántas palabras o expresiones has utilizado que se refieran al tiempo; causa; efecto? ¿Cuántas explicaciones estaban relacionadas con acontecimientos públicos; con sentimientos privados; con la descripción de lugares o actividades cotidianas del pasado que fueran diferentes de las actuales?
- ¿Cuántas ilustraciones se relacionan con el mismo período de tiempo?
- ¿Qué ilustraciones podrían ponerse en un orden diferente sin que cambiara la historia?
- ¿Cómo podrías reemplazar una (o más) de las ilustraciones con un dibujo tuyo para hacer una historia diferente?
- ¿Podrías reorganizar las ilustraciones para contar una historia diferente?

Método II:
- ¿Cómo podrías desarrollar esta actividad con niños pequeños?

Interpretaciones mediante relatos

Objetivos:
- Considerar cómo pueden crearse versiones diferentes de relatos y las semejanzas y diferencias entre las versiones.
- Considerar hasta qué punto los niños pequeños pueden empezar a comprender cómo y por qué difieren los relatos y cómo puedes ayudarles a hacerlo.

Método I:
- Seleccionar dos versiones de un cuento popular; una versión tradicional y otra moderna de un cuento de fantasía; versiones de un cuento popular de distintas culturas, por ej.: *The Cinderella Story*, de Neil PHILIP (1989); dos narraciones de un mito o leyenda (por ej., un mito griego o un relato sobre Robin Hood o el rey Arturo) o un relato que aparezca en un libro antiguo de historia y en otro moderno.
- ¿En qué coinciden los relatos y en qué difieren? ¿Cómo crees que han surgido las distintas versiones? ¿Qué te parece probablemente verdadero y qué no?

Método II:
- ¿Qué tendrían que poder hacer o saber los niños para decir si un relato se refiere a personas reales?, ¿para comparar diferentes versiones de relatos?, ¿para comprender por qué hay versiones diferentes de un relato?
- ¿Cómo podrías ayudarles a hacerlo?
- ¿Hay una secuencia de los tipos de relatos que les presentas con el fin de conseguir esto?

© Ediciones Morata, S. L.

Interpretaciones a través de la historia oral

Objetivos: • Centrarse en diferentes interpretaciones del pasado, comprender por qué distintos relatos pueden dar versiones diferentes de lo ocurrido y distinguir entre un dato y un punto de vista.

Método: • Escoger un acontecimiento del pasado que puedan recordar muchas personas (por ej., la coronación de la reina Isabel II o la Guerra del Golfo). Entrevistar a varias personas lo bastante mayores para recordar el acontecimiento. Escoger tres preguntas:
por ej., para la coronación: Describe el acontecimiento.
¿Cómo lo conociste?
¿Cómo te afectó?
para la Guerra del Golfo: ¿Cómo empezó?
¿Qué ocurrió?
¿Por qué acabó?
• Haz una lista de los datos y puntos de vista de los informes de los entrevistados. Considera en qué difieren los informes y por qué.
• ¿Acerca de qué acontecimientos les gustaría a los niños descubrir más cosas? ¿Qué temas podrían entrar en esa investigación?

Seminario 3

Objetivo: • Iniciar una colección escolar de fuentes primarias.

Método: 1. Decidir la categoría de objetos que podrían coleccionarse:
  • relacionados con un determinado período (la década de 1950, la II Guerra Mundial, la época victoriana);
  • relacionados con una determinada ocupación (agricultura, entretenimiento, pesca, minería, manufactura) (de la localidad);
  • que ilustre el cambio en un aspecto de la vida doméstica (cocina, lavado de ropa, limpieza, ropa, juguetes, juegos, libros infantiles).
2. Haz una lista de posibles fuentes:
  • padres y amigos;
  • organizaciones locales;
  • mercadillos de viejo, tiendas de artículos desechados y de segunda mano.
3. Decidir los criterios de selección:
  • tamaño;
  • valor;

- interés;
- relevancia con respecto a los temas, posibles deducciones;
- seguridad;
- fragilidad.
4. Decidir quién se encarga del almacenamiento, el cuidado, la catalogación:
   - los niños;
   - un maestro;
   - un trabajador auxiliar;
   - un padre o un "amigo de la escuela".
   - ¿Es posible contar con la ayuda del personal de un museo?

Redactar un comunicado, para su inclusión en un documento normativo de la escuela, acerca de las categorías de artículos que se vayan a coleccionar y las formas y lugares de almacenamiento. Enviar una copia a los posibles donantes.

Seminario 4

Objetivo: • Acordar una norma de evaluación y selección de fuentes secundarias.

Recursos: • Colección de fuentes secundarias: libros de cuentos, libros de información, esquemas de historia.

Método: Cada grupo evalúa una categoría de fuentes secundarias, utilizando los criterios señalados.
1. Relatos sobre épocas pasadas.
   - ¿Hay más de una versión de la historia que pueda ilustrar las interpretaciones diferentes?
   - ¿Pueden utilizarse las ilustraciones como fuente para descubrir cosas del pasado?
   - ¿Muestran las ilustraciones cómo transmiten los artistas diferentes impresiones mediante el trazo, la forma, la escala y el color?
   - ¿El relato permite a los niños hablar de los cambios producidos en el tiempo, por qué ocurrieron y por qué actuaron las personas como lo hicieron?
   - ¿Permite a los niños hablar acerca de cómo y por qué una época del pasado era diferente de la actualidad?
2. Libros de información
   - ¿Tiene un índice detallado y claro o un sencillo índice general?

© Ediciones Morata, S. L.

- ¿Hay ilustraciones, fotografías o dibujos claros a partir de los cuales los niños puedan hacer deducciones e inferencias?
- ¿Ofrece el texto información didáctica sin aportar pruebas de la misma?
- ¿Las impresiones de los artistas acerca de los acontecimientos se basan en lo que se conoce?
- ¿Puede utilizarse el libro en diversos niveles (desde las ilustraciones al texto) y en diferentes grados de dificultad?

3. Esquemas
   - ¿Proporciona información y estimula ideas sobre actividades que los maestros puedan modificar para adaptarlas a las necesidades de los niños?
   - ¿Hay buenos puntos de partida para las propias investigaciones de los niños?
   - ¿Hay sugerencias para diversas actividades: pintura, dibujo, construcción de maquetas, juego libre, interpretación dramática?
   - ¿Las investigaciones y actividades suponen un auténtico pensamiento histórico?
   - ¿Hay fuentes útiles que serían difíciles de obtener de otro modo?
   - ¿Hay fuentes diversas: pinturas, fotografías, música, fuentes escritas sencillas?
   - ¿Hay sugerencias interesantes respecto a la forma de utilizar las fuentes, con y sin el maestro?
   - ¿Reflejan las fuentes las diferencias sociales, de género y étnicas; las diversas perspectivas políticas, económicas, sociales y culturales?
   - ¿Hay sugerencias de enlaces con otras áreas curriculares?
   - ¿Hay ideas para presentar los descubrimientos de diversas maneras?
   - ¿Hay sugerencias viables para evaluar y registrar el trabajo de los niños que sean inherentes a las actividades y no simplistas?

Decidir si hace falta enmendar estos criterios antes de registrarlos en una matriz con respecto a la cual se evalúen cada nuevo libro y los usos que de él se indiquen. Incluirlo en la sección de recursos del documento normativo.

Seminario 5

Objetivo: • Acordar los fundamentos de la planificación de los temas de historia para toda la escuela.

Recursos: • Plan curricular vigente de historia para el primer ciclo de educación primaria; *The Teaching of History in the Primary Schools* (COOPER, 2000b; Capítulo 7); Historia en *The National Curriculum for England and Wales* (DfEE/QCA, 1999a); *Teaching History at Key Stage 1* (NCC, 1993; DfEE/QCA, 1993, 1998a, 2000a).

Método: 1. Revisión del enfoque vigente:
   • ¿Se dedica el tiempo necesario a la historia para abarcar unos contenidos suficientes y desarrollar el pensamiento histórico?
   • ¿Hay oportunidades de establecer enlaces entre la historia y otras áreas curriculares que eviten la sobrecarga y la fragmentación del currículum?
   • ¿Se utilizan al máximo los recursos adecuados para la historia de la comunidad local y del entorno?
   • ¿Hay pruebas de continuidad y de progreso? ¿Cómo tiene en cuenta el plan las destrezas clave, la inclusión (género, necesidades educativas especiales, discapacidades) y el desarrollo personal, espiritual, moral, social, los valores culturales, la salud y la educación para la ciudadanía?
   • ¿Un nuevo enfoque de la planificación curricular sería un catalizador útil para estimular y compartir nuevas ideas?

2. Si hay acuerdo sobre la necesidad de un nuevo enfoque de la planificación temática, considerar las ventajas y desventajas de la enseñanza de la historia mediante temas regidos por la historia, de humanidades, integrados, con un enfoque mixto.
3. Definir el fundamento de la planificación de los temas de historia en el currículum para el documento normativo de la escuela.

Seminario 6

Objetivo: • Acordar las materias de los temas de historia (o los de humanidades o integrados con una dimensión histórica) para el curso siguiente, como base para su futuro desarrollo.

Método: Al preparar una tormenta de ideas sobre los temas posibles, considerar:
   • Recursos locales.
   • Temas y dimensiones transcurriculares.
   • Dimensiones políticas, económicas, sociales y culturales.

© Ediciones Morata, S. L.

- Orígenes étnicos de los niños.
- Estaciones del año, si las visitas fuera de la escuela están planeadas.
- Fundamentos de la progresión.
- Orientaciones para la educación infantil y programa de estudio de historia del *National Curriculum* para el primer ciclo de primaria. *Nota:* Los temas de la educación infantil deben contemplar el descubrimiento sobre los acontecimientos del pasado y del presente en la vida de los niños y en la de sus familias y otras personas que conozcan, y el principio del conocimiento de sus propias culturas y creencias y de las de otras personas.

Primer ciclo de primaria. Los temas deben incluir:
— Los cambios en la vida diaria de los niños y los familiares adultos vivos.
— La vida en Gran Bretaña en épocas anteriores a las de las personas vivas.
— Los acontecimientos clave y la vida de hombres y mujeres en Gran Bretaña y otros países.
- Rellenar la matriz temática del Cuadro 12.2 y verificar que estén incluidos los aspectos antes señalados.

Cuadro 12.2. *Matriz temática*

	Otoño	Primavera	Verano
Último curso de ed. infantil			
1.º			
2.º			

Seminario 7

Objetivo: • Preparar planes detallados de enseñanza y evaluación de cada unidad de trabajo seleccionada para incluirlos en el plan a largo plazo y la normativa de la escuela.

Método: • Decidir si los planes para cada curso deben reflejar los enunciados de las metas que alcanzar para un nivel (previendo la diferenciación dentro del nivel) o para varios niveles.
• En una actividad, puede haber oportunidades para la evaluación en una serie de niveles.
• En una actividad, puede haber oportunidades para la evaluación de más de un aspecto del pensamiento histórico.
• En DfEE/QCA, 2000a, se presentan esquemas de modelos y matrices para la planificación.
• Los maestros trabajan juntos en los planes a largo plazo en relación con sus propios temas.

Seminario 8

Objetivo: • Mantener la progresión desde la educación infantil hasta 2.º de primaria. Lo mejor sería que los profesionales que trabajan en los establecimientos de educación infantil y los maestros de 1.º y 2.º se reunieran previamente para planear la progresión del pensamiento a través de los temas acordados (págs. 165-167). En COOPER y SIXSMITH (2002), pueden verse ejemplos de un estudio de casos que investiga la progresión desde los 3 a los 7 años en una escuela primaria y en un grupo de actividades vinculado a ella.

Recursos: • Matriz temática que identifique las líneas de pensamiento histórico desde la educación infantil hasta 2.º de primaria (Cuadro 7.4, págs. 166-167).
• Ejemplos de registros que muestren la progresión, basados en *Early Learning Goals Stepping Stones* (DfEE/QCA, 2000a) y en los descriptores de nivel del *National Curriculum*.
• Ejemplos de trabajos de los niños para cada tema, de tipo medio y que estén significativamente por debajo y por encima de la media. Se prevé que tres grandes niveles identificados en los esquemas de trabajo o planes a medio plazo (por ej., Cuadros 8.5, 8.6, 8.7, páginas 178 a 183) describan los niveles de rendimiento que ayuden a los maestros a dilucidar si un alumno ha hecho un progreso destacadamente mayor o menor que el resto de la clase y a señalar las posibles razones, pero, en historia, los registros individuales detallados son inadecuados (DfEE/QCA, 1998a, pág. 16).

Método: • Seleccionar una de las líneas de pensamiento histórico que van desde la educación infantil hasta 2.º de educación primaria, señaladas en el Cuadro 7.4 (págs. 166-167) (por ej., secuenciar acontecimientos, ampliar vocabulario o hacer y responder a preguntas sobre el pasado).

© Ediciones Morata, S. L.

- Comentar, con apoyo de pruebas si es posible, cómo respondieron los niños a esta línea de pensamiento a través de la fase de edad.
- Recopilar ejemplos que ilustren la progresión.

Seminario 9

Objetivo:
- Considerar las oportunidades de establecer relaciones entre la *National Literacy Strategy* (DfEE/QCA, 1998b) y la historia, desde la educación infantil hasta 2.º de primaria.

Recursos:
- Fotocopiar el resumen del *Range of Work for Each Term** (DfEE/QCA, 1998b). Recortar el *Range of Work for Each Year***, desde el último curso de educación infantil hasta el 2.º de primaria, y pegar cada uno en el centro de una hoja de papel de tamaño A3.
- Fotocopiar el texto relacionado con los *Early Learning Goals for Communication, Language and Literacy**** (DfEE/QCA, 2000a, pág. 62) y pegarlo en el centro de una hoja de papel de tamaño A3.

Método:
- Los maestros de cada grupo de edad (desde educación infantil hasta 2.º de primaria) preparan una tormenta de ideas acerca de una serie de textos de cada género, relacionados con la historia, que hayan utilizado o puedan usar. Dejar constancia de ello en un diagrama de la telaraña en la hoja A3 de cada curso.
- Preparar las "horas de lectoescritura" dedicadas a algunos de los textos y mostrar cómo pueden utilizarse en los niveles de texto, oración y palabra, además de relacionarlos con un tema de historia.
- Hacer una lista de posibles actividades ampliadas de historia, relacionadas con el tema, que puedan servir de apoyo a la "hora de lectoescritura".
- Recogerlo como un recurso que añadir a los ya contemplados.

---

* Literalmente: "Campo de trabajo de cada trimestre". Es la distribución general de trabajos y actividades de cada trimestre del curso. *(N. del T.)*
** Literalmente: "Campo de trabajo de cada curso". *(N. del T.)*
*** "Objetivos de aprendizaje inicial de comunicación, lenguaje y lectoescritura". *(N. del T.)*

Seminario 10

Objetivo: • Desarrollar la cooperación con padres y tutores.

Método: Revisar posibles enfoques, con el fin de dejar constancia en el documento normativo de la filosofía y el método.

A largo plazo:
- Al principio del curso (trimestre o tema), explicar lo que se planea enseñar, por qué y cómo a los padres interesados, bien en una reunión informativa, bien por carta.
- Exponer en clase los planes a largo plazo.
- Explicar cómo pueden relacionarse las posibles visitas durante las vacaciones (por ej., a un fuerte romano o a un molino de viento) con los temas de historia de la escuela.
- Explicar, en una reunión o por carta, las peticiones de fotografías, de historia oral, objetos: qué hace falta, con qué fin, cómo se utilizarán, cómo se cuidarán (por ej., ¿se expondrán?, ¿podrán tocarse?).

A corto plazo:
- Información preparatoria (¿seminario?) para los adultos que acompañen en una visita.
- Información organizativa: horario de la jornada, normas de aseo, comida y seguridad; grupos, reglas, productos previstos, por ej., fotografías, entrevistas, dibujos.
- Información histórica: notas educativas, mapas, planos, información histórica.
- Preguntas que hacer para ampliar el pensamiento histórico de los niños:
  - pregunta abierta de carácter general para cada grupo;
  - formas posibles de investigarla (claves disponibles);
  - dos categorías de preguntas que hacer sobre las claves:
    (a) ¿Cómo se hacía? ¿Cómo se utilizaba? ¿Cómo afectaba a la vida de las personas que lo hacían o utilizaban?
    (b) ¿Qué conoces con seguridad? ¿Qué puedes adivinar? ¿Qué te gustaría conocer?
- Razones para un dibujo observacional detallado.
- En una sesión de seminario, los padres pueden tratar de hacer sus propias preguntas y sus dibujos de objetos.
- Los padres pueden ayudar en el trabajo de seguimiento en la escuela: modelos de cerámica, bordados, encuadernación, cocina, tejido, etc.
- Los padres y los "amigos" pueden actuar como público informado e interrogador ante el que presentar los resultados de la investigación de forma oral o mediante representación y exhibición.

© Ediciones Morata, S. L.

Por último, el director del currículum tiene que preparar un programa escalonado de:

- revisión, modificación, alteración de temas seleccionados y métodos de registro;
- evaluación de recursos, almacenamiento, ampliación y puesta al día, cuando sea necesario;
- puesta en común de ideas con los colegas de otras escuelas;
- invitar a conferenciantes ajenos a la escuela para promover nuevas ideas;
- reuniones de maestros menos frecuentes pero más y mejor centradas, por ejemplo, para investigar los tipos de inferencias que los niños hacen acerca de la misma fuente durante los tres cursos; cómo se basa cada vez más el juego de los niños en pruebas, a medida que van haciéndose mayores; cómo responden los alumnos de distintas edades al mismo relato. Sería interesante la publicación de esos estudios de casos en *Teaching History*, por ejemplo;
- supervisar el desarrollo de los alumnos durante el ciclo de primaria, comentando muestras de trabajo del mismo niño;
- hacer que los padres y la comunidad tomen mayor conciencia de la calidad y el valor del trabajo de los niños pequeños en historia, mediante las exposiciones, las presentaciones, los comentarios de los alumnos grabados en cinta magnetofónica y la participación de adultos en proyectos.

LOMAS (1994) presenta una excelente lista de preguntas de verificación para supervisar la adecuada práctica en la enseñanza y el aprendizaje de la historia en la escuela primaria. Destaca también el papel del director escolar y del coordinador en el desarrollo de la contribución que la historia pueda hacer a la evolución espiritual, moral, social y cultural de los niños y al currículum en general, e incluye secciones acerca de la satisfacción de necesidades educativas especiales mediante la historia.

Muchos maestros comenzaron a trabajar con la historia en los primeros años al convertirse en una norma obligatoria, descubriendo después lo entretenida y adecuada que resulta. Esperamos que este libro suscite nuevas ideas, posibilidades, intuiciones y preguntas, que, a su vez, estimulen nuevos libros. ¡Disfrútenlo!; ¡es muy divertido!

En conclusión

Quiero reiterar mi agradecimiento inicial a los alumnos y maestros con quienes he trabajado. En la primera edición, decía que, tras escuchar cómo un colega "académico" de una prestigiosa universidad denigraba a los maestros, las escuelas y la educación estatal, había recibido los planes de clase de

Margaret Taylor, que describían el trabajo que había emprendido sobre una "cocina victoriana" en una escuela para niños con graves dificultades de aprendizaje. Lloré de rabia por todos los maestros y maestras que he conocido que lo han dado todo, su espíritu, su tiempo y su destreza profesional, en circunstancias difíciles, a menudo, a causa de su fuerte compromiso moral con lo que consideran bueno y correcto para todos los niños, con independencia de su origen y sus dificultades. En esta segunda edición, no se incluye el estudio monográfico del caso de Margaret Taylor porque parecía que una respuesta adecuada al currículum revisado era incluir en el libro referencias a niños con necesidades educativas especiales integrados en clases corrientes. El colega "académico" no ha cambiado de puesto, pero Margaret es ahora vicedirectora de una gran escuela primaria.

Los historiadores adoptan una amplia perspectiva sobre el pasado. En la introducción, me referí a mi abuela que, con 5 años, en 1869, recibió como premio escolar una historia del mundo. Más tarde, llegó a ser directora de uno de los internados que, por primera vez, ofrecían una educación para todos. Su hijo, mi padre, fue director de una de las primeras *secondary modern schools*, que extendieron estas oportunidades más allá de la educación elemental.

No hace mucho, escuché una grabación que había hecho mi madre para una sesión de historia oral de formación permanente, en la que describía sus años como joven maestra en la década de 1930. En una narración llena de vida y profundamente conmovedora, contaba, entre otras cosas, cómo los 56 niños del último curso de educación infantil habían agotado, a mediados del trimestre, a la joven maestra, recién titulada, con la que compartía habitación en una zona deprimida del centro de la ciudad. Tenía poco dinero para comida o ropa, enfermó de neumonía en el mercadillo de beneficencia de la escuela y murió en su habitación. El padre de la maestra estaba en paro y era demasiado pobre para viajar desde el sur de Gales para asistir al funeral. La respuesta de la directora al recibir la noticia fue: "No me sorprende. No llevaba *combinations* de lana". Tras un momento de silencio, las maestras de la sesión de formación permanente preguntaron: "¿Qué son las *combinations*?" (respuesta: ¡una especie de chaleco y calzones de lana, abotonados en la cintura!).

La sociedad y la educación han cambiado para mejor y no sólo porque ninguna de nosotras lleve ahora *combinations* de lana. Podemos quejarnos de los tests, los objetivos y las destrezas fundamentales, pero ahora tenemos un nuevo aval para el juego y para la historia en el currículum de los primeros años y muchas maestras y maestros innovadores y creativos para implementarlo.

Por eso, termino esta edición con la misma nota lírica de la primera, citando el *Ulises* de Tennyson:

Venid, amigos,
No es demasiado tarde para buscar un mundo nuevo.

© Ediciones Morata, S. L.

Recursos citados en esta obra

Artículos antiguos, The Bury Business Centre, Kay Street, Bury.
Berthnal Green Museum of Childhood, Cambridge Heath Road, Londres, W.2.
Butser Iron Age Village Farm, Queen Elizabeth National Park, Hampshire.
Dolls' House Emporium, Victoria Road, Ripley, Derbyshire.
English Heritage Education, http://www.HeritageEducation.net
English Heritage Education Service, Keysign House, 429 Oxford Street, Londres, W.1.
Folklore Society, School of Scottish Studies, Edinburg University, St George's Square, Edimburgo.
Haringey (London Borough of), Multicultural Resource Centre for under fives.
Historical Association, The, 59-A Kennington Park Road, Londres SE11 4JH.
History Box; (historias nuevas y tradicionales de Gales, audiocasetes y libros para alumnos y profesores), National Language Unit of Wales, Brook Street, Treforest, Pontypridd.
History in Evidence, TTS, Monk Road, Alfreton, Derbyshire DE55 7RL, sales@tts-group.co.uk
History of Advertising Trust, HAT House, 12 Raveningham Centre, Raveningham, Norwich NR 14 6NU, hat@uea.ac.uk
Honeychurch Toys Ltd, Woodlands, Lodge Hill, Market Lavington, Wiltshire.
Ironbridge Gorge Museum Trust (*Under Fives and Museums: Guidelines for Teachers*), The Ironbridge Gorge Museum, Ironbridge, Telford, Shropshire.
Maritime Museum, The, http://www.history.org.uk
Mary Rose Trust, The, No. 5 Boathouse, HM Naval Base, Portsmouth PO1 3PX.
MEGSS, 'Merry Christmas: greetings in the mother tongue of nine minority groups', Minority Ethnic Group Support Service, Lancashire Education Authority.
Morwellham Quay Copper Mine, Tavistock, Devon.
Mrs Tanner's Tangible History, Gill Tanner, 9 Selvy Road, West Bridgford, Nottingham, NG2 7BP.
National Trust, 36 Queen Anne's Gate, Londres, S.W.1.
Our Facts database, R.M. Nimbus version, 1988, NCET.
Past Times Historical Gifts, Whitney, Oxford OX29 7BR.
Sara Liptai, Philosophy for Children, SAPERE, 7 Cloister Way, Leamington Spa CV32 6QE, http://www.SAPERE.net

© Ediciones Morata, S. L.

Victoria and Albert Museum, South Kensington, Londres, S.W.7.
Yorvik Viking Centre, Coppergate, York.
West Stowe Anglo-Saxon Village Trust, Bury St Edmunds, Suffolk.
Women's History Network, Key Stage 1 Biography Project, Department of History, University of York.

Algunos recursos tecnológicos útiles sobre información y comunicación

Clicker grids, www.cricksoft.com/cgfl/index.htm
Clip-art. Solicitar a: Anglia TV, Norwich NR1 3JE.
Concept Keyboard, REM, Great Western House, Langport, Somerset TA10 9YU.
'Find It', Actis Ltd, Rutland Mills, Market Street, Ilkeston, Derbyshire DE7 5RY, tel: +44(0) 115 944 8300, fax: +44(0) 115 944 8311, email: welcome@actis.co.uk, http://www.actis.co.uk/.
'Front Page Extra'. Solicitar a: Newman Publishing.
'My World', 'My World 2' y 'Optima'. Solicitar a: SEMERC, 1 Broadbent Road, Watershedding, Oldham L14LB.
'Our Facts'. Solicitar a: Minerva, Exeter.
'Textease', Softease Ltd, Market Place, Ashbourne, Deerbyshire DE6 1ES, tel: +44 (0) 1335 343421, fax: +44 (0) 1335 343422, email: sales@softese.co.uk, http://www.textease.com.
'Talking Write Away', BlackCat Software, Granada Learning, Granada Television, Quay Street, Manchester M60 9EA, tel: +44 (0) 161 827 2927, fax: +44 (0) 161 827 2966, email: info@blackcatsoftware.com, http://www.blackcatsoftware.com.

Apoyo al currículum

http://www.mape.org.uk

http://www.mape.org.uk/curriculum/history/ict.htm
(Young Children Using ICT)

http://www.mape.org.uk/curriculum/history/keystage1.htm
(Key Stage 1 Understanding History)

http://www.devon.gov.uk/babbage/content.htm

http://www.r-e-m.co.uk/catalogues/yearbook.htm

Sitios útiles sobre historia en internet

http://www.liv.ac.uk/~evansjon/humanities/history/history.html
(UK Schools History Resources)

http://www.open.gov.uk/heritage/eduindex.htm

http://www.english-heritage.org.uk
(English Heritage)

http://www.nmm.ac.uk/index.html
(National Maritime Museum)

© Ediciones Morata, S. L.

http://www.nt-education.org
(The National Trust)

http://www.history.org.uk
(Historical Association)

http://www.local-history.co.uk
(Local History Magazine)

http://www.learnfree.co.uk
(Starting point for finding history sites)

http://www.nationalgallery.org.uk/collection/content.htm
(The National Gallery)

http://www.npg.org.uk/search

http://www.npg.org.uk/rromsg.htm
(The National Portrait Gallery)

http://www.british-museum.ac.uk/
(The British Museum)

http://www.genealogy.bookpub.net
(Trace your ancestors)

http://www.britannia.com/history

http://www.24hourmuseum.org.uk
(Desde esta página se puede acceder a sitios de información general sobre *English Heritage,* museos...)

Bibliografía

ADAMS, C. (1982): *Ordinary Times: A Hundred Years Ago,* Londres, Virago.
ADAMS, J. (1998): 'Read all about it: Using newspapers as an historical source in an infant classroom", en P. HOODLESS (ed.) *History and English in the Primary School,* Londres, Routledge.
AGARD, J. (1992): *The Emperor's Dan-Dan,* Londres, Hodder & Stoughton.
AHLBERG, J. y AHLBERG, A. (1983): *Peepo,* Londres, Puffin.
— (1984): *The Baby's Catalogue,* Londres, Puffin.
ALDRED, D. (1993): *Castles and Cathedrals,* Cambridge, Cambridge University Press.
ANDERSON, D. (1989): "Learning history in museums", *The International Journal of Museum Management and Curatorship* 8: págs. 357-368.
— (1993): "Myth and story telling", Key Stage 1 taller de la Primary Conference of the Historical Association, Victoria and Albert Museum, Londres.
ARNHEIM, R. (1974): *Art and Visual Perception: A Psychology of the Creative Eye,* Berkeley, University of California Press. (Trad. cast.: *Arte y percepción visual. Psicología del ojo creador.* Madrid, Alianza, 1986.)
AUSUBEL, D. P. (1968): *Educational Psychology. A Cognitive View,* Nueva York, Holt, Rinehart & Winston. (Trad. cast.: *Psicología educativa. Un punto de vista cognoscitivo.* México, Trillas, 1976.)
BAGE, G. (1999): *Narrative Pattern: Teaching and Learning History through Story,* Lewes, Falmer Press.
BAKER, J. (1991): *Where the Forest Meets the Sea,* Londres, Walker Books.
BALL, B. (1989): *Stone Age Magic,* Londres, Hamish Hamilton.
BARNARD, P. (1989): *Escape from the Workhouse,* Saffron Walden, Anglia.
BARNES, J. (1993): "The saints: close observation and drawing", Historical Association Primary History Conference, Victoria and Albert Museum, Londres.
BATESON, G. (1985): "A theory of play and fantasy", en J. S. BRUNER, A. JOLLY y K. SYLVA (eds.) *Play, its Role, Development and Evolution,* Londres, Penguin.
BATHO, G. R. (ed.) (1994): *Schools, Museums and Primary History,* Londres, The Historical Association.
BEARNE, E. (1992): "Myth and legend: the oldest language?", en M. STYLES, E. BEARNE y V. WATSON (eds.) *After Alice: Exploring Children's Literature,* Londres, Cassell.

Bennet, N.; Woods, E. A. y Rogers, S. (1996): *Teaching through Play: Teachers' Theories and Classroom Practice,* Milton Keynes, Open University Press.
Bernot, L. y Blancard, R. (1953): *Nouville, un village français,* París, Institut d'Ethnologie.
Bhatia, M. (1988): *Happy Birthday Bhini* (Inglés/Gujarati), Londres, Magi.
Bicknell, G. (1998): "Peel appeal: talking about the past with Nursery and Reception children", en P. Hoodless (ed.) *History and English in the Primary School,* Londres, Routledge.
Blake, William (1981): *Selected Poetry of William Blake,* Nueva York, New American Library. (Trad. cast.: *Antología bilingüe.* Madrid, Alianza, 1998, 4.ª ed.)
Blume, J. (1988): *The Pain and the Great One,* Londres, Pan/Macmillan.
Blyth, A. (1990): *Making the Grade for Primary Humanities,* Milton Keynes, Open University Press.
Blyth, J. (1991): *Old Toys* (Colección *A sense of History*), Harlow, Longman.
—; Cigman, J.; Harnett, P. y Sampson, J. (1991a): *Ginn History, Key Stage 1 Teacher's Resource Book,* Aylesbury, Ginn & Co.
— (1991b): *Ginn History Stories,* Aylesbury, Ginn & Co.
— (1991c): *Ginn History Topic Books,* Aylesbury, Ginn & Co.
Board of Education (1905): *Suggestions for the Consideration of Teachers and Others Concerned in the Work of Public Elementary Schools,* Londres, HMSO.
— (1927): *Handbook of Suggestions for Teachers,* Londres, HMSO.
Booth, W. (1985): "Narrative as a mould of character", trabajo presentado en la Inner City Schools Conference, Londres.
Borke, H. (1978): "Piaget's view of social interaction and the theoretical construct of emmpathy", en L. E. Siegal y C. J. Brainerd (eds.) *Alternatives to Piaget,* Londres, Academic Press.
Bowyer, E. (1992): "Times boxes: an investigation of time using artefacts for Key Stages 1 and 2", *Young Historian Scheme 4,* Londres, Historical Association.
Bradley, H. (1974): *Miss Carter Came With Us,* Londres, Jonathan Cape.
Bradley, N. C. (1947): "The growth of the knowledge of time in children of school age", *British Journal of Psychology* 38, págs. 67-68.
Brown, R. (1982): *If at First You Do Not See,* Londres, Beaver, Arrow Books.
Bruce, T. (1991): *Time to Play in Early Childhood Education,* Sevenoaks, Hodder & Stoughton.
Bruner, J. S. (1963): *The Process of Education,* Nueva York, Vintage Books. (Trad. cast.: *El proceso de la educación.* México, UTEHA, 1972.)
— (1966): *Towards a Theory of Instruction,* Harvard, Belknap Press. (Trad. cast.: *Hacia una teoría de la instrucción.* México, UTHEA, 1969.)
— (1983): *Child's Talk: Learning to Use Language,* Oxford, Oxford University Press. (Trad. cast.: *El habla del niño. Aprendiendo a usar el lenguaje.* Barcelona, Paidós, 1986.)
— (1986): *Actual Minds; Possible Worlds,* Cambridge, MA, Harvard University Press. (Trad. cast.: *Realidad Mental y Mundos Posibles. Los actos de la imaginación que dan sentido a la experiencia.* Barcelona, Gedisa, 1988.)
— (1989): "Culture and human development: a new look", trabajo presentado en la asamblea anual de la Society for Research in Child Development, Kansas City Missouri.
— (1996): *The Culture of Education,* Cambridge, MA, Harvard University Press. (Trad. cast.: *La educación, puerta de la cultura.* Madrid, Visor, 1997.)
Bryant-Mole, K. (1996): *Old Teddies Discovered,* Londres, A & C Black.

BURNINGHAM, J. (1984): *Granpa,* Londres, Picture Puffin.
BURNINGHAM, J. (1985): *Time to Get Out of the Bath, Shirley,* Oxford, Picture Lions.
— (1992): *Come Away from the Water, Shirley,* Londres, Johatan Cape.
BURTON, V. L. (1978): *The Little House,* Nueva York, Houghton Mifflin.
BUTLER, D. (1988): *Babies Need Books,* Londres, Penguin.
CHRISTENSON, K. (1995): *Rachel's Roses,* Bath, Barefoot.
CHUKOVSKY, K. (1968): *From Two to Five,* Berkeley, University of California Press.
CLAIRE, H. (1966): *Reclaiming Our Past: Equality and Diversity in the Primary Curriculum,* Harlow, Trentham Books, Longman.
CLARE, J. D. (1992): *Medieval Towns* (Colección *I was there*), Londres, Bodley Head.
— (1993): *Knights in Armour* (Colección *I was there* Investigation Pack), Londres, Bodley Head.
CLARK, K. (1969): *Civilization: A Personal View,* Londres, BBC/John Murray. (Trad. cast.: *Civilización.* Madrid, Alianza, 1997, 4.ª ed.)
CLEMENTS, G. (1987): *The Normans are Coming,* Londres, Macmillan Children's Books.
— (1988): *The Truth about Castles,* Londres, Pan/Macmillan.
CLIFFORD, D. J. H. (ed.) (1992): *The Diaries of Lady Anne Clifford,* Stroud, Alan Sutton.
COATE, L. (1991): *Grandma's Attic,* Brighton, Tressell.
COLE, B. (1987): *Prince Cinders,* Londres, Hamish Hamilton. (Trad. cast.: *El príncipe ceniciento.* Barcelona, Destino, 1998, 4.ª ed.)
COLLICOTT, S. L. (1993): "A way of looking at history: local-national-world links", *Teaching History* 72, págs. 18-23.
COLLINGWOOD, R. G. (1939): *An Autobiography,* Oxford, Oxford University Press.
— (1946): *The Idea of History,* Oxford, Clarendon. (Trad. cast.: *Idea de la historia.* México, Fondo de Cultura Económica, 1965, 2.ª ed., 15.ª reimp.)
COOK, E. (1969): *The Ordinary and the Fabulous,* Cambridge, Cambridge University Press.
COOPER, H. (1991): "Young children's thinking in history", tesis doctoral inédita, University of London.
— (1992): *The Teaching of History,* Londres, David Fulton.
— (1995): *The Teaching of History in the Primary Schools,* Londres, David Fulton.
— (1997): "History in its Own Write", *Primary English Magazine* 3.2, págs. 14-17.
— (1998a): "History in its Own Write", *Primary English Magazine* 3.3, págs. 16-18.
— (1998b): "Writing about History in the Early Years", en P. HOODLESS (ed.) *History and English in the Primary School,* Londres, Routledge.
— (2000a): "Primary school history in Europe: a staple diet or a hot potato?" en J. ARTHUR y R. PHILLIPS (eds.), *Issues in History Teaching,* Londres, Routledge.
— (2000b): *The Teaching of History in the Primary Schools* (2.ª ed.), Londres, David Fulton.
— y ETCHES, P. (1996): "Church-going Kendal", *Teaching History,* 83, págs. 30-34.
— y SIXSMITH, C. (2002): *Teaching Across the Early Years 3-8,* Londres, Routledge-Falmer.
— y TWISELTON, S. (1998): "Victorian alphabets: a sampler for the literacy hour?" (1), *Primary English Magazine* 4.2, págs. 7-11.
— (1999): "Victorian alphabets: a sampler for the literacy hour?" (2), *Primary English Magazine* 4.3, págs. 18-21.
— (2000): *Art and Artists: Impressionism (7-9),* Reading for Information Series, Leamington Spa, Scholastic.
COSTELLO, P. (2000): *Thinking Skills in Early Childhood Education,* Londres, David Fulton.

Cox, K. y Hughes, P. (1990): "Early years history", trabajo inédito, Liverpool Institute of Higher Education.
— (1998): "History and children's fiction", en P. Hoodless (ed.) *History and English in the Primary School,* Londres, Routledge.
Cox, M. V. (1986): *The Child's Point of View: The Development of Cognition and Language,* Brighton, Harvester Press.
Cramer, I. (1993): "Oral history: working with children", *Teaching History* 71, páginas 17-20.
Crowther, E. W. (1982): "Understanding the concept of change among children and young adolescents", *Educational Review* 34(3), págs. 279-284.
Curtis, S. (1993): "Constructing tasks for mixed ability groups", *Teaching History* 73, páginas 16-22.
Dahl, R. (1986): *Boy,* Londres, Penguin. (Trad. cast.: *Boy.* Madrid, Alfaguara, 1989.)
Davis, N. (ed.) (1983): *The Paston Letters: A Selection in Modern Spelling,* Oxford, Oxford University Press.
De Paolo, T. (1988): *Bill and Pete Go Down the Nile,* Oxford, Oxford University Press.
Department of Education and Science (DES) (1967): *Children and their Primary Schools: A Report of the Central Advisory Council for Education* (The Plowden Report), Londres, HMSO.
— (1985): *History in the Primary and Secondary Years: An HMI View,* Londres, HMSO.
— (1989a): *Curriculum Matters 14: Personal and Social Education from 5-16,* Londres, HMSO.
— (1989d): *Aspects of Primary Education. The Education of Children Under Five,* Londres, HMSO.
— (1990): *History for Ages 5-16: Proposals of the Secretary of State for Education and Science* (The Rumbold Report), Londres, HMSO.
— (1991a): *History in the National Curriculum,* Londres, HMSO.
— (1991b): *Starting with Quality. Report of the Committee of Enquiry into the Quality of Educational Experiences Offered to 3 and 4 Year Olds,* Londres, HMSO.
Department for Education (DfE) (1992a): *A Survey of the Use of Artefacts and Museum Resources in Teaching National Curriculum History,* Londres, DfE Publications Centre.
— (1992b): *A Survey of the Use of Artefacts and Specimens in Schools,* HMI, Londres, DfE Publications Centre.
— (1994): *Code of Practice on the Identification and Assessment of Pupils with Special Educational Needs,* Londres, HMSO.
— (1995): *History in the National Curriculum,* Londres, DfE Publications Centre.
Department of Education and Employment/Qualifications and Curriculum Authority (DfEE/QCA) (1998a): *History Teachers' Guide: A Scheme of Work for Key Stages 1 and 2,* Londres, QCA. www.open.gov.uk(qca
— (1998b): *The National Literacy Strategy,* Londres, DfEE/QCA.
— (1999a): *The National Curriculum for England and Wales: Handbook for Primary Teachers in England,* Londres, HMSO. www.nc.uk.net
— (1999b): *All Our Futures: Creativity, Culture and Education,* Londres, HMSO.
— (1999): *The National Numeracy Framework: Framework for Teaching Mathematics from Reception to Year 6,* Sudbury, DfEE Publications.
— (2000): *Art and Artists: Impressionism (7-9),* Reading for Information Series, Leamington Spa, Scholastic.
— (2000a): *Curriculum Guidance for the Foundation Stage,* londres, QCA. www.qca.org.uk

© Ediciones Morata, S. L.

DEPARTMENT OF EDUCATION AND EMPLOYMENT/QUALIFICATIONS AND CURRICULUM AUTHORITY (DfEE/QCA) (2000b): *History Teacher's Guide Update,* Londres, QCA.
— (2000c): *Special Education Needs: Special Edition,* Londres, HMSO.
DICKINSON, A. K. y LEE, P. J. (eds.) (1978): *History Teaching and Historical Understanding,* Londres, Heinemann.
DICKINSON, A.; GARD, A. y LEE, P. J. (eds.) (1978): "Evidence in the classroom", en A. K. DICKINSON y P. J. LEE (eds.) *History Teaching and Historical Understanding,* Londres, Heinemann.
DICKINSON, M. (1989): *Smudge,* Sevenoaks, Picture Knight, Hooder & Stoughton.
DOISE, W.; MUGNY, C. y PERRET CLERMONT, A. N. (1975): "Social interaction and the development of cognitive operations", *European Journal of Social Psychology* 5, páginas 367-383.
— (1978): *Groups and Individuals: Explanations in Social Psychology,* Cambridge, Cambridge University Press.
DONALDSON, M. (1978): *Children's Minds,* Londres, Fontana. (Trad. cast.: *La mente de los niños.* Madrid, Morata, 1997, 4.ª ed.)
DOONAN, J. (1993): *Looking at Picture Books,* Stroud, Thimble Press.
DOULOUBAKAS, G. (1985): *Hare and the Tortoise,* Londres, Luzac.
DUPASQUIER, P. (1987): *Jack at Sea,* Londres, Picture Puffin.
ELIOT, T. S. (1986): *Collected Poems,* Londres, Faber & Faber. (Trad. cast.: *Poesías reunidas, 1909-1962.* Madrid, Alianza, 1995, 9.ª ed.)
ELTON, G. R. (1970): "What sort of history should we teach?", en M. BALLARD (ed.) *New Movements in the Study and Teaching of History,* Londres, Temple Smith.
ENGLISH HERITAGE (2001): *Seaside Holiday Photopack: Toys, Games in the Past,* Londres, English Heritage. www.HeritageEducation.net
ENO, P. (1993): "In touch with the past", *Times Educational Supplement,* Resources III, 10 septiembre.
ERIKSON, E. H. (1965): *Childhood and Society,* Londres, Penguin. (Trad. cast.: *Infancia y sociedad.* Barcelona, Paidós, 1983.)
FAIRCLOUGH, J. y REDSELL, P. (1987): *Living History: Reconstructing the Past with Children,* Londres, English Heritage.
FLAVELL, J. H. (1985): *Cognitive Development,* Englewood Cliffs, NJ, Prentice-Hall. [Trad. cast.: *El desarrollo cognitivo* (nueva edición revisada). Madrid, Visor, 1993, 2.ª ed.]
FOX, M. (1987): *Wilfred Gordon McDonald Partridge,* Londres, Picture Puffin. (Publicado en gran formato por La Jolla, California, Kane Miller.)
FRANKLIN, I. L. (1992): *The Old, Old Man and the Very Little Boy,* Nueva York, Athaneum, Simon and Schuster.
FRIEDMAN, W. (1978): "Development of time concepts and children", en H. W. REESE y L. P. LIPSETT (eds.) *Advances in Child Development and Behaviour,* vol. 12.
FRYER, P. (1989): *Black People in the British Empire: An Introduction,* Londres, Pluto.
FURTH, H. G. (1980): *The World of Grown-ups,* Nueva York, Elsevier Press.
GAGNÉ, R. M. (1977): *The Conditions of Learning,* Londres y Nueva York, Holt, Rinehart & Winston. (Trad. cast.: *Las condiciones del aprendizaje.* México, Interamericana, 1979.)
GALLAGHER, C. (1998): "The future of history: a plea for relevance". Trabajo presentado en la School History Project Conference, Leeds, 3-8 abril.
GARLAND, S. (1996): *Seeing Red,* Londres, Andersen Press.
GARVEY, C. (1977): *Play,* The Developing Child Series, editado por J. BRUNER, M. COLE y B. LLOYD, Londres, Collins/Fontana. (Trad. cast.: *El juego infantil.* Madrid, Morata, 1985, 4.ª ed.)

© Ediciones Morata, S. L.

GAUNT, J. (1990): *Little Nora Goes South,* Londres, Hodder and Stoughton.
GLEISNER, C. (1992): *Imperial China,* Oxford, Oxford University Press.
GOALEN, P. (1992): *India: From Mughal Empire to British Raj,* Cambridge, Cambridge University Press.
GOMBRICH, E. H. (1977): *Art and Illusions,* Nueva York y Londres, Phaidon Press. (Trad. cast.: *Arte e ilusión.* Barcelona, Gustavo Gili, 1982, 2.ª ed.)
GOODALL, J. S. (1986): *The Story of a Castle,* Londres, André Deutsch.
GOULD, D. (1990): *Granpa's Slide Show,* Londres, Penguin.
GRAFONI, A. (1989): *The Village of Round and Square Houses,* Londres, Pan/Macmillan.
GREENAWAY, K. (1991): *Nursery Rhymes Classic,* Londres, Cresset Press.
GRIFITHS, V. (1987): *My Class Visits a Museum,* Londres, Franklin Watts.
GUEST, G.: "Developing design and technology through history", *Primary History* 17, páginas 4-6.
HAGUE, M. (1984): *Mother Goose Treasury: A Collection of Classic Nursery Rhymes,* Londres, Methuen. (Trad. cast.: *Mamá gansa: una colección de rimas infantiles clásicas.* León, Everest, 1998, 2.ª ed.)
HAMMOND, N. (1993): "New discoveries challenge views on hieroglyphics", *The Times,* 24 agosto, pág. 14.
HAMPSHIRE INSPECTION AND ADVISORY SERVICE (1999): *A Nursery Rhymes Resource Pack,* Hampshire History Centre, Southampton, Hampshire Education Authority (tel: 023-92377546).
HARNER, L. (1982): "Talking about the past and the future", en W. FRIEDMAN (ed.) *The Developmental Psychology of Time,* Nueva York, Academic Press.
HARNETT, P. (1993): "Identifying progression in children's understanding: the use of visual materials to asses primary school children's learning in history", *Cambridge Journal of Education* 23.2, págs. 137-154.
— (1996): "Questions about the past: responses to historical pictures from primary school children", *Welsh Historian* 25, págs. 19-26.
— (1998): "Children working with pictures", en P. HOODLESS (ed.) *History and English in the Primary School,* Londres, Routledge.
HARPIN, W. (1976): *The Second "R": Writing Development in the Junior School,* Londres, Allen & Unwin.
HARRISON, G. (1993): "Into battle; an infant archaelogy project", *Remmants Journal of the English Heritage Education Service* 21, págs. 1-3.
HARRISON, J. (1992): *Timothy's Teddy,* Londres, Picture Lions, Harper Collins.
HARRISON, S. (2000): "Students in primary history: onward and upward? a view from Ofsted", *Primary History* 26, págs. 7-9.
HASKELL, F. (1993): *History and its Images: Art and the Interpretation of the Past,* New Haven, Yale University Press. (Trad. cast.: *La historia y sus imágenes: el arte y la interpretación del pasado.* Madrid, Alianza, 1994.)
HASTINGS, S. (1992): *Sir Gawain and the Loathly Lady,* Londres, Walker Books. (Trad. cast.: *Sir Gawin y la abominable dama.* Madrid, Altea, 1992, 5.ª ed.)
HAYES, D. (1998): *Can Do Better: Raising Boys' Achievement in English,* Londres, QCA.
HOLDAWAY, D. (1979): *The Foundations of Literacy,* Londres y Sydney, Ashton Scholastic.
HOLMANN, M.; BANET, B. y WEIKART, D. P. (1979): *Young Children in Action,* Ypsilanti, MI, High/Scope Press.
HOODLESS, P. (1998): "Children's awareness of time in story and historical fiction", en P. HOODLESS (ed.) *History and English in the Primary School,* Londres, Routledge.

HUGHES, P.; COX, K. y GODDARD, G. (2000): *Primary History Curriculum Guide,* Londres, David Fulton.
HULTON, M. (1989): "African traditional stories in the classroom", en D. ATKINSON (ed.) *The Children's Bookroom: Reading and the Use of Books,* Stoke-on-Trent, Trentham.
HUTCHINS, P. (1973): *Rosie's Walk,* Londres, Picture Puffins.
ISAACS, S. (1930): *Intellectual Growth in Young Children,* Londres, Routledge & Kegan Paul. (Trad. cast.: *El desarrollo de la comprensión en el niño pequeño según Piaget.* Buenos Aires, Paidós, 1967.)
ISHERWOOD, S. (1987): *Tim's Knight,* Londres, Hamish Hamilton.
JAHODA, G. (1963): "Children's concept of time and history", *Educational Review* 15, página 2.
JENKINS, K. (1991): *Re-thinking History,* Londres, Routledge.
JONES, I. (1985): "Whose class is it anyway?", *Teaching History* 43, págs. 8-10.
JONES, R. M. (1968): *Fantasy and Feeling in Education,* Londres, London University Press. (Trad. cast.: *La fantasía y el sentimiento en la educación.* Barcelona, Hogar del Libro, 1983.)
KER WILSON, B. (1990): *The Turtle and the Island,* Londres, Francis Lincoln.
KING-SMITH, D. (1990): *The Toby Man,* Londres, Puffin.
— (1993): *Lady Daisy,* Londres, Puffin.
KINGSBURY, B. (1998): "Picture books for teaching history", *Primary History* 20, páginas 17-18.
KLAUSMEIER, H. J. y ALLEN, P. S. (1978): *Cognitive Development of Children and Youth: A Longitudinal Study,* Londres, Academic Press.
— y cols. (1979): *Cognitive Learning and Development,* Cambridge, MA, Ballinger.
KLEIN, G. (1989): "'Is going two days now the pot turn down': stories for all", en D. ATKINSON (ed.) *The Children's Bookroom: Reading and the Use of Books,* Stoke-on-Trent, Trentham Books.
LEE, L. (1989): *The Illustrated Cider with Rosie,* Londres, Cresset Press.
LEE, P. J. (1984): "Historical imagination", en A. K. DICKINSON, P. J. LEE y P. J. RODGERS (eds.) *Learning History,* Londres, Heinemann.
—, DICKINSON, A. y ASHBY, R. (1998): "History is an information culture". Trabajo presentado al Symposium on Teaching and Learning as Epistemic Acts, American Educational Research Association Conference, San Diego, California.
LELLO, J. (1980): "The concept of time, the teaching of history and school organisation", *History Teacher* 13, pág. 3.
LEMANS, M. (1992): *Just Bears,* Londres, Pelham Books.
LIGHT, P. (1983): "Social interaction and cognitive development: a review of post-Piagetian research", en S. MEADOWS (ed.) *Developing Thinking Approaches to Children's Cognitive Development,* Londres, Methuen.
LINE, K. (1989): *Lavender's Blue,* Oxford, Oxford University Press.
LITTLE, V. (1983): "What is historical imagination?", *Teaching History* 36, páginas 27-32.
LIVELY, P. (1991): *City of the Mind,* Londres, Penguin
LOADER, P. (1993): "Historically speaking", *Teaching History* 71, págs. 20-22.
LOMAS, T. (1994): *A Guide to Preparing the History Curriculum in Primary Schools for an Ofsted Inspection,* Londres, Historical Association.
LYNN, S. (1993): "Children's reading pictures: history visuals at Key Stage 1 and 2", *Education 3-13* 21.3, págs. 23-29.
MACINTOSH, D. (1999): *Travels in Galloway: Memories from Southwest Scotland,* Glasgow, Neil Wilson Publishing.

© Ediciones Morata, S. L.

Maclure, M. y French, P. F. (1986): "Comparison of talk at home and at school", en G. Wells (ed.) *Learning Through Interaction: The Study of Language Development,* Cambridge, Cambridge University Press.
Mahy, M. (1987): *The Man Whose Mother Was a Pirate,* Londres, Puffin.
Marbeau, L. (1988): "History and geography in school", *Primary Education* 88, páginas 20-22.
Martin, S. (1980): *Pirates,* Londres, Macmillan.
McKee, D. (1980): *Not Now Bernard,* Londres, Andersen Press.
McNaughton, C. (1991): *King None the Wiser,* Londres, Mammoth.
Meek, M. (1988): *How Texts Teach What Readers Learn,* Lewes, Falmer.
Miles, R. (1989): *The Women's History of the World,* Londres, HarperCollins. (Trad. cast.: *La mujer en la historia del mundo.* Barcelona, Civilización Ediciones, 1989.)
Milne, A. A. (1979a): *When We Were Very Young,* Londres, Magnet.
— (1979b): *Now We Are Six,* Londres, Magnet.
Ministry of Education (1952): *Teaching of History,* Londres,HMSO.
Mitchelhill, B. (1991): *Princess Victoria,* History Key Stage One Stories, Set A, Aylesbury, Ginn.
Moorhouse, R. y Randall, C. (1994): *Herstory: The Life of Phoebe Hessel,* Brighton, Queens Park Books.
Moyles, J. R. (1989): *Just Playing? The Role and Status of Play in Early Childhood Education,* Milton Keynes, Open University Press. (Trad. cast.: *El juego en la educación infantil y primaria.* Madrid, Morata, 1998, 2.ª ed.)
Munsch, R. (1988): *The Paper Bag Princess,* Reino Unido, Hippo Scholastic.
Nicholl, H. (1975): *Meg's Castle,* Londres, Heinemann.
Nulty, P. (1998): "Talking about artefacts at Key Stage 1", en P. Hoodless (ed.) *History and English in the Primary School,* Londres, Routledge.
Office for Standards in Education (Ofsted) (1999): *Primary Education 1994-98: A Review of Primary Schools in England,* Londres, HMSO.
— (2000): *Inspecting Subjects 3-11: Guidance for Inspectors and Schools,* londres, HMSO.
Opie, I. y Opie, P. (eds.) (1973): *The Oxford Book of Children's Verse,* Oxford, Clarendon.
Osoba, F. (1993): *Benin Folklore,* Londres, Hadada Books.
Ostler, A. (1995): "Does the National Curriculum bring us closer to a gender-balanced history?", *Teaching History* 79, págs. 21-24.
O'Toole, J. (1992): *The Process of Drama,* Londres, Routledge.
Parsons, M. L. (1996): "Let's take a granny off the street: the problems of oral history and how they can be minimalised", *Teaching History* 84, págs. 30-33.
Philip, N. (1989): *The Cinderella Story,* Londres, Penguin.
— (1993): *Victorian Village Life,* Spring Hildbury Oxfordshire, Albion Press.
Phillips, R. (1998): *History Teaching, Nationhood and the State: A Study in Educational Politics,* Londres, Cassell.
Piaget, J. (1926): *The Language and Thought of the Child,* Londres, Routledge. (Trad. cast.: *El lenguaje y el pensamiento en el niño.* Buenos Aires, Guadalupe, 1976.)
— (1928): *Judgement and Reasoning in the Child,* Londres, Kegan Paul. (Trad. cast.: *El juicio y el razonamiento en el niño.* Buenos Aires, Guadalupe, 1977.)
— (1951): *The Origin of the Idea of Chance in the Child,* Londres, Routledge.
— (1952): *The Child's Conception of Number,* Londres, Routledge. (Trad. cast.: *Génesis del número en el niño.* Buenos Aires, Guadalupe, 1975.)
— (1956): *The Child's Conception of Time,* Londres, Routledge. (Trad. cast.: *El desarrollo de la noción de tiempo en el niño.* México, Fondo de Cultura Económica, 1978.)
Poster, J. (1973): "The birth of the past", *The History Teacher,* agosto.
Pounce, E. (1995): "Ensuring continuity and understanding through teaching of gender issues in history 5-16", en R. Watts e I. Grosvenor (eds.) *Crossing the Key Stages of History,* Londres, David Fulton.

© Ediciones Morata, S. L.

PRISK, T. (1987): "Letting them get on with it, a study of an unsupervised group task inthe infant school", en A. POLLARD (ed.) *Children in their Primary Schools,* Lewes, Falmer Press.
PROVENSEN, A. y PROVENSEN, M. (1991): *Shaker Lane,* Londres, Walker Books.
PURKIS, S. (1991): *Teddy Bears* (Colección *A Sense of History*), Harlow, Longman.
QUALIFICATIONS AND CURRICULUM AUTHORITY (QCA) (1998): *Maintaining Balance and Breadth at Key Stages 1 and 2,* Londres, QCA.
REDFERN, A. (1998): "Voices of the past: oral history and English in the primary school", en P. HOODLESS (ed.) *History and English in the Primary School,* Londres, Routledge.
— (1999): "Oral history in primary schools", *Primary History* 23, págs. 14-15.
RENFREW, J. (1985): *Food and Cooking in Prehistoric Britain,* Londres, English Heritage.
— (1993): *Food and Cooking in Medieval Britain,* Londres, English Heritage.
ROBERTS, F. (1992): *India 1526-1800.* londres, Hodder & Stoughton.
RODGERS, E. y RODGERS, P. (1991): *Our House,* Londres, Walker Books.
RODGERS, P. (1989): *Me and Alice go to the Museum,* Londres, Bodley Head.
— (1995): "Silver lining: using the elderly as a resource", *Primary History* 10, páginas 14-15.
ROSEN, C. y ROSEN, H. (1973): *The Language of Primary School Children,* Harmondsworth, Penguin.
ROSS, R. (1991): *Little Red Riding Hood,* Londres, Puffin.
ROTHEROE, D. (1990): *London Inn Signs,* Princes Risborough, Shire Publications.
ROUTH, C. y ROWE, A. (1992): *Stories for Time: Resourcing the History Curriculum KS1,* University of Reading, Reading and Language Information Centre.
ROWE, A. (1991): *The Castle,* History Key Stage One Stories, Set B, Aylesbury, Ginn.
ROWSE, A. L. (1946): *The Use of History,* Londres, Hodder & Stoughton.
SALTER, K. (1996): "Grace Darling and Reception children", *Primary History* 14, páginas 18-19.
SAMUEL, R. (1993): "Photography the 'eye of history'", *New Statesman and Society,* 18 diciembre.
SCHOOLS CURRICULUM AND ASSESSMENT AUTHORITY (SCAA) (1997): *Planning the Curriculum at Key Stages 1 and 2,* Londres, SCAA.
SCIESCKA, J. (1991): *The Three Little Pigs,* Londres, Puffin.
SCOTT, B. (1994): "History in the National Curriculum", *Primary History* 6, págs. 11-12.
SCOTT, D. (1986): *Caribbean Poetry Now,* S. BROWN (ed.), Londres, Hodder & Stoughton.
SEAC (1993): National Foundation for Educational Research publication, Windsor, Nelson.
SENDAK, M. (1970): *Where the Wild Things Are,* Harmondsworth, Penguin. (Trad. cast.: *Donde viven los monstruos.* Madrid, Alfaguara, 2002, 2.ª ed.)
SHAMROTH, N. (1992): "A rolling drama gathers much talk", *TALK, The Journal of the National Oracy Project* 5, págs. 37-42.
SHEMILT, D. (1984): "Beauty and the philosopher; empathy in history and the classroom", en A. K. DICKINSON, P. J. LEE y P. J. ROGERS (eds.) *Learning History,* Londres, Heinemann.
SHUTER, J. REYNOLDSON, F. (1991): *Sunshine History Planning and Assessment Guide,* Londres, Heinemann Educational.
— (1991): *Sunshine HIstory Starter Pack 1: People in History,* Londres, Heinemann Educational.
SILVERA, P. y CAWOOD, I. (2000): "History and the literacy hour: a case study", *Primary History* 24, págs. 9-10.
SIMMONDS, P. (1988): *Lulu and the Plying Babies,* Londres, Picture Puffin.
SINGER, D. G. y SINGER, J. L. (1990): *The House of Make Believe,* Cambridge, MA, Londres, Harvard University Press.

© Ediciones Morata, S. L.

SMART, L. (1999): "Any place for a database in the teaching and learning of history at Key Stage 1?", *Primay History* 23, págs. 8-10.
SMITH, B. (1990): *Minnie and Ginger,* Londres, Pavilion Books.
SMITH, E. y HOLDEN, C. (1994): "I thought it was for picking bones out of soup", *Teaching History* 76, págs. 6-9.
SMITH, F. (1989): *Writing and the Writer,* Londres, Heinemann Educational.
SMITH, R. N. y TOMLINSON, P. (1977): "The development of children's construction of historical duration: a new approach and some findings", *Educational Research* 19(3), páginas 163-170.
STEPTOE, J. (1992): *Mufaro's Beautiful Daughters: An African Tale,* Londres, Hodder & Stoughton.
STOBART, M. (1996): "Tensions between political ideology and history teaching to what extent may history serve a cause however well-meant?", *The Standing Conference of European History Teachers Association Bulletin* 6.
STONES, R. y MANN, A. (1987): *Mother Goose Comes to Cable Street,* Londres, Picture Puffin.
STOW, W. (1998): "An investigation into aspects of children's understanding of historical time", tesis doctoral inédita, Canterbury, Christ Church University College.
SUKNANDAN, L.; LEE, B. y KELLEHER, S. (2000): *An Investigation into Gender Differences in Achievement,* Slough, NFER.
SYLVA, K.; ROY, C. y PAINTER, M. (1980): *Childwatching in Playgroup and Nursery School,* Londres, Grant McIntyre.
TANNER, G. y WOOD, T. (1993): *Bathtime; Shopping; At School, Cooking; Toys; Travelling; Washing,* History Mystery Series, Londres, A. & C. Black.
TAYLOR, A. (1988): *Lights On, Lights Off,* Oxford, Oxford University Press.
TEMPLE, A.; NATHAN, R. y BURNS, N. (1982): *Beginning of Writing,* Boston, Londres, Sydney and Toronto, Allyn & Bacon Inc.
TESTA, F. (1982): *Never Satisfied,* Londres, Abelard/North-South.
THOMAS, E. (1993): "Irony age infants", *Times Educational Supplement,* 23 abril, página 5.
THOMPSON, F. (1989): *The Illustrated Lark Rise to Candleford,* Londres, Cresset Press.
THORNTON, S. J. y VUKELICH, R. (1988): "Effects of children's understanding of time concepts on historical understanding", *Theory and Research in Social Education* 16(1), págs. 69-82.
TILBURY, L. y FORDHAM, J. (2001): "Don't forget key skills", *Primary History* 27, págs. 13-15.
TIZARD, B.; BLATCHFORD, P.; BURKE, J.; FARQUAR, C. y PLEWIS, L. (1988): *Young children at School in the Inner City,* Londres, Lawrence Erlbaum Associates.
TOUGH, J. (1976): *Listening to Children Talking,* Londres, Ward Lock.
TOYE, N. y PRENDIVILLE, F. (2000): *Drama and Traditional Story in the Early Years,* Londres, Routledge.
TREVELYAN, G. M. (1919): *The Recreations of an Historian,* Londres, Nelson.
TUCKER, N. (1981): *Te Child and the Book,* Cambridge, Cambridge University Press.
UNWIN, R. (1981): *The Visual Dimension in the Study and Teaching of History,* Colección *Teaching History* 49, Londres, Historical Association.
VASS, P. (1973): "Have I got a witness? A consideration of the use of historical witnesses in the primary classroom", *Teaching History* 73, págs. 19-24.
— (1999): "History, story and the teaching of history at Key Stage 1", *Primary History* 22, págs. 14-15.
VYGOTSKY, L. S. (1962): *Thought and Language,* Chichester, Nueva York, Wiley. (Trad. cast.: *Pensamiento y lenguaje.* Buenos Aires, La Pléyade, 1977; Barcelona, Paidós, 1995, 3.ª ed.)
WADDELL, M. (1990): *Sailor Bear,* Londres, Walker Books.
— (1991): *My Great Grandpa,* Londres, Waker Books.

© Ediciones Morata, S. L.

WADDELL, M. (1992): *The Hidden House,* Londres, Walker Books.
— (1994a): *Let's Go Home, Little Bear,* Londres, Walker Books.
— (1994b): *When the Teddy Bears Came,* Londres, Walker Books.
— (1999a): *Well Done, Little Bear,* Londres, Walker Books. (Trad. cast.: *Muy bien, osito.* Madrid, Kókinos, 2000, 2.ª ed.)
— (1999b): *Can't You Sleep, Little Bear?* Londres, Walker Books. (Trad. cast.: *¿No duermes, osito?* Madrid, Kókinos, 1998, 4.ª ed.)
— y DALE, P. (1989): *Once There Were Giants,* Londres, Walker Books.
— y MANSELL, D. (1991): *My Great Grandpa,* Londres, Walker Books.
WARLOW, A. (1977): "Kinds of fiction: a hierarcy of veracity", en M. MEEK, A. WARLOW y G. BARTON (eds.) *The Cool Web: The Patterns of Children's Reading,* Londres, Bodley Head.
WARNER, M. (1994): *From the Beast to the Blonde,* Londres, Chatto & Windus.
WARTON, C. (1993): "Chalkface assessment and green paint", *Primary History* 4, páginas 13-14.
WASU, K. (1986): *Bilingual Nursery Rhymes,* Barking, Cheetah Books.
WATERLAND, L. (1985): *Read with Me: An Apprenticeship Approach to Reading,* Stroud, Signal.
WELBOURNE, P. (1990): "Deconstruction to reconstruction: an approach to women's history through local history", *Teaching History* 59, págs. 16-21.
WELLS, G. (1981): *Learning through Interaction: The Study of Language Development,* Cambridge, Cambridge University Press.
WEST, J. (1981): "Primary school children's perceptions of authenticity and time in historical narrative pictures", *Teaching History,* febrero.
WILD, M. (1995): *Remember Me,* Morton Grove, IL, Albert Whitman & Co.
WILDSMITH, B. (1987): *Mother Goose,* Oxford, Oxford University Press.
WILLIAMS, M. (1991): *When I Was Little,* Londres, Walker Books.
— (1992): *Joseph and His Magnificent Coat of Colours,* Londres, Walker Books.
WILSON, H. (ed.) (1988): *There's a Wolf in my Pudding,* Londres, Pan Macmillan.
WINNICOTT, D. W. (1974): *Playing and Reality,* Harmondsworth, Penguin. (Trad. cast.: *Realidad y juego.* Barcelona, Gedisa, 1982, 2.ª ed.)
WOOD, E. y HOLDEN, P. (1997): "'I can't remember doing the Romans': the development of children's understanding in history", *Teaching History* 89, págs. 9-12.
— (1995): *Teaching Early Years History,* Cambridge, Chris Kingston Publishers.
WOODHOUSE, M. (1992): *Scrub-a-dub Nellie,* Londres, The National Trust.
WOODS, P. (1995): *Creative Teachers and Their Primary Skills,* Buckingham, Open University Press.
WRIGHT, D. (1984): "A small local investigation", *Teaching History* 39, págs. 3-4.
ZOLOTOW, C. (1992): *This Quiet Lady,* Londres, Greenwill, HarperCollins.

© Ediciones Morata, S. L.

Índice de autores y materias

Acontecimientos significativos, 38, 80, 147, 236.
Ambiente. *Véase:* Comunidad, localidad.
Anuncios, como fuentes históricas, 43, 102-103, 131, 197.
Arte, dibujo e historia. Como fuentes históricas, 123, 136-137, 172, 182, 243.
— — — — En temas centrados en las humanidades, 160.
— — — — — integrados, 176, 185, 187.
— — — — — — — *Véase también:* Fuentes visuales.
— — — — Extensiones transcurriculares, 41, 102-103, 105, 108, 110, 114, 144, 167.

BRUNER, J. S., 38, 89, 139, 158.
— Conceptos clave, 73, 135.

Canciones infantiles, 25, 28, 33, 36, 158, 182.
— y juegos del patio de recreo, 108, 115, 147-148, 158-159, 182.
Ciencias naturales. Extensiones transcurriculares, 102-103, 106, 108, 110, 143.
— — — — en temas centrados en las humanidades, 154, 155, 187.
— — — — — integrados, 155-157, 159-160, 167, 175, 176, 187.
— — — — *Véase también:* Dibujo y tecnología.

Ciudadanía e historia, 46, 134, 177, 239.
— — — *Véase también:* Comunidad.
COLLINGWOOD, R. G., 116, 117.
Comunicación, lenguaje e historia, 12, 28-31, 36, 49, 57, 82, 102-103, 105, 108, 110, 154, 158-160, 177, 179, 184, 185, 203-205, 208, 231, 234-235.
— — — *Véase también:* Destrezas clave. Comunicación; *National Literacy Strategy, The.*
Comunidad, localidad, 23, 46, 56, 66, 122-123, 132, 151, 156-157, 162-164, 167, 169, 170, 186, 192, 193-194, 227, 236, 239, 244.
— — *Véase también:* Emplazamientos como fuentes históricas.
Conceptos, 29-32, 33, 55, 66, 73-74, 156, 167, 175, 179, 181, 183, 210, 213.
— *Véase también:* Tiempo.
Conocimiento y comprensión del mundo, 12, 166-167, 175, 204-205.
Cuentos populares. *Véase:* Mitos.
Curriculum Guidance for the Foundation Stage, 12, 23, 25-28, 37, 40, 53, 149-153, 158, 163, 166-167, 192, 195, 201, 204-205, 241.
— — — — — *Véase también:* Desarrollo crestivo; Desarrollo físico; Destrezas clave. Aplicación de número; Educación personal y social.

© Ediciones Morata, S. L.

Desarrollo creativo: 12, 13, 41, 50, 114, 152-153, 166-167, 175, 205.
— de las matemáticas. *Véase:* Destrezas clave. Aplicación del número.
— físico e historia: 12, 40, 101-102, 103, 110, 155, 167, 175, 205.
— social. *Véase:* Destrezas clave. Trabajar con otros; Educación personal y social.
Destrezas clave, 13, 153.
— — Aplicación del número, 12, 25, 26, 27, 154-155, 159, 162, 176, 184, 185, 187, 234.
— — Comunicación, 24, 26-27, 37, 41, 49-50, 60, 71, 102-103, 105, 108, 111, 158, 161, 166-167.
— — — *Véase también:* Comunicación, exposición; Personas.
— — de historia oral, 13, 155.
— — Grupos, 125, 134, 139, 141, 181, 191, 192, 203, 210-211, 219, 220, 221-222.
— — Solución de problemas, 25, 26, 29-30, 34, 36, 39, 48, 49-50, 56, 60-61, 70-73, 77, 85, 87, 90, 97, 112, 155, 159, 178, 181, 182, 183.
— — Tecnología de la información y la comunicación, 41, 101, 104, 122, 133, 161, 170, 175, 178-179, 182, 184, 218, 225.
— — Trabajar con otros, 29, 34, 41, 50, 155.
— de pensamiento, 13, 155.
— — — Razonamiento/deducciones e inferencias de las fuentes, 47-52, 148.
— — — *Véase también:* Desarrollo creativo; Investigación.
Dibujo y tecnología, e historia, 38, 40, 42, 51, 101-102, 104-105, 107-108, 109, 144, 159-160, 167, 176-177, 179, 185, 187, 204, 212, 243.
Diversidad cultural, 15, 22, 32, 36, 52, 56, 60, 62, 69, 79, 83-84, 89-90, 122, 125, 137-138, 162, 167, 169, 176, 193, 196, 197, 218, 240.

Edificios, 42, 46, 50, 66, 68, 112, 132, 174, 178, 208-216, 231.
Educación espiritual, moral, social, cultural, 12, 13, 156.
— — — — — *Véase también:* Valores.

Educación personal y social, 12, 14, 23, 26, 36, 41, 60-61, 64, 81-83, 89-90, 92, 95, 98, 112, 134-135, 163, 166-167, 185-186, 192, 193-196, 205-207, 217.
ELTON, G. R., 35.
Emplazamientos como fuentes históricas, 46, 50, 96, 107, 133, 161, 174, 178, 187, 208, 227, 231, 242.
Enfoques transcurriculares, 101-103, 105-110, 174, 176-177, 185, 187, 234, 239-240, 243.
Escritos como fuente histórica, 115, 124, 145-147, 164, 173, 182, 223.
— — interpretación, 80.
Evaluación, 25, 41, 55, 227, 241, 244.
— de programas. De la normativa, 244.
— — — — — planificación, 151-154, 170-195.
— — — — — práctica, 244.
— — — — — las fuentes, 234-237.
— — — — — los recursos, 170-174, 244.
— — — — — temas, 175, 240, 244.
— del alumno, 225.
— formativa, 25, 34, 42-45, 201, 212.
— Registro, 192, 244.
— — *Véase también:* Progresión.
— Supervisión de la progresión, 244.
— vinculada a la planificación, 58-59, 64-68, 179, 181, 183, 188, 208-209, 241.
Explicaciones, 26-27, 30, 181, 182, 183, 209.
— *Véase también:* Investigación; Tiempo. Causa y efecto.
Exposición, 50, 156, 183, 186, 212-213, 218-219.

Fuentes. Deducciones e inferencias a partir de las, 19, 39, 47, 50, 89, 117-118, 157, 163, 231.
— Selección de, 164, 236, 237.
— *Véase también:* Anuncios; Destrezas clave. Solución de problemas; Edificios; Emplazamientos; Escritos como fuente histórica; Fuentes visuales; Historia oral; Objetos.
— visuales. Fotografías, 27, 42, 51, 63, 123, 125, 128-131, 181, 217, 221, 232-233, 246.
— — Ilustraciones, 24, 28, 36, 42, 69, 70, 94, 124, 232.

© Ediciones Morata, S. L.

Fuentes visuales. Pinturas, 101-102, 123, 125-127, 160, 183.

Género, 42, 56, 61, 79, 94, 109, 122, 156-157, 177, 192, 193, 196-198, 229.
Geografía e historia, 66-68.
— — — en los temas centrados en las humanidades, 152-153, 165, 182-183, 187.
— — — — — integrados, 152-153, 165, 176, 185.
— — — Extensiones transcurriculares, 103, 106, 108, 110.
— — — *Véase también:* Edificios; Emplazamientos.

Historia oral, 82, 90, 92, 95, 118-122, 156, 223, 243, 245.
— — *Véase también:* Mitos.

Identidad cultural, 13, 14, 22-23, 31, 35, 79, 156.
— *Véase:* Diversidad cultural; Educación personal y social; Identidad cultural.
Igualdad de oportunidades, 13, 156, 177.
— — — *Véase también:* Diversidad cultural; Género; Necesidades educativas especiales.
Ilustraciones como interpretaciones históricas, 24, 27, 36, 68, 69-70, 94, 124.
Imaginación histórica, 35, 39, 88, 96, 117, 212, 229.
Interpretaciones del pasado, 35-46, 79-114, 155, 167.
— — — a través de la exposición, 92, 111.
— — — Construcción de, 80, 111-112, 178, 180, 182-183, 203-207, 217-226.
— — — en el juego, 37-46, 81.
— — — — ilustraciones, 36, 123, 126, 180.
— — — — reconstrucciones, 50, 81, 98-111, 174.
— — — — relatos de ficción, 62, 82-91, 95, 101-102, 113, 215, 233-236.
— — — — televisión, 55, 80, 109.
— — — Usar objetos, 114.
— — — *Véase también:* Destrezas clave. Aplicación del número; Destrezas clave de historia oral.
— — — Vídeos, filmes, 40, 56, 104.

Intervenciones del maestro para el progreso del aprendizaje, 36, 40-45, 49, 63, 71, 77-78, 98, 104, 105-111, 125-126, 128, 132, 138-139, 144, 244.
Investigación, 26, 47, 49, 77, 112, 115-116, 139-145, 154, 167, 172, 220, 221-222, 224, 230, 244.

Juego imaginativo, 13-14, 40, 155, 158, 167, 244.
— — Interpretación a través del, 37-40, 97, 99-111.
— — Reconstrucciones de clase, 42-46, 99-111.

Localidad. *Véase:* Comunidad.

Mitos; cuentos populares, 30, 38, 88-91, 97, 122, 160, 164, 165, 174, 194-195, 211, 216, 235.
Motivo, 26, 39, 80, 117, 216.
Museos, 101-102, 109, 134-138, 141, 162-163, 172, 178.
— escolares, 161, 203-207, 217-226.
— Objetos, 139-144.
— Reconstrucciones, 48, 81, 96-100.
— *Véase también:* Juego.
Música como fuente histórica, 41, 52, 67, 76, 102-103, 106, 108, 110, 111, 116, 147, 154, 159, 167, 174, 205.
— — interpretación, 80, 111.

National Curriculum, The, 13, 55, 80, 94, 111, 149-153, 155-156, 157, 167-168, 175, 189, 192, 193-194, 230.
National Literacy Strategy, The, 14, 57, 111-112, 159, 175, 241.
Necesidades eductivas especiales, 156, 196, 198-199, 239, 244.
— — — *Véase también:* Diversidad cultural; Género.

Objetos como fuentes históricas, 27, 34, 45, 52, 63, 92, 114, 135, 139, 218, 231, 236.

Padres, familias, tutores, 13, 23, 27, 34, 38, 49, 52, 55-60, 64-65, 79-80, 95, 149, 156-157, 167, 186, 194-196, 201, 203-205, 217-218, 236, 243-245.

© Ediciones Morata, S. L.

Padres, familias, tutores. *Véase también:* Comunidad; Diversidad cultural; Educación personal y social; Valores.
Pasado lejano, 27, 30, 31-32, 37, 39, 40-46, 50, 62, 69, 77, 83, 88-91, 93-94, 96, 98, 111-112, 125, 133, 152, 160, 178, 208-216.
Pensamiento histórico, 19, 39, 78, 85, 230, 231.
Personas, 157.
— hombres, mujeres y niños significativos, 25, 38, 41, 50, 62, 69-73, 94, 122, 125-127, 138, 167, 169, 196.
— *Véase también:* Comunicación, lenguaje; Exposición.
PIAGET, J., 22, 23, 27, 36, 47.
Planes de trabajo. Títulos y autoridad curricular, 14, 169, 238.
— — — *Véase también:* Planificación.
Planificación, 14, 151-159, 163-164, 169-184, 190, 239.
— Evaluación de la, 188, 225, 228, 236-237, 244.
Poesía, 27, 32, 36, 101-102, 118.
Preguntas. *Véase:* Investigación.
Progresión, 14, 143, 149-153, 165-166, 167-168, 178, 240-241.

Reconstrucciones del pasado, 37-40, 41, 46, 79-80, 99, 104, 111-112, 174.
Redacción de normativa, 227, 237-242.
Relatos con estructuras modelo, 25, 26, 36, 60, 82-84, 113, 158, 197.
— de fantasía, 30, 60, 84-88, 152, 164, 165, 178, 183, 235.
— — — *Véase también: Curriculum Guidance for the Foundation Stage; National Literacy Strategy, The.*
— en ambientes familiares, 14, 25, 26, 60, 62, 69, 82, 95, 152, 156, 157, 165, 207.
— Enfoques de los maestros, 62, 113.
— Redacción de relatos con estructuras modelo, 102-103, 105, 111.

Signos, etiquetas, rótulos, instrucciones, 46, 51, 102-103, 110, 111, 159, 177, 178-183, 206, 210, 214, 219.
Secuencias cronológicas, 23-26, 27, 34, 42, 333-334.

Temas centrados en la historia, 152.
— — — — — Educación infantil: un castillo, 42.
— — — — — Grace Darling, 25.
— — — — — Juguetes y juegos, ahora y entonces, 203-226.
— — — — — La *Peel Tower,* 46, 50.
— — — — — Museo de clase, 217-226.
— — — — — Piratas, 46.
— — — — — Primer ciclo de primaria: castillos, 178-179, 208-216.
— — — — — Temas centrados en las humanidades, 152, 157-158, 182-183.
— — — — — Un banquete medieval, 111.
— — — — — — molino, 50.
— — — — — — museo, 51.
— — — — — — Una calle victoriana, 112.
— — — — — — casa victoriana, 112.
— — — — — — cocina antigua, 45.
— — — — — — comisaría de policía, 46.
— — — — — — tienda antigua, 43.
— integrados, 155, 176-177, 180-181.
Texto de información. Acceso al, 102-103, 111, 143, 161, 178, 208, 219, 237.
— — — Creación del, 46, 58, 203, 225.
Tiempo, 21-34, 55-78.
— Actividades de medida del, 23, 25, 31, 33, 42, 64-68, 78.
— Causas y efectos, 26, 49, 56-57.
— Concepto de, 19, 21, 22, 31-33, 56, 62.
— Conceptos docentes de, 55-78.
— Diferencias entre formas de vida en distintos momentos, 28, 34, 52, 60-61, 69-73, 166, 178-183, 209, 213.
— Orden cronológico, 23-24, 31, 32, 58-59, 62-63.
— Palabras relacionadas con el paso del, 25, 27, 29-30, 34, 56, 72-77.
— subjetivo, 22, 52.

Valores, 13, 35, 37, 90, 153, 193, 205, 207.
— *Véase también:* Diversidad cultural; Género; Igualdad de oportunidades.
Vocabulario. *Véase:* Conceptos; Tiempo.
VYGOTSKY, L. S., 29, 30, 73.

© Ediciones Morata, S. L.